Auxiliando a humanidade a encontrar a Verdade

Ramatis, Hamod, Akhenaton
Missão Planetária

© 2016 – Sávio Mendonça

Missão Planetária
O princípio, a evolução e o futuro da humanidade
Ramatís, Hamod, Akhenaton

Todos os direitos desta edição reservados à
CONHECIMENTO EDITORIAL LTDA.
Rua Prof. Paulo Chaves, 276 — Vila Teixeira Marques
CEP 13485-150 — Limeira-SP
Fone: (19) 3451-5440
www.edconhecimento.com.br
www.lojadoconhecimento.com.br
vendas@edconhecimento.com.br

Nos termos da lei que resguarda os direitos autorais, é proibida a reprodução total ou parcial, por qualquer meio — eletrônico ou mecânico, inclusive por processos xerográficos, de fotocópia e de gravação —, sem permissão, por escrito, do editor.

Edição de texto: Margareth Rose F. Carvalho
Capa e projeto gráfico: Sérgio F. Carvalho

ISBN 978-65-5727-016-5
1ª EDIÇÃO — 2016

• Impresso no Brasil • Presita en Brazilo

Produzido no departamento gráfico de
CONHECIMENTO EDITORIAL LTDA
Rua Prof. Paulo Chaves, 276 — CEP 13485-150
Fone/Fax: (19) 3451-5440 — Limeira — SP
conhecimento@edconhecimento.com.br

Dados Internacionais de Catalogação na Publicação (CIP)
(Angélica Ilacqua CRB-8/7057)

Ramatís, (Espírito)
Missão Planetária : o princípio, a evolução e o futuro da humanidade / Ramatís, Hamod e Akhenaton ; obra psicografada por Sávio Mendonça — Limeira, SP : Editora do Conhecimento, 2016.
208 p.

ISBN 978-65-5727-016-5

1. Espiritismo 2. Vida - origem 3. Ciências ocultas I. Título. II. Mendonça, Sávio III. Hamod (Espírito) IV. Akhenaton (Espírito)

16-1119	CDD — 133.93

Índices para catálogos sistemático:
1. Mensagens psicografadas : Espiritualismo

Ramatís, Hamod, Akhenaton

Missão Planetária
O princípio, a evolução e o futuro da humanidade

Obras de Ramatís e Atanagildo editadas pela Editora do Conhecimento

Obras psicografadas por
HERCÍLIO MAES
- A Vida no Planeta Marte e os Discos Voadores – 1955
- Mensagens do Astral – 1956
- A Vida Além da Sepultura – 1957
- A Sobrevivência do Espírito – 1958
- Fisiologia da Alma – 1959
- Mediunismo – 1960
- Mediunidade de Cura – 1963
- O Sublime Peregrino – 1964
- Elucidações do Além – 1964
- Semeando e Colhendo – 1965
- A Missão do Espiritismo – 1967
- Magia de Redenção – 1967
- A Vida Humana e o Espírito Imortal – 1970
- O Evangelho à Luz do Cosmo – 1974
- Sob a Luz do Espiritismo (Obra póstuma) – 1999

Obras psicografadas por
MARIA MARGARIDA LIGUORI
- O Homem e o Planeta Terra – 1999
- O Despertar da Consciência – 2000
- Jornada de Luz – 2001
- Em Busca da Luz Interior – 2001

Obra psicografada por
AMÉRICA PAOLIELLO MARQUES
- Mensagens do Grande Coração – 1962

Obras psicografadas por
NORBERTO PEIXOTO
- Chama Crística – 2001
- Samadhi – 2002
- Evolução no Planeta Azul – 2003
- Jardim dos Orixás – 2004
- A Missão da Umbanda – 2006

Obras psicografada por
SÁVIO MENDONÇA
- O Vale dos Espíritas – 2015
- Missão Planetária – 2016

Obs.: A data após o título refere-se à primeira edição.

Agradeço aos amigos Mariléa de Castro e Álvaro Chagas, ramatisianos de coração e por convicção, não só pelo carinho a mim dispensado, mas também pelo incentivo e apoio no decorrer da confecção desta obra.

Sávio Mendonça

Sumário

Apresentação 9

Introdução 14

Capítulo 1
O Sistema Solar: Criação, dimensões e vidas
(Mensagens de Hamod, irmão de Marte)

Sentido individual e coletivo da evolução 22

A Criação: seus processos e seus componentes 23

Os habitantes solares 39

Os planos de evolução e as diferentes dimensões
físicas 45

A estrutura subatômica e sua relação com as dimensões
físicas 71

O tempo do Sol e do Sistema Solar 79

Sol que sutenta e cura - Conclusões 81

Capítulo 2
Concepção e implantação do Projeto Terra
(Mensagens de Akhenaton)

A origem 87

Os primeiros anos cósmicos da Terra 91

Os primeiros tempos da humanidade 95

Os cuidados com a Terra e a evolução
biológico-espiritual 120

Os devas 121

Os intraterrenos 127
Cuidados com os seres humanos 129
Ajustes no DNA e intervenções amoráveis por
anjos cuidadores 131
Qual o papel do planeta Terra no Sistema Solar? 134

Capítulo 3
A missão da Terra e o papel dos avatares
(Mensagens de Ramatís)
Mas, por que existir vida na Terra na primeira
dimensão física? 142
O ajuste geológico e espiritual da Terra 148
Missão dos avatares na Terra 167

Capítulo 4
Etapas evolutivas dos planetas:
interação entre os astros do Sistema Solar
(Mensagens de Hamod, irmão de Marte) 182
A função das luas na órbita dos planetas 201

Apresentação

Que a divina luz do Mestre dos Mestres ative o discernimento em cada ser humano da Terra, sensibilizando os seus corações para a fraternidade universal!

Sabemos que cada criatura tem o seu tempo de aprendizado, e que não podemos acelerar o que precisa de maturação natural, sob pena de frustrações futuras. Por isso, qualquer planejamento do Alto deve ajustar-se ao caminhar daqueles que percorrem a vida terrena, uma vez que uns conseguem avançar mais do que outros, graças ao esforço pessoal. Até podemos destinar a esses caminheiros estímulos energéticos – dos mais sutis aos mais densos –, a fim de que atuem como efeito catalisador da mudança interior. Mas, ainda assim, se cada criatura não souber aproveitar, devidamente, a oportunidade que lhe é concedida por Deus estará retardando o seu progresso espiritual, bem como a colheita das harmoniosas vibrações que contribuem para estados interiores de felicidade plena.

Todos já sabemos que nada evolui sozinho; que fazemos parte de uma grande engrenagem; que a evolução de cada ser, por menor que ele seja, está intimamente ligada à evolução do Cosmo, ou seja: que as estruturas e processos maiores afetam diretamente os processos evolutivos de todos os seres, e vice-versa, numa perfeita interação e interinfluência sistêmica da vida evolutiva. Com base nisso, neste novo trabalho trataremos de questões macrocósmicas importantes para o entendimento do que realmente vem a ser o microcosmo individual, isto é, o próprio ser humano e o seu árduo caminho na busca do progresso espiritual.

Dentro dessa lógica, e considerando o conturbado momento atravessado pela Terra, é imprescindível que o ser humano dê mais ênfase ao seu aprimoramento moral, como fator essencial de sincronização com os processos maiores de transformação já em curso no planeta, em suas estruturas físicas e sutis, e mesmo em seu espírito-diretor, o Cristo Planetário, além das transformações que se processam em todos os planetas do Sistema Solar, no Sol, na Constelação na qual ele está inserido, enfim na própria Via Láctea, cada um em sua medida particular. Afinal, o Universo está em constante avanço evolutivo, ainda que nem sempre os seres que habitam determinados orbes estejam em perfeita sintonia com a força propulsora da evolução contínua, por razões inerentes ao descompasso entre a velocidade com que certas almas caminham e a velocidade que se esperaria delas, para sincronizar-se com os movimentos macrocósmicos.

Cada alma possui um ritmo evolutivo próprio, condizente com o seu grau de consciência e amor, e isso deve ser respeitado. A força atrativa para a luz (fototropismo) requer uma faixa razoável de respeito ao processo de amadurecimento espiritual de cada ser, cujo limite de flexibilidade e tolerância não pode ultrapassar o que é estabelecido e controlado por arcanjos e anjos, sob o risco de afetar-se demasiadamente a evolução do conjunto. Limites e disciplina são condicionantes inerentes às leis do Universo. Por isso existem as eras, os períodos evolutivos para cada orbe e sua respectiva humanidade, para cada sistema cósmico, em íntima interação com as forças cósmicas universais. E o tempo da Terra chegou! Alcançou-se certo limite de tolerância que, na cronologia terrena, representa não mais que algumas décadas para que o planeta e sua civilização deem uma guinada em direção a um novo padrão consciencial e de vivência baseada no amor fraternal.

E assim, tudo está sendo acelerado: a vida física e espiritual de cada alma, encarnada e desencarnada. Os esforços das lides superiores exigem o recrutamento dos "colaboradores da última hora", a fim de que eles se engajem nesse gigantesco movimento fraterno-universal rumo ao novo tempo planetário, que já começou e exigirá cada vez mais esforços construtivos, lembrando que estes devem começar primeiramente dentro de cada criatura.

Esta obra não adotará o método de perguntas e respostas,

tão utilizado em trabalhos anteriores e que tiveram um enorme valor didático. A escrita aqui será contínua; os textos separados por capítulos e itens, seguindo uma proposta estratégica mais voltada para a psicologia humana. Temos observado as reações íntimas dos leitores com relação a várias estruturas de obras de cunho espiritual, e isso foi o que nos levou a propor esta nova didática. Muitos que possuem uma estrutura mental mais lógica preferem nossos trabalhos em forma de perguntas e respostas. Contudo, precisamos ampliar o nosso raio de alcance, visando a abranger outros perfis psicológicos, mais afeitos e acostumados às narrativas, aos textos corridos, às formas menos matematizadas. Assim como, para muitos, a estrutura textual lógica pode parecer mais fria, desprovida de um certo "sentimentalismo", para outros o texto corrido pode parecer não possuir raciocínio lógico. Entretanto, mais para a frente, os leitores que se enquadram nesses perfis se depararão com uma grande surpresa: todos os caminhos se dirigem a um único ponto, e são partes indissociáveis de uma mesma energia, que é Mente e o Amor cósmicos.

Esperamos que esta obra esclareça muitas dúvidas, principalmente para aqueles que ainda não concebem a existência de vidas físicas em outros orbes, em dimensões ainda não acessíveis aos seus olhos densamente limitados. Acima de tudo, que este ínfimo esforço represente uma gota a mais de estímulo para quem almeja a transformação íntima e pretende unir-se à Grande Fraternidade Universal, cujos colaboradores de todas as horas estão prontos para entrar em ação, consciente e amorosamente, a qualquer momento e em qualquer ponto deste infinito Plano Divino, pois não há limite de tempo e espaço para quem vibra no sincero e puro amor.

O conteúdo aqui apresentado está sob nossa supervisão e terá a colaboração das falanges de Dharma e de seres de vários orbes, a exemplo de Hamod, irmão de Marte, que com sua equipe de colaboradores abnegados vem prestar cooperação cósmica, trazendo seus conhecimentos e experiências em campos diversos, disponibilizando-se a servir à prosperidade da Terra, em todos os sentidos. Esses irmãos extraterrenos sabem e sentem que só evolui quem ajuda a evoluir, e que os desequilíbrios deste planeta os afetam, cosmicamente falando. Eles têm convicção de que não adianta deixar o terreno entregue à própria sorte. Poderiam criar barreiras artificiais para se proteger das

Missão Planetária

densas vibrações oriundas da Terra, especialmente aqueles que habitam planetas vizinhos, mas estão conscientes de que a cooperação é um dos caminhos para o equilíbrio de cada terrícola, bem como do próprio orbe em auxílio. Desse modo, cooperando de coração, sentir-se-ão mais úteis e felizes.

Agradecemos antecipadamente a colaboração de outros amados irmãos que se encontram conosco numa luta árdua e incansável, mas repleta de alegria, e que do plano espiritual prestam inefável ajuda na condução deste trabalho e na transmissão de algumas mensagens, como o irmão Akhenaton, companheiro de tantos milênios de caminhada. A materialização deste livro é, portanto, um exemplo de cooperação cósmica que traz a valiosa participação de amigos que vêm de muito longe e que estão dispostos a servir, amorosamente.

A orientação e supervisão geral desta obra nos foi incumbida somente por uma questão de sistematização de seu conteúdo, que poderá ser facilitada pelo fato de que tivemos várias encarnações na Terra, oportunidade em que estudamos a filosofia e a psicologia humanas, permitindo-nos agora acessar mais facilmente algumas percepções a respeito das características psicológicas do homem terrícola, não tão próximas da compreensão íntima dos irmãos de outros orbes, o que nos ajudará na organização de certos conteúdos aqui apresentados.

Assim, contamos com colaboradores do plano espiritual circunscrito à Terra e a outros planetas, bem como encarnados em dimensões físicas mais sutis que a terrena. Alguns poderão nos perguntar: mas irmãos extraterrenos mais avançados não conhecem também a psicologia dos terrícolas, já que passaram pelas mesmas estradas evolutivas em seus mundos interiores? E nós então lhes responderemos: Cada ambiente no Cosmo gera reações químicas diferentes que afetam a química biológica e mental-emocional de cada habitante. Some-se a isso, o fato de que, se cada alma é um universo à parte, certamente a coletividade de um determinado planeta gerará características próprias àquele determinado mundo.

Como os assuntos tratados aqui, assim como todos os de cunho espiritual, lidam com princípios, conceitos de evolução e suas derivações, e considerando que a evolução é infinita, essas questões serão igualmente infinitas, nunca cessarão, ou seja, a Espiritualidade e aqueles que estão mais avançados na escala evolutiva sempre estarão trazendo novidades ou revisitando conceitos e pontos de vista. A evolução se dá em sentido espiralar e, por isso, cada vez que passamos por um determinado estágio evolutivo, retornamos para vivenciar as mesmas situações em padrões cada vez mais sutis de exercício da humildade, paciência, tolerância, simplicidade, serviço incondicional, resignação, persistência, determinação, fé, autoconfiança e alegria.

Prossegui em vossa caminhada espiritual!

Ramatís

Introdução

Estimados irmãos,

A proposta deste trabalho é lançar um novo olhar sobre uma série de temas já abordados em outras obras, a fim de que possamos trazer novas perspectivas de entendimento ao leitor, com relação a muitas questões até então não esclarecidas pela ciência da Terra. Seguindo a lógica de que tudo evolui, e considerando que o avanço tecnológico terreno já nos permite abordar aspectos ainda não desbravados pelo ser encarnado, é que fomos autorizados pelo Alto a ir mais além e discutir algumas questões pendentes.

Seguindo o mesmo mecanismo didático de outrora, em que certas lições parecem se repetir, ressaltamos a importância de dar continuidade a esse método de aprendizado que, ao retomar explicações anteriores, permite que se imprima nos vários campos corpóreos do homem informações e imagens que ajudam na fixação do objeto estudado, abrindo verdadeiros canais de entendimento para outras questões bem mais complexas, e ainda não comprovadas pela ciência, a exemplo da origem do Universo, da existência de vida no Sol, bem como em planetas e satélites naturais do Sistema Solar, dos vários níveis de vibração da dimensão física, entre outros.

Ainda que os cientistas disponham hoje de modernas sondas e de telescópios de alta potência para observar o Cosmo, jamais conseguirão ver as formas de vida existentes em outros orbes, ou astros, na quarta, sexta, oitava, ou mesmo noutra dimensão física mais sutil, pois a barreira dimensional entre a primeira dimensão física[1] em que ele se encontra e as demais é inerente não só ao estágio evolutivo tecnológico, mas principalmente ao estágio espiritual da civilização terrena. Quanto mais uma coletividade planetária evolui, mais avança em sua contextura genético-espiritual, abrindo a possibilidade de instalar-se no orbe sistemas de vida em ambiente mais rarefeito, ou seja, menos denso e distante dos olhos e percepções comuns a quem esteja na primeira dimensão física.

É justo que devemos valorizar os avanços tecnológicos alcançados pela ciência, em todos os tempos e campos. Todavia, a evolução não dá saltos e, como tal, a ciência terrena estará impedida naturalmente da percepção e da experiência na quarta dimensão física, ou em outras ainda mais sutis, por uma questão vibracional. Há leis cósmicas que não podem ser rompidas. Contudo, vós, que viveis na primeira dimensão física, somente com o caminhar evolutivo natural da humanidade, sem que haja as grandes transformações planetárias já em curso, em socorro da qual encarnaram, nos últimos 150 anos, muitos irmãos extraterrenos e outros tantos vindos do Astral superior, demoraríeis entre 1.000 e 3 mil anos para chegar ao estágio de vida do planeta Marte (quarta dimensão física), sob o ponto de vista tecnológico; quanto ao estágio espiritual, poderíeis demorar ainda de 700 até 9 mil anos, a depender da alma ou de certos grupos de almas.

É válido lembrar que a evolução é dinâmica para as criaturas, tanto individualmente, como para as sociedades em si. Portanto, esses números são dinâmicos por natureza, podendo variar de acordo com a evolução individual ou do conjunto civilizatório de cada planeta ao longo dos anos, das décadas e dos séculos.

Há uma contabilidade cósmica que precisa estar sincronizada com um tempo cósmico. E, ainda que possa ocorrer ajustes de percurso e flexibilizações de planejamento, não é mais possível recuar, ou esperar. Há certas forças divinas que escapam ao nosso controle e influência, e são passíveis de intervenção somente em nível de Conselho Galáctico. Verdadeira rede de arcanjos é mobilizada para que os planos sejam viabilizados, conforme projetos milenares, e não se pode retardá-los em função de humanidades retardatárias. O Sistema Solar precisa passar

---

[1] No capítulo 1 desta obra, há explicações detalhadas a respeito das diferentes dimensões físicas e dos processos evolutivos.

Missão Planetária

para um novo patamar espiritual. Assim, a Terra não pode retardar o processo evolutivo dos demais planetas do Sistema. É como o aluno que tem limitações, apegado às atávicas energias da preguiça continuamente retroalimentadas: ainda que receba ajuda do professor, chegará um momento em que não poderá mais atrasar o restante da turma, que se esforçou no devido tempo e valorizou o aprendizado recebido. Certamente, o aluno atrasado receberá ajuda dos colegas, bem como do mestre, mas terá de corresponder com esforço próprio.

Graças a sua infinita bondade, nosso Mestre Jesus nos incentivou na organização do projeto de massificação da mediunidade, sistematizado no mundo terreno por meio do Consolador trazido por Kardec. Temos trabalhado incessantemente para transmitir um conjunto de novas orientações e apoio invisível, enriquecendo e ampliando a base doutrinária dos primórdios do Espiritismo, o que nem sempre é compartilhado por muitos espíritas ou espiritualistas. A seara é potencialmente grande, mas, quando surgem os desafios, os trabalhadores que se apresentam são ainda bastante escassos.

Para que houvesse "braços e mãos" encarnados, como numa orquestra cooperativa, os Mentores da Terra permitiram que ancorassem neste planeta espíritos com elevado grau de evolução, em épocas variadas da História terrena, desde os tempos atlantes, passando pela Antiguidade e Renascimento. A partir da Revolução Industrial houve outra forte avalanche migratória e, doravante, isso tem se intensificado e será maior ainda nas décadas vindouras. Em meio a esses migrantes, há espíritos neste orbe que, mesmo advindos de outros planetas, após várias encarnações acabaram adotando a Terra como morada, tal como ocorre ao imigrante que se naturaliza e adota o novo lugar como parte de si: alguns, por desprendimento e amor, outros tantos por consciente necessidade dentro das leis cósmicas, e outros mais por imposição da Lei do Carma. Nesse meio, há os que progrediram no campo espiritual, que são poucos; há muitos que avançaram na intelectualidade, mas ainda estão cheios de imperfeições morais; e há aqueles, em número crescente, que detêm um pouco de cada um desses elementos.

Este é um momento ímpar não só para a Terra, mas também para outros planetas do Sistema Solar. A maior parte dos planetas desse Sistema, todos com estágios de vida mais avançados que a civilização terrena, também atravessa grandes mudanças geofísicas e espirituais, especialmente Júpiter, Marte e Vênus, que serão os mais afetados nessa transformação. A Terra, por ser o que tem vida biológica em estágio mais atrasado, ou seja, ainda na primeira dimensão física, somando-se a isso o seu primitivismo no campo espiritual, é o que mais sentirá os impactos.

Se analisarmos o percurso da História da humanidade terrena, podemos perceber que nos últimos 200 anos o planeta sofreu mudanças extremamente acentuadas: primeiro, sob o prisma das tecnologias pesquisadas e já disponíveis; depois, com relação à legislação referente aos direitos humanos, não só a praticada dentro de cada país, mas a que rege tratados e acordos internacionais. Desse modo, se observarmos as ferramentas e utensílios utilizados na Idade Média, e as compararmos com as manuseadas no século XVII, não encontraremos grandes diferenças, com exceção da pólvora, dos canhões e das garruchas. Não havia o motor à explosão naquela época, e as pessoas duelavam em nome da honra em plena rua, com a espada em punho, como algo totalmente natural. A brutalidade fazia, pois, parte da convivência social.

O avanço ocorrido no século XX, e ainda mais acentuadamente no início deste século, quebrou vários paradigmas, mudou as relações humanas, e impulsionou o avanço tecnológico mais do que nos 12 mil anos anteriores. Mas nada disso foi por acaso: o reencarne de almas mais evoluídas, num processo de "enxertia" espiritual, e a execução dos planos superiores para a evolução terrena, estão intrinsecamente associados a tais mudanças. E esse processo será ainda mais contundente nos próximos anos e séculos: grandes acontecimentos planetários estarão em curso, tanto nos movimentos cósmicos do Sistema Solar, como nas estruturas geofísicas, climáticas e da aura terrestre.

A Terra e sua humanidade chegaram à data-limite prevista para ascender a um novo patamar evolutivo. E o momento é coletivo. Planos individuais são considerados irrelevantes diante do planejamento superior, e serão atropelados pela Força Universal Maior, a menos que estejam em perfeita sintonia com os movimentos transformadores do planeta. Tudo o que estiver oculto pela ação das sombras, ou pelo manto do egoísmo e do orgulho, será desvendado, pois a força propulsora da ética e do amor universal será a nova bússola do ser humano.

Missão Planetária

Seguindo o cronograma sideral, transformações em todos os níveis deverão ocorrer por mais de um século, seguindo três fases planejadas: a de preparação, que iniciou-se na década de 1950; a de intensificação dos acontecimentos, que deverá ocorrer até meados deste século, e de reconstrução da Nova Era terrena, que deverá se processar por aproximadamente dois séculos. Contudo, é importante atentar-se para o fato de que essas fases são dinâmicas e, por vezes, se interpõem, estando sujeitas a ajustes de processo, flexibilidade esta inerente a quaisquer planejamentos ou execução de planos.

Desse modo, há diversos fatores a influenciar os acontecimentos, tais como o comportamento e a transformação humana, as mudanças ou imprevistos nas reações físico-químicas, no ambiente atômico-molecular da biologia, os elementos físicos minerais, climáticos e magmáticos, com reflexos na pressão do magma, de dentro para fora do corpo da Terra, os aspectos cósmicos e as interações sistêmicas entre o Sol e os planetas (com as explosões e tempestades solares, como avanços transformadores evolutivos na contextura física e espiritual do Sol e dos seus seres que, por sua vez, afetam os planetas do sistema).

Ocorre que os engenheiros siderais incluíram nos cálculos de probalidade a ocorrência desses fatores, tanto isoladamente como interagindo entre si, embora a complexidade que os envolve, somada a decisões dos administradores do planeta e do Sistema Solar, possa promover vários graus de alterações de planos outrora previstos. Lembramos ainda que o tempo no vosso plano e dimensão físicos tem relação diferente nos planos e dimensões mais sutis. Ajustes de planejamentos que impactem duas ou três décadas para vós, podem significar horas para dimensões mais rarefeitas.

Observai que o fator *transformação humana* é parte crucial dessa alquimia cósmico-terráquea. Assim, estamos iniciando uma nova fase de trabalho, em que esperamos poder contar com maior número de trabalhadores imbuídos do propósito de servir à causa do bem coletivo, começando por vós mesmos, que devem agir como canal do plano invisível para uma série de atividades fraternas, a fim de que possamos servir de componente catalisador da evolução individual e de cada irmão, seja ele espírito deste ou de outros orbes, seres encarnados da Terra ou de outros astros, rumo à evolução planetária, num grande esforço coletivo universal.

Esta obra vem esclarecer temas que vos parecem enigmáticos ou que geram dúvidas e questionamentos, alimentando, como consequência, a falta de confiança nos caminheiros, especialmente naqueles que precisam "ver para crer", para construir uma base consciente para a fé. Nas comunidades cósmicas avançadas, quando se fala em ciência dos átomos, em planos evolutivos e dimensões físicas, subentende-se o uso de conhecimentos e técnicas imersas em ética e fraternidade universais. Por esse motivo, é necessário que este trabalho tenha uma abrangêcia maior, a fim de explicar a missão do planeta Terra e sua interação com os demais orbes vizinhos, de abordar e esclarecer o conceito de planos de evolução e dimensões, além de questões relacionadas com o mundo atômico e subatômico.

Estamos cientes de que muitos de vós irão questionar: para que serve conhecer mais detalhadamente o Sol, o Sistema Solar, e outros planetas? Por que não nos concentramos apenas no nosso processo espiritual individual, na evolução material da Terra, e em ajudar o próximo?

Muito já tem sido transmitido pela Espiritualidade, a respeito da vida no Astral e das necessidades e métodos de renovação íntima. Porém, muito ainda virá! É necessário, então, adentrar temas pouco ou nunca tratados, pois à medida que a humanidade terrena evolui, a consciência de seus habitantes amadurece, tornando-se acessível a novos e importantes conhecimentos. Assim, é natural que se ampliem informações mais complexas.

Ademais, podemos responder a questão acima fazendo analogia com uma situação bem simples da vida cotidiana: é importante para o vosso bem-estar e a boa relação familiar, conhecer o ambiente doméstico que vos rodeia, isto é, a vossa própria casa? Não é preciso ir mais além das fronteiras do vosso quarto, e adentrar outros ambientes onde se reúnem os membros de vossa família, como a cozinha, onde todos se alimentam, a sala, onde recebeis amigos e parentes, o banheiro, onde fazeis vossa higiene pessoal, o quintal, onde muitas vezes colheis produtos cultivados? Não estaríeis sendo egoístas e medíocres em vosso processo de expansão espiritual, se permanecêsseis isolados no vosso quarto, esquecendo-vos do restante da casa? E a qualidade da relação com os vizinhos de vossa casa? Será que vos relacionais fraternalmente com eles?

Devemos nos concentrar principalmente no nosso processo

Missão Planetária

de renovação íntima e no serviço fraterno, mas, à medida que nos esforçamos por expandir nossa consciência, percebemos que nosso mundo interior possui uma relação íntima com o mundo externo, pois estamos imersos em diversos sistemas e subsistemas materiais e energéticos. Nossa vida particular é, em grande parte, indissociável da convivência com os pais, os irmãos consanguíneos, os amigos, ou mesmo com os desafetos do passado, tanto encarnados quanto desencarnados. Portanto, se compreendermos o mundo que nos cerca e o grande Universo, até onde nossa visão física e espiritual alcança, estaremos recebendo, acima de tudo, as benesses de nosso Pai Maior, que nos inseriu em um planeta, dentro de um sistema solar, com seu astro-maior que nos banha com sua luz prânica, para gerar vida, energia vital, e enriquecer de luz física e espiritual átomos e células, do verme à árvore, ao animal e ao ser humano, independentemente de seu grau evolutivo, apenas servindo abnegadamente.

Faz parte da natureza humana amar apenas aquilo ou a quem se conhece. Não é comum amar-se o desconhecido, ainda que seja possível respeitá-lo ou temê-lo. Pode-se admirar superficialmente, ou com curiosidade, quem se conhece pouco, mas dificilmente com profundidade e consistência. Desse modo, para que aprofundemos a nossa percepção e compreensão, e surja delas o aprofundamento no sentir, é preciso conhecer o mundo ao nosso redor, o universo em nosso entorno, condição básica para aquele que deseja crescer espiritualmente e desbravar novos horizontes da Espiritualidade Maior.

A superconsciência (ou consciência crística) está dentro e além de nós. Para alcançá-la, devemos mergulhar no nosso mundo inconsciente e subconsciente, e transformá-lo, a fim de alcançar uma consciência mais esclarecida, construída a partir de ensinamentos vindos de dentro e de fora de nós, decorrentes de elos que se entrelaçaram com o mundo, com as pessoas ou com almas ao nosso redor, ao longo de anos, décadas, séculos e milênios. Enfim, é preciso *conhecer* o que está além de nós, para que o sentimento de gratidão se estenda a todos os seres deste e de outros orbes, pois humanidades mais evoluídas constantemente nos direcionam energias salutares e vibrações de amor e de cura, insumos que ajudarão a humanidade terrena na sua autotransformação e que raramente são percebidos por aqueles que estão cristalizados na percepção grosseira das coisas mundanas.

Para muitos terrícolas, o Universo se restringe ao lar doméstico, ao caminho diário para o trabalho, a escola e o templo religioso. E, no entanto, existe uma abóbada, um teto sobre a Terra. Poucos se dão ao trabalho de levantar os olhos, admirar e sentir a luz de amor, o prana cósmico que banha a vida terrena, a infinitude ao redor de cada individualidade. Com toda certeza, a consciência e os sentimentos daquele que pratica a interação com o Cosmo será expandida, especialmente se houver um trabalho íntimo direcionado para o autoconhecimento e a autotransformação, bem como a prática da fraternidade universal.

A relação com o mundo interior é tão importante e necessária quanto com o universo exterior. Esse mergulho nos dois sentidos vos ajudará no crescimento espiritual e facilitará a interação com os amados irmãos que aqui estão para cooperar, trazer ensinamentos e trocar bons sentimentos. Irmãos que estão à frente no progresso espiritual estão ávidos por servir, porque, para eles, o amor cósmico passou a ser um combustível para suas vidas. Sabem e sentem no íntimo que precisam doar-se, pois o egoísmo e a reclusão em si mesmos trazem psicopatologias das quais já se desvencilharam há muitos séculos ou milênios. Quanto mais se avança na evolução, mais se descobre que ninguém encontra a verdadeira felicidade, sem o sentimento cooperativo e o serviço incondicional.

Quando o terrícola descobrir que o egoísmo o faz adoecer de câncer, que desencadeia problemas gastrointestinais, levando à obesidade e a tantas outras patologias, sentirá necessidade de livrar-se de toxinas aderidas ao seu corpo físico, percebendo que, livrando-se das amarras do egoísmo, poderá transformar cada uma de suas células psíquicas em célula de amor-doação. Essa alquimia interior gerará uma gradativa e crescente felicidade, proporcional ao tamanho do Universo que seus olhos espirituais, sua mente e seu coração alcançarem.

Que a luz do Cristo vos esclareça a cada dia e que essa força sublime canalizada pelo Mestre dos Mestres conforte vossos corações e vos impulsione ao progresso espiritual!

Saudações do vosso irmão de sempre,

Ramatís

Capítulo 1
O Sistema Solar: Criação, dimensões e vidas
(Mensagens de Hamod, irmão de Marte)

Sentido individual e coletivo da evolução

A constituição do nosso Sistema Solar é semelhante a de qualquer outro sistema cósmico, desde a sua estrutura atômica e molecular a sistemas bio-orgânicos, planetários, constelatórios e galácticos: todos têm a mesma organização estrutural individual, e simultaneamente coletiva. Um corpo físico-biológico, por exemplo, é composto de estruturas atômicas, moleculares e celulares, que vão do nível micro ao macro, isto é, de uma pequena organização intrassistêmica, a exemplo das organelas celulares, até chegar a sistemas maiores, como os aparelhos respiratório, digestivo, cardiovascular, excretor, nervoso, e assim sucessivamente. Nenhum deles sobrevive isoladamente, pois a Mente Cósmica permeia a todos.

Desse modo, todo ser da Criação é ao mesmo tempo individual e coletivo, pois fazemos parte de uma engrenagem cósmica maior, sistêmica, com elementos que interagem, interpenetram-se e interinfluenciam-se energeticamente. Nesse sentido, ao movimento de um componente de cada sistema, os outros são afetados, em maior ou menor intensidade, a depender do grau de energia envolvido na movimentação.

Tomando como exemplo um determinado planeta, e havendo vidas em dimensões físicas diferentes nesse determinado orbe, poder-se-ia imaginar que há independência entre cada uma dessas dimensões. Porém, isso não ocorre. Se os seres que vivem numa dimensão física mais densa não cuidarem responsavelmente de seu planeta, poderão estar prejudicando – ainda que sutil e indiretamente – os seres que vivem numa dimensão física com estado vibratório mais elevado, pois o mais sutil também depende da base física mais densa para ancorar um conjunto de estruturas atômicas interdimensionais.

Adotemos agora um exemplo mais complexo: se, por insanidade mental, os habitantes da primeira dimensão física da Terra "explodissem" o planeta, numa guerra nuclear, por exemplo, com toda certeza os habitantes da décima dimensão física que nele vivem não poderiam mais ancorar suas estruturas físico-atômicas e moleculares neste planeta, ainda que numa dimensão física mais sutil, pois existem estruturas interdimensionais que formam verdadeiros "tubos ou caracóis energéticos", são conhecidos como passagens ou pontes interdimensionais .

Voltando à analogia em relação ao Sistema Solar, podemos dizer que, assim como todo átomo tem o seu núcleo, em cujo entorno se movimentam os elétrons, comparativamente, o Sol é o núcleo do nosso Sistema, em torno do qual giram os planetas, num movimento de atração semelhante ao dos elétrons. Verifica-se, assim, uma mesma base de princípios, tanto no macro como no microcosmo; ou seja, a mesma lógica da Criação está presente tanto nas estruturas atômicas como numa estrutura muito maior, a exemplo do nosso Sistema Solar.[1]

A Criação: seus processos e seus componentes

Seus processos

A teoria cosmológica do *Big Bang*, adotada pelos cientistas terrenos, representa apenas o último período de "explosão" do Cosmo que culminou na expansão do Universo. Os sábios e sensitivos da antiga tradição hinduísta já preconizavam a existência desse processo criador, através da ótica da respiração

---

1 A estrutura do Sistema Solar é elíptica e tem movimento dinâmico em formato de espiral, como espiralar é a maioria das galáxias, ainda que algumas se mostrem irregulares ou elípticas, em decorrência da fusão de galáxias e ao seu envelhecimento; a energia motriz básica atua em sentido de espiral – algumas com velocidade muito lenta. O Universo também tem uma força dinâmica essencialmente espiralar e, dentro de uma análise virtual, esse mesmo sentido de movimento ocorre no processo evolucionário do ser humano.

de Brahma,[2] que consiste na expansão e retração do Universo, como sendo a expiração e inspiração da Consciência Divina. Algo semelhante ocorre quando há a criação de um novo sistema planetário; contudo, num nível cósmico de proporções bem menores. E foi exatamente o que aconteceu à época do surgimento do nosso Sistema Solar. A partir de sua evolução, formaram-se então os planetas, as luas, os asteróides e outros corpos celestes. Alguns desses planetas se "libertaram" da força gravitacional do Sol e vagam pelo Cosmo, somando-se aos astros já conhecidos pelos terrícolas.

Podemos ilustrar esse processo cósmico, para melhor entendimento da mente humana, afirmando que, na época da explosão do Sol, havia tanta concentração de energia gravitacional aglutinada nessa estrela, que é possível dizer que se tratava de um acúmulo de pura energia de amor cósmico em alto grau, num processo de expansão: um amor tamanho, que chegara a um ponto de "explodir", gerando outros astros e uma quantidade gigantesca de átomos que acabaram por dar origem a mônadas que iniciariam nova escalada evolutiva através dos variados reinos da existência.

A imagem a seguir demonstra, ilustrativamente, o momento em que teria começado a grande "explosão" ou o início da expansão do amor que originou os futuros astros que comporiam a família cósmica do Sistema Solar.

Contudo, essa expansão é um processo cujo efeito ainda não se findou. Exemplos tácitos dessa contínua atividade sideral são as tempestades e explosões da coroa do Sol, o que, aliás, têm se

Figura 1

---

[2] Vide a obra *Mensagens do Astral*, capítulo "Os Engenheiros Siderais e o Plano da Criação", **EDITORA DO CONHECIMENTO**, com explicações detalhadas sobre o *Manvantara* e a contínua expansão do Universo.

intensificado nos últimos tempos. O desprendimento de partes desse astro deu origem aos planetas. Na aura magnética de alguns deles, existem satélites que se formaram de partes que se deslocaram do próprio planeta, quando ainda eram puro magma, e se estabeleceram no seu campo gravitacional. Os asteróides também são constituídos de pedaços que se moveram da parte física principal de planetas e, como se fossem estilhaços, se anexaram à gravidade deles. Há ainda meteoritos e meteoros que transitam dentro e fora do Sistema Solar. Todos esses corpos celestes fazem parte dessa grande "orquestra" física que compõe os arranjos cósmicos, na ampla rede de sistemas solares e galácticos.

Na figura 2, pode-se verificar o Sistema Solar tal como é conhecido hoje em dia pela ciência terrena. Seguindo a lógica da explosão solar criadora, pode-se afirmar que, quanto mais afastado do Sol, mais antigo é o planeta.

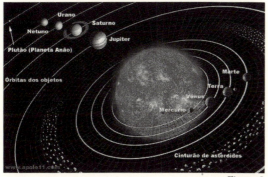

Figura 2

Os mais recentes ainda estão se estabilizando no Sistema, a exemplo de Vênus e Mercúrio, a partir de seu respectivo resfriamento. Vale ressaltar que fenômenos diversos podem ocorrer durante um processo da Criação, pois, embora os projetos cósmicos sejam elaborados e coordenados por arcanjos, também estão sujeitos a ajustes de percurso decorrentes de acontecimentos altamente complexos, de âmbito universal, analogamente ao que se dá nos imperfeitos planos da vida cotidiana terrena, em que determinado planejamento é mudado durante o caminhar evolutivo do ser humano, de acordo com as decisões tomadas por ele com base no próprio livre-arbítrio.

Embora a ciência da Terra ainda esteja longe de descobrir todos os eventos da Criação, alguns poucos cientistas[3] supõem

---
3 É o caso do físico Stephen Hawking, que, como vários cientistas na Terra, veio de outro orbe e encarnou recentemente neste planeta para ajudar em sua evolução

que haja universos interegindo simultaneamente, e que o Universo onde a Terra está inserida possa estar em infinita expansão. Na verdade, eles pressentem a existência do Macrouniverso. Para efeito pedagógico, imaginemos que, na figura 3, o Universo B[4] seja a nossa casa cósmica, em franco processo de expansão, e que o Universo A seja um universo paralelo, em processo de contração. O Macrouniverso abrangeria, pois, esses dois universos que pulsam de um lado para outro, bem como as dimensões físicas diversas que perpassam desde o plano físico mais denso até o mais sutil, em ambos. Esse movimento de contração e expansão seria o que a tradição hindu denomina de *Manvantara*, a "respiração de Brahma" (Deus), ou ainda, o Dia e a Noite de Brahma, conforme já abordamos anteriormente.

Figura 3

Observando a demonstração rudimentar da imagem cósmica abaixo, imaginemos agora que um lado da ampulheta seja o Universo em expansão, e que sua força megatômica puxa as mega energias para um dos lados, numa mega pressão cósmica, forçando o outro lado a se encolher, uma vez que cede sua energia para o outro lado expandir-se. O lado que cedeu energia fica como um gigantesco buraco negro, e todos os seus componentes (galáxias, constelações, sistemas solares, planetas, satélites e poeiras) se fundem e cedem sua luz gigantesca, para gerar vidas cósmicas policrômicas do outro lado daquele Universo paralelo. Ao passar pelo estreitamento cósmico, provocou-se uma explosão (*Big Bang*) inexprimível de átomos e fótons, ricos em Consciência e Amor divinos.

---

tecnológica e de expansão da consciência. No caso dele, ainda traz alguns compromissos cármicos de um longínquo passado em que já esteve encarnado na Terra.
4 Para efeito de classificação e de nosso entendimento didático, o Universo "B" é o nosso Universo, em processo de expansão, e assim o denominamos em Marte e na maioria dos planetas do Sistema Solar. Todavia, há planetas que o classificam com outra nomenclatura.

Cada um desses universos possui uma manifestação de Deus.[5] Essa consciência e amor macrouniversal permeia tudo. Apesar de haver esses dois aspectos energéticos (positivo e negativo), manifestos nos dois universos distintos, em cada um deles há a amostra completa de Deus, isto é, predomina uma das polaridades, embora contenha em si as duas essências.

O Macrouniverso é pura luz e infinita perfeição, de onde emana a essência de tudo e de todos. Nos universos A e B há luz e espaço escuro, reflexos de luzes policrômicas e sombras, todos convivendo conjuntamente num impulso fraterno universal para a evolução de cada parte, e ao mesmo tempo do conjunto. Um dia, os espaços escuros se tornarão luzes, e onde há sombras se refletirá luz. Surgirão novos espaços escuros e também novos átomos, que evoluirão e se transformarão em fótons, pura luz, dando sequência à evolução universal.

Neste exato ponto, poderia advir uma pergunta: o que há a mais, além desses dois universos A e B? Ao que respondemos: até onde nossa consciência e capacidade de acesso nos permite ir, podemos afirmar que há Amor-Consciência permeando absolutamente tudo, incessante e constantemente; há luzes suavemente azuladas que transmitem serenidade e paz, com doces matizes rosáceos que emitem ondas de amor incondicional; há raios de tons dourados vibrando lúcida e indescritível consciência, de um grau de elevação inconcebível pelo ser humano, e rastros de tons violeta transmitindo vibrações de humildade e devoção inenarráveis. E, no conjunto, há jatos de luz branca impulsionadora da dinâmica universal, com sua força criadora, que é a fonte da Divindade Infinita e Incriada alimentando de amor universal os dois universos (A e B). Ela se expande consciente e infinitamente, refletindo-se em cada um desses universos, os quais, apesar de estar se contraindo ou se expandindo em alguns momentos cósmicos, no cômputo geral se expandem infinitamente, cada vez que processam esses movimentos que levam muitos e muitos quatrilhões de anos para ocorrer.

Poder-se-ia indagar ainda: como pode haver luz no Macrouniverso que envolve os Universos A e B, se há uma gigantesca escuridão observável da Terra, quando é noite? Para responder esse questionamento, imaginemos um ovo de galinha... Antes de

---

5 Um lado do Universo é positivo ou masculino, o que os taoistas chamam de manifestação *yang*, e o outro lado negativo ou feminino, que os taoistas chamam de *yin*.

Missão Planetária

se romper, há somente escuridão dentro dele, pois o seu interior ainda não teve acesso à claridade do ambiente que o rodeia. Os Universos (A e B) são como dois grandes ovos cósmicos. Ainda assim, existem muitos astros luminosos dentro de cada um deles; e onde não há astro luminoso, há o espaço escuro, composto por partículas subatômica que um dia virarão luz, a partir da aglutinação entre elas, para então virarem átomos na infinita dinâmica evolutiva dos elementos que compõem o Cosmo. Essa dinâmica gera buracos negros e muitos outros fenômenos ainda desconhecidos por vossa ciência.

A escuridão existente em cada Universo não significa ausência de algo que forneça luz, pois esta também é composta por uma quase imperceptível "rede" de massa subatômica espalhada pelo Cosmo, e representa a parte escura do Universo que ainda vai iniciar sua escalada evolutiva. Todavia, cada partícula subatômica escura só começará a se aglutinar a outras, até estruturar átomo por átomo, quando a Consciência Maior impulsioná-la para a associação com outras, por meio dos fenômenos astronômicos, que aos poucos vossa ciência tenta desvendar.

Pode-se observar, então, que não existe evolução individual, ou seja, o sentido da agregação ou fraternidade universal se inicia ali, no princípio de tudo. Ao mesmo tempo, é importante entender que essa "rede" de massa escura inerente à escuridão do Cosmo é fundamental na composição de cada Universo, pois atua como acomodação ou base para sustentar os astros e permitir a estruturação de sistemas galácticos, constelatórios e solares, com suas respectivas e complexas redes gravitacionais sistêmicas.

A figura 4, dá uma ideia do que vem a ser essa rede de massa, composta por partículas subatômicas escuras, com suas curvaturas naturais, invisíveis aos olhos e aparelhos humanos, que dão base para sustentar os diversos sistemas de astros luminosos, semiluminosos e até escuros (em formação).

Quando almas conscientemente engajadas no fluxo propulsor do amor e da consciência universal se sintonizam com essa força expansionista contínua[6] e evolutiva do Macrouniver-

---

6 Que é a soma das forças criadoras, mantenedoras e transformadoras – reparem que nessa tríade existem duas forças mais dinâmicas, que são a criadora (força de **Brahma**) e a transformadora (força de **Shiva**) e apenas uma menos dinâmica, que é a mantenedora (força de **Vishnu**). Enquanto há um movimento cósmico duplo em direção ao progresso intenso, há uma força buscando a estabilização no sen-

Figura 4

so, ocorre harmonia. Mas, quando alguns de seus componentes (almas atrasadas, como a maioria dos seres da Terra) reagem contra essa força propulsora da do Macrouniverso, ocorre harmonia. Mas, quando alguns de seus componentes (almas atrasadas, como a maioria dos seres da Terra) reagem contra essa força propulsora da expansão e da evolução, imantados pela preguiça e apego às paixões inferiores, surgem os processos psicopatológicos ou patológico-espirituais, e então o encontro com a harmonia fatalmente se iniciará, à medida que esses seres comecem a despertar para a decisão íntima da autotransformação e da prática da fraternidade universal, ainda que de modo acanhado, permeado por tropeços, mas com empenho contínuo e persistente de autoperdão, esforço de reajustamento e caminhada rumo ao Amor Cósmico.

Seus componentes
Os espíritos arcangelicais das galáxias se conectam diretamente com Deus, decodificando sua magna Consciência e seu infinito Amor; e, por sua vez, se conectam, respectiva e intimamente, com cada arcanjo de cada constelação (Cristo Constelatório), que então se conectam com o arcanjo de cada Sistema Solar (Cristo Solar), que se conectam com o arcanjo de cada planeta (Cristo Planetário), formando uma grande rede de conexões arcangelicais, plenas de consciência e amor, e ligadas a Deus, transpassando todo o infinito Macrouniverso.

Cada arcanjo é um Logos (ou consciência plena), cujo

---
tido contrário. Todavia, ao se misturarem, há uma predominância das forças mais dinâmicas.

amor, de infinita e indescritível expressão, manifesta-se através da materialização da vida biológica e espiritual, em todos os planos espirituais e dimensões físicas, bem como nos campos atômico-mineral e de gases. Os arcanjos ou espíritos planetários e estelares inspiram os anjos, chamados de administradores, engenheiros, biólogos, psicólogos, estatísticos, matemáticos, economistas, astrólogos ou zoólogos siderais, que também participam dos processos de construção dos mundos, trazendo todos a mesma natureza e princípio da essência maior de Deus.

Essa sintonia de consciência e amor plenos advindos da Fonte Maior e interagente com todos os arcanjos se conecta com consciências angelicais, ou seja, os anjos são cuidadores e agentes que conectam os planos arcangelicais aos planos hominal, animal, vegetal e mineral. No caso dos animais, vegetais e minerais existem os anjos dévicos, ou devas, como são conhecidos pelos hinduístas e iogues.

Por incorporar a própria Consciência e Amor de Deus, o Macrouniverso está em processo eterno de evolução ou pulsação. Os dois universos (A e B) são os canais dessas manifestações, até os planos mais densos da matéria. Depois que cada mônada é criada, através desse processo de evolução e expansão do Amor e da Consciência Divina, jamais será extinta, enquanto espírito. Ou seja: a parte física ou atômica pode sofrer alterações químicas e físicas, passar por transformações sucessivas, e transformar-se em energia concentrada ou dispersa, em matéria densa ou pura energia. Assim, a matéria que serve de morada temporária para esse espírito, esta sim terá vida por um determinado tempo, como instrumento temporário de drenagem da "dureza" material e áurica daquele espírito, durante a sua escalada evolutiva (em algum momento a matéria morre e se transforma em outras matérias, e depois em energia).

Há uma orquestração tão complexa no Cosmo, que não cabe aqui tentar explicá-la. Apenas podemos afirmar que o Arcanjo ou Cristo de nossa galáxia está em plena sintonia com cada espírito constelatório, tendo todos consciência, através da sintonia com a Mente e Amor supremos, de cada um dos movimentos criadores que permeiam o infinito e eterno Macrouniverso. Cada átomo e cada ser inserido neste Universo está interpenetrado por todas essas consciências arcangelicais, e estas pela Mente-Amor Maior (Deus). A essência divina ou centelha divina que habita cada ser é o ponto de conexão entre o indivíduo e o próprio Deus, numa interação simultânea com todas essas consciências arcangelicais.

Recaptulando: há um outro Universo paralelo a este, em retração. Ambos formam a respiração de Brahma, como afirmam os hindus; ou seja, enquanto um está em processo de expansão (expiração), o outro se contrai (inspiração). Dentro desses dois universos que se complementam, existem outros tantos níveis ou dimensões físicas superpostas, que vão do nível mais denso ao mais sutil, e são as moradas dos seres em evolução. O mais denso é este que os vossos olhos visualizam e os equipamentos da vossa ciência detectam: a Terra e seus componentes físicos, o Sistema Solar e demais planetas, a Via Láctea e outras galáxias. As dimensões físicas mais sutis são aquelas onde encarnam seres mais evoluídos que os terráqueos e, portanto, à caminho da reintegração ou fusão com as consciências superiores.

Quando da ocasião da supernova solar que deu origem aos planetas, as "bolas" de magma expulsas do Sol levavam consigo energias puríssimas em sua essência, compostas por minerais e gases passíveis de evolução. Junto com elas, foram criadas bilhões de novas mônadas,[7] distribuídas entre os vários astros que compuseram o Sistema Solar. Na verdade, cada "pedaço" do Sol que se desprendia continha uma infinidade de átomos, cada um deles com sua energia áurica essencial, ou mônada, também chamada de "espírito do átomo". Assim sendo, as mônadas não são criadas isoladamente, mas junto com outras mônadas, formando uma família monádica, ou família espiritual, cada qual com sua polaridade positiva e negativa (*yang* e *yin*) de que fala o Taoismo). Essa polaridade nada tem a ver com aspectos positivos ou negativos do ser, isto é, de bem ou de mal; trata-se da natureza da energia. À medida que os membros de cada família vão evoluindo, é normal que uns avancem mais que outros, especialmente quando alcançam o reino hominal. Surge então o sentimento de amor imanente naqueles que estão à frente, no sentido de voltar ou ajudar os que se atrasaram, para que um

---

7 Mônada ou *atman* é a alma criada por Deus ou Dele desprendida; é a centelha de vida ou espírito essencial a partir da qual se agregarão os diversos corpos, do mais sutil ao mais denso (neste último caso, o físico desde a primeira encarnação, como átomo integrante de alguma estrutura mineral e que daí irá evoluindo até chegar aos reinos: vegetal, animal, hominal e depois angelical). Todos os seres e coisas possuem alma.

Missão Planetária

dia todos se reúnam na grande família espiritual em retorno à "Casa do Pai".

Cada uma dessas famílias está ligada à família do astro originalmente criado junto com suas mônadas, que, por sua vez, está ligado à família espiritual coletiva do sistema solar, da constelação, da galáxia, do Universo a que pertencem, e este em sintonia plena com o Macrouniverso, onde existe o espírito de Deus perpassando e permeando tudo e todos. Aqui também se pode observar como é complexa a obra da Criação. É importante ressaltar o fato de que, à medida que a consciência e o amor se expandem em um determinado ser, ele se sente mobilizado a ampliar o seu processo de ajuda fraterna, o que também ocorre na família expandida, até agrupamentos planetários, de sistema solar, constelatório, galáctico e cósmico-maior.

O reencontro de membros diretos de famílias monádicas, para efeito de religamento energético, ocorre inevitavelmente em fases muito avançadas de evolução. A proposta da evolução não é gerar apego; muito pelo contrário, é promover o desapego entre os seres e ampliar a família humana e cósmica, no sentido do amor universal. As mônadas, ou centelhas divinas, não foram criadas com o propósito de atender aos egoísticos caprichos e apegos às paixões humanas, e sim para compor as famílias espirituais com funções libertadoras do espírito, já que o verdadeiro amor liberta, ao invés de aprisionar. Desse modo, a existência dessas polaridades energéticas essenciais é apenas para servir de patamar para que haja a agregação dessas famílias a outros agrupamentos monádicos, em sucessivas expansões rumo ao amor essencial proveniente do centro da galáxia e, consequentemente, do centro do Universo e do Macrouniverso, numa contínua e infinita expansão do amor e consciência universais.

Essas famílias têm, portanto, a missão de unir-se à família planetária à qual estão ligadas originalmente. Quando o planeta não existe mais, porque se fundiu com outras estrelas, então elas se unem ao centro constelatório a que estão ligadas energética e espiritualmente, ou à galáxia, caso a constelação não mais exista (tenha se transformado num buraco negro, por exemplo).

O verdadeiro e mais puro amor é o fraterno, e, quando ele se expande, alcança o estágio de amor fraterno-universal. O amor que se constrói a partir das relações afetivas é gerado por experiências de vida, ou de vidas, para que a alma lapide seu egoísmo, orgulho, vaidade, impulsos instintivos, apego e tantas outras mazelas que precisam ser transformadas em consciência maior e amor maior, em direção à família cósmica.

Essas breves explanações servem para abordar-se o Universo a partir de sua parte essencial (o átomo e seu espírito: mônada ou atman), ou seja, demonstrar suas interações energéticas. Assim, e finalizando este pequeno parêntese, a união entre as duas polaridades energéticas que compõem Deus (*razão* e *amor*, ou *yang* e *yin*, ou *positivo* e *negativo*) tem em cada uma dessas polaridades energéticas apenas uma leve predominância de uma ou de outra natureza essencial, já que um possui o outro, pois **são unos**, isto é, dentro da polaridade *razão* existe *amor*, e dentro da polaridade *amor* há *razão* – à medida que o ser evolui e adentra, por exemplo, o plano evolutivo angelical, torna-se de tal forma equilibrado que, na percepção de um ser humano, não haveria diferença entre um anjo que integra o raio do Amor e outro que integra o raio da Razão, porque eles se interpenetram na essência.

Retornando ao caso específico do nosso Sol e da criação do Sistema Solar, essas mônadas, ou centelhas divinas, ou novos espíritos criados a partir da explosão solar, entraram nos ciclos normais de evolução dentro do Sistema Solar. Em um certo momento cósmico, comporiam estruturas minerais; depois, estruturas moleculares e celulares de vegetais, com sua respectiva aura e essência atômico-espiritual. Mais tarde, pelo processo natural de evolução dos reinos da natureza, se transformariam em animais, momento em que iniciariam a fase de individuação, até alcançarem o reino hominal. Essas essências puras que foram expulsas da estrela-mãe (Sol) estão em evolução para, um dia, tornarem-se não somente seres puros, mas conscientes em sua totalidade, a fim de se unirem novamente à Consciência Maior.

Cada astro que se estabiliza no Sistema Solar deixa de ser energia criadora de Brahma, como diriam os hindus, e chega à fase energética de *Vishnu*, ou energia da manutenção, da estabilização. Como nada no Universo se dá por salto "revolutivo", ou seja, abruptamente, e sim por evolução, dentro de um processo gradativo de transformação, o Sistema Solar está se estabilizando e, por isso, começa a predominar nele a manifestação de *Vishnu*. Aos poucos, a manifestação criadora de Brahma começa a se "recolher" relativamente em sua essência, deixando a

Missão Planetária 33

energia mantenedora predominar.

Num certo momento cósmico, quando houver um novo rearranjo do Sistema Solar e de seus componentes, ele alcançará o estágio de *Shiva*, ou melhor dizendo, a renovação pela transformação (quando o Sol chegar ao momento em que se transformará numa estrela vermelha, estará adentrando o estágio de renovação Crístico-Solar, "absorvendo" e reunindo, como uma grande família cósmica, todos os planetas do Sistema e transformando-se numa gigantesca estrela, numa Consciência e Amor único).

Os planetas mais antigos e mais distantes do Sol já se encontram na fase de manutenção ou estabilização. Os mais próximos ainda vivem o momento de Brahma. A Terra está num momento-chave, saindo da etapa final de criação e entrando na de manutenção, que deve coincidir com o ciclo evolutivo-espiritual de regeneração de seus seres humanos. Mas, vale lembrar, que todos os demais seres biológicos passarão por transformações também, tornando-se mais sutis, e, igualmente, os minerais mais evoluídos aumentarão em quantidade, ao longo dos próximos milênios e milhões de anos.

Quando mencionamos que as centelhas divinas expulsas da estrela-mãe são simples e crescerão em consciência, não estamos querendo dizer que elas não possuam consciência e inteligência. Possuem sim, bem como o amor essencial, que lhes é inerente, e estão intimamente ligadas à mente e amor do arcanjo da constelação, da galáxia e de Deus. Elas apenas deixarão de ser essências "dependentes" dessa ligação, deixarão de ser um "passivo" cósmico, para ser "ativos" cósmicos, dínamos de luz, seres contribuidores da evolução, em escala maior. E então, num dia cósmico, após passarem pelas experiências encarnatórias que lapidam e refinam o espírito, serão anjos cuidadores, e mais à frente arcanjos criadores de outros astros, outras vidas, outras galáxias.

Cada astro que se estabilizou no Sistema foi se resfriando. Quanto mais distante do Sol, mais antigo é o planeta, isso nós já abordamos. Então, concluímos que os astros mais distantes foram se resfriando antes dos astros mais próximos do centro gerador de vida e, por conseguinte, os astros mais antigos foram evoluindo na frente, em todos os sentidos. O resfriamento do magma nos planetas-anões ocorreu primeiro e bem mais rápido, em razão do seu tamanho e por serem eles mais antigos. Em

Urano, Netuno, Saturno e Júpiter, o magma foi reduzindo de tamanho gradativamente, ficando cada vez menor em seu interior e desaparecendo, aos poucos, ao longo dos últimos 2 bilhões de anos. Marte tem em seu núcleo físico planetário um magma recém-extinto. Astros menores, como asteróides e satélites naturais de menor porte, também já se resfriaram há muito tempo, até por uma questão de lógica física de tamanho.

Em sua essência, o magma emite ou expulsa uma forte energia criadora que estimula os centros geradores de vida no planeta e impulsiona a força vital de todos os seres, promovendo o crescimento das plantas, dos tecidos orgânicos, o movimento celular etc. A energia kundalínea, força criadora proveniente do Sol, adormecida na maioria dos seres humanos (levemente ativa em alguns) é, inclusive, dinamizada pelas emanações vindas do magma. E, como toda energia proveniente da natureza, não é boa nem má; trata-se apenas de uma energia, composta por suas polaridades positiva e negativa, que exerce influência sobre todos os seres da Terra, inclusive o ser humano. Essa força reativa energeticamente, e em doses homeopáticas, cada chacra que se encontra no duplo-etérico. Seu fluxo energético pode variar de acordo com a evolução de cada um, ou mesmo tendo em vista certas combinações químicas e físicas decorrentes de estados mentais-emocionais. Uma pessoa com espírito bem evoluído, ao receber a influência da força telúrica (vinda do centro da Terra), poderá ter mais dinamizada a sua força interior relacionada com o chacra frontal, e ser, portanto, uma pessoa com potencial ativo no campo da mente desenvolvida para pensamentos elevados e boas ações. Já uma pessoa com grau de evolução espiritual ainda fortemente ligado aos instintos sexuais e à alimentação carnívora, recepcionará essa força energética sobre o chacra básico e sobre um outro chacra um pouco acima do básico e abaixo do umbilical (chamado pelos antigos iogues de *swadistana* ou chacra sacral, que na verdade não é o chacra umbilical, como muitos ocidentais acreditam). Ou seja, quem já evoluiu mais e domina as forças instintivas, recepcionará a influência dessa energia direcionando-a para a criatividade, liderança, iniciativa, serviço de amor ao próximo; ao contrário, quem ainda está em estágio pouco avançado de

Missão Planetária

evolução, recepcionará a influência da *kundalini* em chacras inferiores.

O magma atua como alimentador energético do chacra básico do planeta, que impulsiona a vida material para a evolução. Por isso, à medida que o planeta esfria, e seu magma vai se reduzindo, há necessidade de que seus habitantes também evoluam, pois chegará o momento em que deverá haver sincronia entre eles e o estágio evolutivo da massa física do planeta. Melhor dizendo: os seres humanos deverão ter transmutado a energia sexual, ou energia básica e de vitalidade física, para outros níveis energéticos, não mais abrigados pelos chacras básico e umbilical, mas sim pelos chacras cardíaco e frontal, em planos de consciência mais elevados. Chegará um tempo em que a humanidade terá alcançado um estágio tal de evolução, que controlará consciente e naturalmente os seus instintos e não mais estará dominada por eles, pois essa força terá sido transmutada em energia criadora de inteligência, de ação e vontade cósmicas. Dentro da lógica cósmica, podemos observar que os seres são verdadeiros receptores e drenadores da energia magmática, de maneira que, ao captar e transmutar a energia telúrica, evoluem tanto os espíritos encarnados como o próprio orbe.

Assim como ocorre ao corpo do ser humano, composto por vários órgãos e sistemas fisiológicos, além do duplo-etérico e de outros corpos mais sutis, a Terra tem suas partes individualizadas e seus sistemas, que no entanto constituem um ser único, com seus componentes minerais, biológicos (vegetais, animais e humanos) e energético-espirituais. As forças magnéticas terrenas estruturam chacras e subchacras, ou pontos de convergência de energia (vórtices). Portanto, o equivalente ao que seria o chacra básico terreno se manifesta ao longo do Equador, com diversos subchacras, tendo o chacra básico principal localizado na África, mais precisamente no Congo; o umbilical, na região da Ilha da Páscoa; o plexo solar, na Austrália; o esplênico, no sudeste asiático; o chacra cardíaco está na América do Sul, mais precisamente no Brasil; o laríngeo, na América do Norte; o frontal está na Europa; o coronário, nos Himalaias.

Observai na figura 5 uma pequena demonstração da Terra com seu magma ainda intenso e relativamente recente, geologicamente falando, há aproximadamente 600 milhões de anos

Figura 5

atrás. Ao fundo, o mapa com os continentes é apenas ilustrativo, pois não representa a realidade geográfica da época, quando havia um único continente, conhecido pela ciência terrena como Pangea. O ponto a ser analisado aqui é o magma, que se apresenta na borda do planeta, em um período em que havia muitos vulcões que o expulsavam e pressionava intensamente a camada da crosta. Exatamente como ocorre com os fios elétricos, que vão dissipando ou liberando (perdendo) energia ao longo do percurso, a Terra ia (e ainda vem) liberando energia para o Cosmo, e todos e tudo que vive sobre ela acabam por recepcionar esse fluxo de energia eletromagnética.

Ao ser drenada ou purificada pelos habitantes dos vários reinos (mineral, vegetal, animal e humano), através de seus respectivos envoltórios físicos principalmente, e também pelas mentes e corações que vão se renovando, essa energia telúrica vai se transformando até que, num dia cósmico, não haja mais magma no interior da Terra. Então, a energia primária (importante para a geração de vidas físicas mais densas, servindo de berço fundamental para seres ainda em estágios primários e intermediários de evolução) que o magma emana terá ajudado a gerar vidas no planeta e a purificar o orbe como um todo. Será um tempo em que os seres humanos terrenos emitirão pura luz. O planeta terá alterado sua estrutura física e química, seus gases serão capazes de gerar luz própria, até transformar-se em estrela, e, junto com seus habitantes, serem geradores de luz pura.

É o que está ocorrendo hoje com Júpiter, o astro que mais evoluiu no nosso Sistema Solar, cujo esforço amorável e incondicional de seus habitantes elevou-o quase à categoria de uma estrela, sem o fervilhar de gases quentes (como ocorre a estrelas novas), ou melhor, a uma "semi-estrela" de gases frios, com luz fria e pura, como puros e ricos em luz são os moradores de lá, os quais, ao absorverem a luz proveniente do Sol, acabam sendo como dinamizadores e multiplicadores da luz que produzem, quintessenciando sua luz original.

A massa que permaneceu no Sol, após a explosão criadora,

ficou muito mais pura e consciente, e serve de morada aos anjos gerenciadores ou cuidadores do Sistema Solar. Observai bem que o fato de haver ficado mais pura não significa que antes não havia pureza na essência energética do Sol e dos anjos que ali habitavam, mas sim que no Universo tudo evolui incessante e infinitamente. Portanto, o que estamos afirmando é que a massa, bem como outros componentes e os espíritos angelicais do Sol evoluíram com o passar dos bilhões de anos.

Agora, para melhor reflexão e análise, sigamos o mais elementar de todos os questionamentos: haverá vida somente na Terra? Isso não seria um privilégio deste planeta, que está imerso num Universo infinito e num Sistema Solar tão amplo, complexo e diverso? E o Sol, que é o centro do Sistema, como se fosse um Pai Solar, que dá sustentação magnética e gravitacional, e propicia vida nos planetas, seria estéril em vida? Como pode o "pai" cuidar do filho, se não possui vida, consciência e estrutura para proporcionar os cuidados devidos à "criança", até que ela cresça, aprenda a caminhar com os próprios pés, e possa mais tarde gerar outras vidas também?

Quando o ser se desprende da Mente Cósmica, começa sua escalada evolutiva com vidas nos planos e dimensões mais densos da matéria; depois, evolui para dimensões físicas mais sutis. Um dia, os seres que evoluírem em planos físicos, desde dimensões densas às mais sutis, não precisarão encarnar mais em corpos físicos, mesmo extremamente sutis, porque atingiram um patamar de luz em que os fótons que os compõem evoluirão, indo, daí para a frente, a planos puramente espirituais, num nível de consciência e amor incompreensíveis a nós e expressos nos corpos físicos coletivos de estrelas, constelações, galáxias e universos.

O conceito e a prática da expansão e contração do Universo estão imanentes em cada movimento e pulsar dos átomos, nas idas e vindas das encarnações e desencarnações, na respiração do ser humano e de todos os demais seres, no nosso e em outros sistema solares, nas constelações, nas galáxias, nos universos e no Macrouniverso. Tudo se movimenta em direção à criação/expansão, manutenção e retorno, em ciclos de bilhões de anos. Estamos em um momento crucial cósmico de início de retorno, no movimento galáctico (com um influxo inicial de tempo cósmico que nas referências terráqueas significa milhões de anos).

Assim, a Terra está iniciando uma viagem, junto com o Sistema Solar e nossa constelação, em direção ao centro da Via Láctea, que, por sua vez, ainda iniciará um movimento de vários bilhões de anos em direção ao centro do Universo, em busca da Consciência Maior e do Amor Mater que habita o núcleo do Cosmo, graças ao influxo fototrópico que induz todos os seres e coisas em direção à luz. Esta é a força propulsora da evolução.

Os habitantes solares

Conforme ficou claro até aqui, o Sol é poderosa usina de potencial cósmico que gera pura luz. É, por conseguinte, habitado por seres de luz: anjos em pleno aprendizado do servir ininterrupta e amoravelmente, num ato de abnegação e doação plena, desprovida de egoísmo, em contínuo regozijo, ajudando a cuidar da vida em todo o Sistema.

O Cristo Solar permeia com seu amor e consciência, além do próprio Sol, todos os astros, seres e coisas do Sistema Solar. Os arcanjos dirigentes de cada planeta que compõe este Sistema estão em plena sintonia consciencial com o Espírto Solar, entrelaçando-se mutuamente em amor e consciência contínuos, num ato imensurável de compaixão, dedicação e docilidade. Portanto, em cada grão de areia, em cada folha de árvore, em cada verme, inseto ou ser humano da Terra que recebe a luz do Sol, ou seus reflexos indiretos, ali se encontram a consciência e o amor do Cristo Solar e, igualmente, a consciência e o amor do Cristo Planetário.

A vida no Sol ocorre apenas em planos angelicais, os mais sutis do Sistema Solar. São planos vivenciais muito complexos para a compreensão dos terrícolas; por isso, não cabe aqui nos estender em demasia. A vida naquele astro é orquestrada pelo Arcanjo ou Cristo Solar, com contribuição fraternal cósmica de anjos que lá habitam e de outros anjos que para lá migram periodicamente, para o aprendizado do serviço benfeitor incondicional. Cada raio de sol que chega ao vosso planeta traz a energia do Ser Solar e, ao mesmo tempo, da soma de cada um dos seus habitantes. Imaginai, pois, a dimensão desse ato, repleto de puro amor, pura alegria, plena doação, plena consciência: é tanta luz, tanto amor, que essa concentração e doação de energia contínua gera calor no contato e atrito eletromagnético com a atmosfera e gravidade de cada astro (do próprio do Sol e dos demais planetas, sendo que, quando mais densa é a atmosfera, como ocorre com a terrestre, maior é o atrito que os fótons geram e, consequentemente, maior o calor que gera).

Assim, à proporção que o habitante da Terra interage com a energia solar de modo mais consciente e amorável, com gratidão e atitude receptiva, pode captar melhor as forças sublimes de amor e energia vital que provêm desse astro, recebendo-as de modo mais eficaz, a atendê-lo em diversos campos da jornada humana. Além do uso já conhecido por vós, com fotocélulas e na eletricidade, a energia do Sol poderá operar verdadeiros milagres à saúde e ao bem-estar físico-espiritual do ser humano.

Na primeira dimensão física do astro solar – e por conseguinte de todo o Sistema –, que é a dimensão em que ocorre a vossa vida terrena, o hidrogênio, massivamente predominante naquele ambiente e originalmente frio, mobiliza reações atômicas de fusão nuclear, gerando o gás hélio. Essas reações provocam calor e, à medida que os raios se atritam com a atmosfera dos planetas mais próximos, esse calor se intensifica. Numa dimensão física mais sutil (a 54ª dimensão, por exemplo, que é onde vivem os seres pré-angelicais e de onde seria possível chegar ao Sol, e, por meio de desdobramentos energéticos, contatar-se os anjos que lá habitam), o clima não é quente nem frio; é agradabilíssimo. Há luz intensa, a ponto de cegar um humano da primeira dimensão, qual ocorreria a um terráqueo caso chegasse ao Sol, com sua vestimenta e olhos carnais densos da vossa primeira dimensão física.

Um ser solar que quiser deslocar-se a qualquer parte do Cosmo, poderá fazê-lo pelo deslocamento de sua consciência. A velocidade será, pois, a do pensamento, ou seja, instantânea. Um anjo solar não tem corpo denso, e com os seus contornos corpóreo-energéticos se deslocará conforme a sua consciência. Se mentalizar, e sentir que está em Sírius, imediatamente lá estará, e o mesmo ocorrerá a um ser estelar de Sírius, em relação ao nosso Sol ou a qualquer outro astro.

O ser solar tem um corpo energético extremamente sutil, que aos vossos olhos seria pura luz, pois os contornos e as estruturas corpóreas são feitas de material muito mais etéreo que os corpos astrais ou mentais de um terráqueo desencarnado, no último estágio do nível astral ou do mental superior.

No caso dos seres pré-angelicais, ou seja, daqueles que se encontram nas últimas fases "encarnatórias" (em dimensões físicas hiper-avançadas), os corpos não serão gerados a partir de ato sexual, conforme ocorre com os seres humanos até o plano evolutivo mental inferior. A partir do plano intuitivo, quando o ser "encarna", ou seja, quando seu envoltório sutil de desencarnado adentra um corpo para nova experiência encarnatória (que, via de regra, ocorre na dimensão física hiper-sutil, condizente com o seu grau evolutivo), numa dimensão de frequência mais elevada que a primeira dimensão da Terra, a procriação se faz por meio de um contato energético, como num abraço.

Nesses processos "gestacionais" em dimensões físicas superiores, que vão se tornando cada vez mais diferentes daqueles dos mundos físicos inferiores, ocorre uma troca de amor inconcebível pelos irmãos da primeira dimensão física terrena, gerando uma enorme quantidade de fótons e substâncias físicas etéreas multicores, com doces aromas de flores que inundam o ambiente em que se encontram, proporcionando multiplicação do magnetismo de amor fraterno, que se concentra no âmago daquela alma que reencarnará. São atos puros, sadios, desprovidos de qualquer preconceito ou recalque, e expansores do amor cósmico, momento em que os espíritos são treinados para futuros atos de amor e plena compaixão e incondicionalidade em direção a mundos inferiores, quando forem chamados a encarnar a serviço da evolução humana, e em direção a atos geradores de vidas, planetas e estrelas, ao tornarem-se arcanjos.

Quanto mais o ser evolui, mais ele não necessita de toques ou de aproximações físicas, pois há tanta energia e luz na sua aura magnética que a pouca aproximação já permite a detecção e recepção do sentimento puro que dali emana. Assim é que acontece a troca energética e o intercâmbio de afeto, com efeitos de satisfação e carinho infinitamente maiores que os convencionais abraços ou toques entre os humanos dos mundos mais densos. Isso não quer dizer que as criaturas que se encontram nos mundos inferiores não devam abraçar-se ou tocar-se. Muito pelo contrário, já que essa prática faz parte do aprendizado do amor, nas etapas evolutivas primárias. Os seres humanos que se abraçam quando encarnados, ao avançar evolutivamente para estágios superiores no plano astral, encontram no abraçar sincero, puro e repleto de afeto um dos mais importantes contribu-

Missão Planetária
41

tos energético-motivadores e sensibilizadores da alma rumo às paragens angelicais.

Muitos falam que os seres iluminados ou ascensionados, os anjos por exemplo, não precisam mais encarnar, porque não possuem mais carma para resgatar e então não descem a corpos físicos para drenar suas almas. Isso é verdade, mas há alguns pontos importantes a esclarecer.

Para seres que ainda estão evolutivamente presos ao plano astral, principalmente, ou ao plano mental inferior, existem carmas a ser resgatados, ou necessitam encarnar em corpos físicos densos, como os da primeira dimensão (a exemplo da Terra) ou mesmo da quarta dimensão, que é bem mais sutil (como em Marte), para drenar suas psiques ainda com diversos traumas, recalques, resíduos mentais decorrentes de débitos cármicos, apegos, paixões, sentimentos que precisam ser lapidados, mentes indisciplinadas, entre outras mazelas.

Mas quando o ser evolui e chega ao plano mental superior, está pronto para libertar-se de carmas, dores e sofrimentos característicos dos mundos densos; enfim de todo tipo de apego que habita o subconsciente humano e o impede de tornar-se espírito cosmicamente livre. Eis que nessa etapa evolutiva, o ser pode iluminar-se ou ascender ao plano búdico. Gautama, o Buda, por exemplo, em sua última encarnação chegou a esse momento, saindo do plano intuitivo (mental superior) e alcançando o búdico, após "limpar" o restante dos resíduos subconscienciais, tomando plena consciência de todas as suas vidas anteriores, desde os tempos em que esteve em outros reinos da existência.

Buda continuará evoluindo, e para isso reencarnará em outros planetas (como já o fez outrora), em dimensões bem mais sutis que a vossa. Como ele, existem outros tantos espíritos progredindo e necessitando de corpos cada vez mais etéreos, em dimensões com frequências mais intensas e sutis que a vossa. Essas encarnações superiores não são para resgatar carmas ou para passar por sofrimentos e dores, ou mesmo para drenar imperfeições psíquicas da alma sobre um corpo denso que adoece. São encarnações necessárias para o aprendizado do ser em etapas pré-angelicais, em que expande cada vez mais a consciência cósmica e a capacidade de servir incondicionalmente, de progredir em compaixão e docilidade, em renúncia e pleno regozijo. Esse aprendizado e expansão de amor e consciência demandam corpos físicos, ainda que muito mais sutis que os vossos.

O envoltório material é o instrumento de trabalho e de realização nos mundos das formas. O corpo físico encarnado numa dimensão tênue, de um ser superior que esteja evolutivamente atrelado ao plano búdico, por exemplo, é mais sutil do que o corpo astral de uma alma terrena desencarnada do corpo. O ser pode e deve continuar trabalhando quando estiver desencarnado, mas em corpo físico poderá realizar mais no mundo das formas. Evidentemente que os seres superiores ou angelicais continuam trabalhando e influenciando a evolução nos mundos físicos, mesmo estando sem corpos físicos sutis. Todavia, o processo de conexão a um corpo, nos variados graus de dimensões físicas, lhes permite maior grau de intervenção sobre o mundo das formas, da mais densa à mais tênue, para orquestrar as composições de Deus nos diversos mundos em evolução.

Muitas vezes, um ser superior ou anjo pode manifestar sua presença em trabalhos espirituais ou na vida comum dos seres humanos e, por seus corpos possuírem grande quantidade de fótons, aparentam somente luz aos olhos ou sentidos espirituais dos terráqueos. Assim, os humanos encarnados da Terra podem pensar que são seres desencarnados (os seres superiores e anjos são muito mais sutis, enquanto padrão energético-vibratório, do que desencarnados do mundo astral e mental inferior). Mas o que menos importa é isto: se são encarnados, em níveis sutilíssimos de corpos, ou desencarnados, só com sua energia descondensada. O importante é que todos os espíritos superiores, ou mesmo anjos ligados aos serviços de amor para com a Terra, podem apresentar-se e auxiliar em trabalhos mediúnicos sinceramente imbuídos do propósito cristão e crístico.

Existem seres em variados graus angelicais que habitam o Sol, em aprendizado muito sutil de amor incondicional. Alguns deles poderão, depois de bilhões de anos, alcançar a arcangelitude, se permanecerem ligados ao Sol ou a outras estrelas, mas necessitarão vivenciar missões grandiosas de amor incondicional e exercícios de expansão consciencial cósmica em planetas ou outros astros. Em alguns casos, poderão acelerar em milhões de anos o seu processo, se encarnarem em missão sacrificial em dimensões mais densas, como ocorreu ao Mestre Jesus quando desceu aos planos densos da matéria terrestre. E quanto mais denso for o local de encarne, mais aceleram o seu crescimen-

Missão Planetária   43

to espiritual, pois os desafios serão mais árduos ao servir com compaixão e amor infinitos num ambiente pesado para almas angelicais.

O limite de todas as encarnações de um ser ocorrerá no último estágio de evolução do plano paranirvânico, isto é, dentro do reino angelical, no qual existem vários degraus evolutivos (ainda que em corpos sutilíssimos de pura luz, condensada em matéria inconcebível pelos humanos terrestres). Após essa etapa, o anjo alcança o estágio mahaparanirvânico, que é apenas energia consciente e condensada em fótons, gerando pura luz, não podendo mais manifestar-se em corpos sutis, pois, na verdade, estão num estágio de evolução tal, que suas consciências perpassam a todos e a tudo a que estão sistemicamente ligados no Cosmo.

Poderíamos até dizer que, simbolicamente, a "encarnação" de um arcanjo é a sua ligação íntima, consciente e amorável, a um planeta (fisicamente falando), ou a uma estrela, constelação, ou galáxia, integrando-se energeticamente com todos os seres e coisas nos campos físico, astral ou mental desses astros, onde evoluirá ainda por bilhões ou trilhões de anos (vivenciando desde o nível de espírito ou Cristo Planetário, passando por Cristo-Estelar ou Solar, Cristo Constelatório, Galáctico, até chegar ao nível universal), quando se reintegrará a Deus. Assim, será puro espírito, e seu corpo será o próprio Universo e o Macrouniverso com todas as suas dimensões físicas e planos espirituais.

Certamente, apesar de sua maior consciência e amor, em nível energético, quanto maior a responsabilidade do arcanjo, mais ele necessitará de suporte de outros arcanjos menores e de anjos para alcançar dimensões e planos mais densos, e estes necessitarão do apoio de outros tantos seres encarnados e espíritos gradativamente menores em escala evolutiva, até chegar ao mais denso ser. Como ocorre nos transformadores de energia em vosso mundo físico, que vão aos poucos baixando a tensão eletromagnética até chegar a um nível viável para o uso humano, um arcanjo solar, por exemplo, necessitará dos arcanjos planetários, que necessitarão de anjos (incluindo os devas), e estes, por sua vez, de outros tantos espíritos superiores; estes últimos, de outros trabalhadores menores nos mundos astrais, e assim sucessivamente até chegar aos seres humanos encarnados e aos seres ligados à natureza. Esse é o exercício de todos os seres, na grande corrente universal, para se integrarem à mente e ao amor coletivos, a fim de, num dia cósmico, se religarem conscientemente a Deus. Essa é a grande orquestração cósmica que envolve infinitos desafios, oportunidades e alegrias, em padrões de realidade incompreensíveis para vós.

Um anjo, quando se liberta do aprisionamento do corpo, pela encarnação em algum planeta, atuará no Universo através de seu amor e consciência já em estágio cósmico bastante expandido, embora ainda se encontre em processo de evolução, dentro de seu respectivo nível de expansão consciencial, podendo demorar milhões ou até bilhões de anos sem encarnar. Então, dirigido pela Mente Cósmica, saberá quando fará seu próximo encarne num planeta. A partir de certo estágio vibratório, como por exemplo quando o ser alcança o plano intuitivo de evolução, as relações entre encarnados e desencarnados são cotidianas, diretas, sem barreiras; diferentemente do que ocorre quando se está preso ainda ao plano astral ou mental. A única diferença é que, com o corpo encarnado, ainda que em invólucro muito sutil, o ser logrará mais êxito em suas realizações cósmicas, no campo físico ou mundo das formas.

Os planos de evolução e as diferentes dimensões físicas

Muito provavelmente, surgiu nas vossas mentes o seguinte questionamento: por que descer à matéria (reencarnar) em corpos, ainda que sejam mais sutis? Para que o espírito trilhe o caminho da evolução desde as suas primeiras fases, ou seja, conheça e experimente a vida, em suas múltiplas formas, drenando nos corpos físicos suas rudezas e imperfeições e, consequentemente, o seu "peso" psíquico (que faz "pesar" os corpos sutis do períspirito, do astral e do mental, impedindo-o de ascender a planos mais elevados), e transforme essas energias mais densas em vibrações de puro amor, consciência ampliada e interagente com o Todo Cósmico. Então, quando alcançar certo grau de evolução e chegar a planos superiores (a partir do plano mental-intuitivo), não precisará mais drenar suas imperfeições, pois nesses mundos não há sofrimento, dor, carma, apegos e viciações. Contudo, como seus níveis conscienciais e graus de amor universal precisam continuar se expandindo, há necessidade de corpos físicos extremamente sutis para que ocorram realizações

Missão Planetária

nos mundos das formas, em diferentes graus de densificação da matéria.

Em corpos físicos, as almas podem sedimentar melhor as virtudes da transformação, ou seja: sentimentos transformados durante a vida encarnada alcançam com maior profundidade o espírito (caso não se enovelem em mais carmas, ou optem por desvios de caminho; ainda que se desviem, a existência física promove experiências aprimoradoras e tendem a amadurecer a alma pela dor e/ou pelo esforço autotransformador), bem como favorecem a maior expansão da mente e do amor universal (no caso de espíritos superiores). É no instante cósmico encarnatório que a capacidade de amar é verdadeiramente testada pela disciplina, compreensão, tolerância, resignação, paciência, compaixão; enfim pelos atos fraternos, via esforço dentro da clausura corpórea. O ser que obtém avanços espirituais na carne, ao desencarnar acelera a sua evolução com maior propriedade que nos períodos em que se encontra sem corpo físico.

Repetindo, a alma em estágios pouco avançados de evolução precisa descer à carne para drenar no corpo físico suas rudezas e impurezas mentais-emocionais, bem como seus débitos cármicos, a exemplo do diamante bruto que precisa lapidar-se para ganhar mais refinamento e brilho. As almas avançadas necessitam de corpos físicos para atuar como seres realizadores no mundo das formas, em ambientes físicos mais densos que os planos sutis onde habitam apenas com seus corpos mentais. A oportunidade de descer à carne as ajuda na ampliação mental e na capacidade de amar, mais efetivamente do que se estivessem apenas no mundo dos espíritos.

Como o ser evolui por etapas, e considerando que a evolução não dá saltos, existe a necessidade de se ter dimensões físicas diferenciadas, da mais densa à mais sutil, para que o espírito possa encarnar no mundo físico e realizar trabalhos transformadores que só podem ocorrer nos mundos da matéria, proporcionando saldos bastante positivos na expansão da consciência e do amor (o ser, quando encarnado, terá mais méritos ao ajudar o próximo do que quando estiver desencarnado, e, além disso, o mérito terá mais impacto positivo e efetivo na evolução individual quando essa ajuda estiver permeada por atitudes amoravelmente sinceras, mais ainda do que se estiver apenas praticando a ajuda por consciência).

Por uma questão de leis físico-cósmicas, as almas mais densas necessitam encarnar em ambientes físicos proporcionais ao grau de frequência energética em que elas vibram predominantemente, e, à proporção que evoluem, a busca de vida em ambientes mais sutis vai surgindo. Todavia, há casos em que, mesmo a alma não tendo mais carma a resgatar, poderá retornar a encarnações em planetas mais densos por sentir em seu íntimo a necessidade de exercitar a compaixão e ampliar o sentimento de amor ao próximo, a paciência, a tolerância e todos os demais atributos da fraternidade universal.

Existem casos ainda em que a alma já adquiriu um mínimo de evolução que a capacita a encarnar em um planeta mais evoluído, mesmo tendo algum saldo cármico negativo a resgatar, o que poderá fazer em algum momento de sua história encarnatória futura, inclusive em outro planeta de regeneração que não aquele onde gerou tais carmas. Como se vê, a vivência da Lei do Carma abre um leque enorme de aplicabilidade nos infinitos mundos das formas, seguindo caminhos diversos, segundo a percepção e orientação de guias espirituais superiores, que compreendem profundamente a psicologia humana, bem como a complexa aplicação dessa Lei.

Existem diferentes padrões conceituais para explicar o tema *realidades existenciais* iguais ou similares. A multiplicidade de entendimento, segundo os padrões vibratórios, os estágios conscienciais e os aspectos culturais, faz parte da diversidade cósmica que acompanha seres, grupos sociais e civilizações neste Universo biodiverso e multiforme, que evolui num fluxo energético espiralar. O que importa é a essência do contexto, com seus princípios imutáveis de ética e amor cósmico. Ademais, métodos pedagógicos e detalhes conceituais não devem afetar o conhecimento e a prática do que é transmitido. Assim, para efeito de referência e melhor compreensão por parte daquele que lê nossos escritos, nós, que somos seres comprometidos com este Sistema Solar, adotaremos aqui os conceitos que se seguem sobre *dimensões*, ressaltando porém que há outras maneiras de entender e de explicar essa questão.

O Macrouniverso é infinito, e isso por si só já nos induz a pensar que existem infinitas formas de expressões físicas e energéticas no Cosmo. Dentro de cada Universo A e B, conforme explicitado anteriormente, há uma percepção de que, apesar de se-

Missão Planetária

47

rem gigantescos, são finitos, embora estejam em expansão rumo à infinitude. Se, segundo a matemática mais elementar, sabemos que existem infinitos números entre dois números, ou infinitas notas musicais entre duas notas (ainda que imperceptíveis pelo ouvido humano limitado), ou mesmo infinitos matizes de cores entre duas cores principais (ainda que os olhos humanos não os vejam), é certo que existem infinitas dimensões físicas entre cada dimensão física, permeando este infinito Universo. Há um sentido para a existência dessa complexa rede de conexões interdimensionais, mas não cabe aqui descrevê-lo minuciosamente, face à limitada compreensão do cérebro e da mente do terrícola. Mas, podemos afirmar que há limitadas dimensões físicas onde existe vida humana encarnada, pois, a partir de certo estágio da escalada evolutiva, os seres (já em nível angelical e arcangelical) podem permear com sua consciência e amor infinitos dimensões físicas e planos sutis, sem necessidade de haver seres encarnados que lhes sirvam de canais de realização no mundo das formas.

Nessas dimensões físicas onde existe vida humana, há a mais densa, como a que viveis na Terra, até as de elevadíssimo grau de sutilidade física, as quais, apesar de sutis, ainda são físicas.[8] É importante deixar claro que não são ambientes de desencarnados, e sim ambientes de encarnados, onde se situam os corpos físicos respectivos, em diferentes graus de sutilização. Não confundis, pois, dimensões físicas (onde há seres encarnados em variados graus de sutilidade) com planos de evolução, os quais estão em sintonia com os planos dos desencarnados.

Os planos de evolução

Diversas obras já publicadas no mundo terreno discutem a questão dos planos evolutivos, por meio de variadas figuras e nomenclaturas. As provenientes de fontes consistentes, cuja essência nos interessam, serão abordadas aqui, com classificações diferentes de *sete planos de evolução* ou *planos de consciência*, e que isso não vos conduza a ilações estéreis.

---

8 Na obra *Mergulho no Hiperespaço*, de autoria do General Moacir Uchôa, há a seguinte citação de um ser extraterreno, em contato com o autor: "Dizemos que operamos em outras dimensões para nos situarmos... é-nos quase impossível explicar essas novas dimensões, porque só são elas compreensíveis para aquele humano que haja realizado, na sua vivência, uma verdadeira revolução consciencial". p. 84 da 1ª ed., **EDITORA DO CONHECIMENTO**.

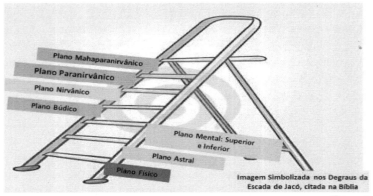

Figura 6

A *Escada da Evolução* ou dos planos evolutivos, na figura 6, também pode ser entendida como os sete planos de consciência do ser, mostrando os degraus da ascese espiritual que toda criatura deverá trilhar, com muitos retardatários e alguns poucos em ritmo que poderíamos classificar como natural. É o plano com o qual cada ser está sintonizado na sua essência, esteja ele encarnado ou desencarnado. É também o plano para onde este ser, ao desencarnar, será atraído no mundo dos espíritos, assim que perder o corpo físico.

O plano físico

O plano físico é o primeiro estágio da evolução, e de extrema importância para a sustentação do Universo em sua natureza mais densa. Portanto, assim como ocorre a um arranha-céu, que necessita de sua base e também do primeiro andar para então erguer-se cada andar superior, até chegar aos mais elevados, os planos espirituais mais sutis precisam do plano físico para fixar suas bases mais densas e permitir que, a partir delas, possa manifestar sua natureza mais densa, que necessita evoluir e chegar aos planos mais altos.

O plano físico é onde as almas encarnam para drenar suas imperfeições, única maneira de purificação da alma quando começa sua caminhada evolutiva. Essa alma deverá amadurecer e, para tanto, nas várias encarnações, experimentará diversas situações e ambientes, provando do bem e do mal, do denso e do sutil, do pesado e do leve, do frio e do calor, do amargo e do doce, do salgado e do insosso, para mais tarde optar pela trilha do equilíbrio, do caminho do meio, como afirmava Buda, isto é, a que mais lhe proporcione impulso ao progresso espiritual, em direção à luz, pois existe uma força propulsora do Amor e da Consciência Universal que nos direciona para ela (como na atração fototrópica, qual ocorre ao mais singelo inseto que é atraído para a luz, logo que se acende uma lâmpada na escuridão).

Quando um terráqueo olha para o céu, à noite, e vê milhares de estrelas e alguns planetas, pode ter certeza de que não estão ali por acaso. A Mente Divina os situou ali com algum objetivo maior, desconhecido pelo cidadão da Terra. E se eles estão sendo vistos a olho nu, ou através de um telescópio, é porque estão na vossa primeira dimensão física, a mais densa, e isso tem um sentido importante para a arquitetura e o funcionamento do Cosmo. Desse modo, propiciar a encarnação de almas no plano físico, e numa dimensão física como a vossa, é de extremo valor cósmico, tanto para a evolução da alma quanto para a organicidade e sustentação do Universo, em seus variados planos e dimensões.

Assim, quando o ser, em sua escalada evolutiva, adentra o reino humano, não necessariamente precisa encarnar na primeira dimensão física, que é a mais densa, pois o processo evolutivo é complexo mas não linear. Portanto, podem ocorrer diversas formas de trilhar-se o caminho do aprimoramento da alma, desde os seus momentos mais primários até chegar a estágios mais avançados. Desse modo, podem ocorrer situações em que as primeiras encarnações de um determinado ser possa se materializar numa dimensão mais sutil, embora a escalada evolutiva nessas dimensões seja mais lenta que aquela que se situa em ambientes densos, como a Terra. É também muito comum seres pertencentes a dimensões consciencialmente mais sutis encarnarem em outras mais densas, com a finalidade de melhor sedimentar a sua maturação espiritual.

Dentro do plano físico, existem muitas dimensões físicas. É como se fossem subdivisões desse plano, estágios com diversificadas formas de manifestação no campo físico-encarnatório. Mais à frente, teceremos detalhes sobre o plano físico e suas dimensões. Por enquanto, é importante citar que existe uma espécie de subplano entre o físico e o astral, que também pode ser chamado de subplano astral, que é o etérico, onde se situam o corpo etérico do ser humano e os corpos sutis dos animais, quando eles desencarnam, e onde também vivem, no mundo sutil dos animais, os elementais, que são seres intermediários entre o reino animal e o humano (fadas, gnomos, duendes, silfos e ninfas, ou matinta pereira, curupira etc, da tradição mítica cabocla brasileira, que desde a Antiguidade foram percebidos pelos humanos mais sensíveis e que passaram à tradição nos contos de fadas e na mitologia).

Existem espécies de portais que ligam o mundo astral dos espíritos ao mundo dos animais desencarnados, ou plano etérico. Aliás, quando um ser humano morre no mundo físico, seu corpo etérico também se decompõe, logo que o desencarnado toma posse de sua vestimenta astral. O corpo etérico, para o ser humano, funciona, entre outras coisas, como uma zona energética de amortecimento ou transição entre o mundo astral e o físico.

O plano astral

A grande maioria dos seres encarnados no planeta Terra ainda está presa ao plano astral. Ou seja, encontram-se ligados vibratória ou energeticamente ao plano consciencial do mundo astral, e é para o mundo astral que se deslocam quando desencarnam. Dentro do mundo astral dos desencarnados, ainda existem o Astral inferior ou zona infernal, o Astral médio ou zona intermediária (o Umbral se encontra numa região limítrofe entre o Astral inferior e o médio) e o Astral superior. Dentro de cada uma dessas regiões, existem subdivisões diversas ou vários subplanos. Por isso ocorre que muitos irmãos, ao desencarnar, não encontram certos amigos ou parentes de sua última encarnação, ainda que estivessem em estágios evolutivos mais ou menos semelhantes, pois é muito comum estarem em subplanos astrais diferenciados, face às sutilezas evolutivas que os separavam.

Uma pessoa, quando está encarnada, pode ter seu plano consciencial sintonizado com o Astral superior, em face de seus pensamentos, sentimentos e atitudes serem predominantemente de grau elevado, e, apesar de em alguns momentos oscilar com vibrações mais grosseiras por estar mergulhada num mundo ainda denso, como o da Terra, ainda assim, deverá ser atraída para o mundo astral superior dos espíritos, quando desencarnar, principalmente se buscou ajudar o próximo, drenou seus carmas, progrediu no grau de consciência e amadureceu espiritualmente.

Missão Planetária

Muitas vezes, pessoas encarnadas que possuem boa cultura espiritual e elevado intelecto, mas vibram sentimentos ainda predominantemente presos ao orgulho, à vaidade, ao egoísmo e às paixões inferiores, acreditam que, ao desencarnar, irão para planos superiores do Astral ou mesmo para o plano mental. Na verdade, uma criatura só migrará para o Astral superior, no mundo dos espíritos, quando vencer suas paixões mais densas, seus pensamentos egoísticos e vaidosos, sua arrogância ou seu apego a coisas passageiras da Terra. Se grande parte dos terráqueos, ao desencarnar, migra para o plano astral, dentro desse plano a grande maioria fica presa ao Umbral, ou zona intermediária entre as zonas infernais e o Astral intermediário. Outra grande quantidade de almas é atraída para o Astral intermediário. Para o Astral inferior, vão muitas almas, mas em número um pouco menor. Menos ainda são aquelas que, proporcionalmente, migram para o Astral superior.

Contudo, a todo instante existe um processo contínuo de transeuntes se movimentando entre os variados subplanos existentes no mundo astral dos desencarnados. Alguns apenas transitando temporariamente; outros, por serem promovidos vibratoriamente a subplanos mais elevados do que aquele onde se encontravam, graças à tomada de consciência e amadurecimento de seus sentimentos, ainda que vivendo no mundo dos desencarnados. Há casos ainda de irmãos que desencarnaram em condições precárias, mas por possuírem méritos espirituais são ajudados e levados para locais menos densos ou protegidos, como hospitais ou casas de recuperação. Apesar dessa ajuda, quando se recuperam, preferem retornar às zonas mais densas, em razão do alto grau de sintonia vibratória que possuem com as regiões umbralinas.

Existem casos de almas esforçadas e de boa índole que, mesmo estando predominantemente sintonizadas com o Astral intermediário, por exemplo, fazem visitas espirituais ao Astral superior e até ao Mental inferior (também conhecido como plano mental do intelecto), mas logo precisam retornar ao seu plano vibratório original, pois não teriam condições de viver lá por muito tempo, em razão da diferença vibratória naturalmente predominante nesses planos, que lhes exigiria um estado mental-emocional em condições naturais de bondade verdadeira, serenidade e pensamentos elevados. Em situação contrária, um ser poderá estar desencarnado, mas tão denso, em termos de apego a instintos e paixões, que sua consciência ainda estará ligada ao plano físico dos encarnados, mesmo estando sem corpo físico. Então, certamente estará aprisionado consciencialmente ao Astral inferior, que é muito denso.

A evolução não é linear, conforme já afirmamos, e os processos de ascensão não se dão por mecanismos endurecidos e com faixas de delimitação tão rígidas que impeçam uma dinâmica intensa e interagente entre seres dos variados planos evolutivos, tanto no mundo dos desencarnados quanto, e principalmente, no mundo dos encarnados, uma vez que estes não possuem as naturais barreiras energético-vibratórias que atraem automaticamente as almas sem corpo físico, conforme ocorre no mundo dos desencarnados. Essa dinâmica pode ser percebida facilmente quando uma pessoa encarnada tem momentos de sintonia com planos superiores, seja no ato da prece, em um trabalho espiritual ou na meditação, seja em situações de leitura ou por estar cultivando bons pensamentos ou bons sentimentos: conexões que funcionam como treinamentos da alma para voos mais altos e estímulo à evolução, ou como substância catalisadora em sua alquimia interior de renovação íntima. De vez em quando, é preciso que a alma prove da "água" limpa e pura para saber que a "água" turva que ainda consome não é a melhor opção, apesar de estar viciado nela.

Nos mundos astral e mental a paisagem é formada pela mente dos seres que lá habitam. Os animais (os espíritos de animais normalmente se situam no subplano etérico, mas, com ajuda dos guias, podem acessar o plano astral) e as plantas existentes por lá são recursos providenciados por Deus para ajudar na evolução deles próprios e também dos seres humanos. No caso do mundo astral, esses seres (plantas e animais) ajudam também na filtragem de energias mais densas. Eles são plasmados por anjos que, com bondade infinita, auxiliam a evolução do conjunto, pois sabem da importância dessa interação de seres de diversos reinos, mesmo no ambiente dos desencarnados.

Todos os habitantes dessas regiões, inclusive os animais e vegetais, nutrem-se de energia etérica (prana) advinda do Sol e dos fluidos etérico-biológicos (bioplasma e ectoplasma; neste contexto, incluem-se as formas-pensamento e as egrégoras geradas a partir do ectoplasma pelo mundo dos encarnados). No caso da Terra, como ainda há muito sofrimento, energias de

Missão Planetária 53

baixo teor vibratório, materialismo, apego a impulsos e sentimentos primários, cria-se então um envoltório astral denso no planeta, que se estende das zonas infernais (as quais interpenetram, no plano invisível, o subsolo terreno) até o Umbral (que chega um pouco acima do solo), e então os seres dessas zonas se alimentam psiquicamente também desses fluidos primários. Em relação ao plano astral intermediário e superior, ocorre uma filtragem dessas emissões densas e para lá chegam somente vibrações mais sutis e equilibradas; no plano mental, os seres se alimentam exclusivamente do prana solar.

O plano mental

Esse plano se subdivide em mental inferior ou intelectual (também conhecido como mental concreto), e mental superior ou intuitivo (ou mental abstrato). É a próxima etapa evolutiva do ser que ultrapassa a fase do Astral superior.

Alguém que esteja vibratoria ou evolutivamente ligado a esse plano, quando desencarna, perde o seu corpo etérico e, logo em seguida, o seu corpo astral, migrando automaticamente para o plano mental inferior, no mundo dos espíritos (e, se estiver mais evoluído ainda, migrará para o subplano mental superior ou intuitivo), envergando um corpo espiritual mais sutil que o astral.

O fato de uma alma estar ligada vibratoriamente ao subplano mental inferior não quer dizer que ela seja desprovida de sentimentos; ao contrário. Pode ser que ela não seja tão doce, mas certamente será incapaz de sentir inveja, de ser egoísta ou de manter pensamentos ou conexão com paixões inferiores. Há casos de irmãos de outros orbes planetários, e mesmo alguns poucos casos de terráqueos, que possuem um elevado padrão ético e são incapazes de sentir raiva, vibrando muitos sentimentos elevados (se comparados com os padrões médios terrenos). Entretanto, necessitam expandir o grau de amor-compaixão, de doçura, de amor-renúncia e de fraternidade universal. Porém, regra geral, a maioria dos irmãos que habitam essa região espiritual (subplano mental inferior) já possuem esses atributos do sentimento e os terão mais ampliados ainda se estiverem ligados ao subplano intuitivo ou mental superior.

O ser que habita espiritualmente o subplano mental superior ou intuitivo, ou que, mesmo estando encarnado, se sintoniza com esse padrão vibratório, agrega de forma bastante consistente sentimentos elevados com intelecto avantajado, proporcionando-lhes uma rapidez de raciocínio extremamente ágil, lucidez e discernimento, além de elevadíssimo padrão ético e sentimento fraterno-universal. No subplano intuitivo, vivem os chamados espíritos superiores, estágio evolutivo que representa a última etapa de evolução do ser humano, pois, ao adentrar o próximo plano, o búdico, estará conquistando o grau de espírito pré-angelical e angelical, conforme explicaremos no próximo item.

O plano búdico

O ser que se sintoniza com esse plano evolutivo, e está em condições de habitá-lo ao desencarnar, não possui mais carmas, nem qualquer tipo de peso astral e mental que o impeça de elevar-se a padrões vibratórios indescritíveis, onde se movimentam os neófitos do mundo angelical, ou o que poderíamos chamar de pré-anjos, isto é, os anjos em suas primeiras "roupagens" de pura luz. Aqueles que deixaram a faixa evolutiva humana, perdendo seu corpo mental-superior e adquirindo elevada concentração de luz, em sua forma corporal sutil, são o que alguns segmentos esotéricos convencionaram chamar na Terra de espíritos ascensionados, ou seja, espíritos que se tornaram pré-anjos. Dizemos *pré-anjos* porque, mesmo dentro do plano búdico, existem subdivisões extremamente sutis, e, quando o ser deixa de ser um humano e entra no mundo dos anjos, exige-se naturalmente uma fase de adaptação e ajustamento de corpos sutis de pura energia expressa em luz intensa.

O plano búdico representa o tônus vibratório da pura humildade, da sabedoria, do desapego e da renúncia ao mundo das formas e do propósito de expandir seu amor universal a graus impensáveis pelos encarnados. O ser desse plano, em seu último grau, tem perfeita sintonia com arcanjos planetários. Jesus, quando desceu à Terra, estava no seu último estágio do plano búdico, apto a migrar para o plano nirvânico.

O plano nirvânico

Aquele que se sintoniza com esse plano evolutivo é um anjo que deixou o último subplano do estágio búdico e migra para um plano onde a angelitude assume um grau de amor-compaixão inenarrável, não tendo mais condições energéticas de rebaixar-se vibratoriamente para reencarnar em dimensões físicas

Missão Planetária

densas, como a da Terra. Poderá encarnar em planetas mais evoluídos, onde haja dimensões físicas mais sutis que a terrena. Composto de luz, com alta concentração de fótons, começa então a assumir responsabilidades cósmicas maiores, participando de projetos de construção de mundos, em sintonia com arcanjos solares ou estelares. É o plano do amor incondicional em nível cósmico-solar. Os habitantes do nosso Sol estão nesse plano. É onde estão os gestores de planetas.

O plano paranirvânico
Esse plano representa o último grau dos anjos. Há subplanos de ascensão até o ser alcançar elevado padrão quase semi-arcangelical. É o plano dos plasmadores de mundos, onde o amor totalmente puro e a consciência em nível cósmico atingem graus indescritíveis. Aqui começam a surgir os anjos em grau quase arcangelical, com suas experiências iniciais de gestores de sóis e estrelas.

O plano mahaparanirvânico
Os seres que vibram nesse plano são arcanjos, que vão desde as suas primeiras fases evolutivas, assumindo responsabilidades de arcanjos de constelações e galáxias, passando por administradores de sistemas constelatórios e galácticos, e, quando chegam em sua última fase evolutiva, reintegram-se à Consciência Divina. É a pura sintonia ou re-união com o Pai, e pulsam com Ele nos processos de criação, gestão e renovação constante e infinita do Universo e de todos os seus componentes, com todos os seus processos transformadores.

Conclusão
Quando, em sua escalada evolutiva, o ser ascende ao plano mental superior (o intuitivo), todas as emoções grosseiras vivenciadas por ele antes, no plano astral, são transformadas em sentimentos superiores e virtuosos. Ele alcança uma inteligência avançadíssima, aliada a sentimentos elevados. Daí para frente, o plano astral e o mental inferior não existem mais como os concebeis, pois foram "absorvidos" pelo plano intuitivo. Ao desencarnar, o ser que já alcançou o plano mental superior, perderá quase imediatamente o seu duplo-etérico; em seguida, também o seu corpo astral, num tempo mais ou menos rápido, conforme o seu

estágio evolutivo dentro do plano mental; mais rápido ainda será, se já tiver alcançado outros níveis evolutivos. Nesses casos, se já houver atingido o estágio de plano búdico, não tardará a perder também o seu corpo mental, logo após a morte do corpo físico. Se pensarmos em sentido contrário, essa lógica de sutilização e perdas de corpos exigirá o mesmo procedimento em relação à densificação de corpos sutis. Assim sendo, anjos são mobilizados e trabalham muito para ajudar na encarnação de seres superiores em dimensões físicas mais densas, como a da Terra, conforme ocorreu com Jesus, que demandou 1.000 anos para que fosse energeticamente adensado novamente, e pudesse dispor dos corpos mental e astral e reencarnar num corpo físico.

Além do subplano etérico, nível intermediário em que se situam os seres elementais, também conhecido como plano préfísico ou etérico, há sete subplanos no Astral com seus corpos astrais correspondentes, desde o mais denso, de almas muito apegadas ao mundo material (composto pelo subplano ou zona infernal e subplano ou zona umbralina), passando pelo Astral intermediário (que possui dois grandes subplanos com diferenças vibratórias bem sutis), até o Astral superior (onde há mais três grandes subplanos com graduações extremamente sutis). E o mesmo também ocorre no plano mental e demais planos superiores, ou seja, existem subplanos ou níveis intermediários e escalonados de evolução naqueles respectivos estágios, importantes como zonas de adaptação e subida gradativa na escada evolutiva, pois a evolução se consolida sobre passos seguros, conscientes e com sentimentos bem estruturados no bem.

Nesses variados subplanos, há diversos graus de sutilização, incluindo o ambiente e as entidades que ali habitam. Por isso, certas entidades não percebem as outras que estão ao seu lado, em um nível levemente superior, mesmo estando no subplano correspondente. Os canais de acesso ou interlocução entre esses subplanos energéticos decorrem basicamente do estado mental-emocional de cada ser, bem como da carga cármica que carregam. Um ser com muito "peso" astral tende a descer, e o inverso é verdadeiro. Porém, quanto mais se desce vibratoriamente, maiores as possibilidades de interlocução. Por exemplo: muitos seres de zonas infernais chegam ao Umbral, e vice-versa, mas acabam ficando e se acomodando numa ou noutra zona, conforme sua maior sintonia vibratória.

Missão Planetária

É interessante constatar a beleza e o amor da Criação expressos no mundo das formas físicas. Assim, pessoas que estiverem encarnadas numa mesma dimensão física, a elas a bondade divina permitirá o encontro direto, sem barreiras físicas ou eletromagnéticas, mesmo em se tratando de seres com estágios evolutivos muito diversos. Foi o que ocorreu há 2 mil anos, quando o Anjo da Galileia, mesmo vindo de paragens siderais elevadíssimas, encarnou na primeira dimensão física, em missão cósmica, e então se encontrava, conversava e curava pelo toque até as mais densas almas encarnadas. Contudo, ao desencarnar, a força natural de atração que rege as leis cósmicas elevou-o a paragens vibratórias condizentes com sua frequência energética. Mas, como o maior contém o menor, consciencialmente Ele interpenetra os planos mais densos para doar-se em vibrações de amor incondicional e ajudar na evolução dos que estão abaixo Dele, porque sabe e sente que todos fazemos parte da mesma família universal.

Quanto mais elevado é o ser, mais sua consciência e seu amor permearão os níveis vibratórios abaixo dele, embora esse ato não dispense a ajuda ou o trabalho auxiliar dos seres menos evoluídos, como canais para operar ações mais densas, inclusive as intervenções nos mundos das formas materiais. Isso nos faz refletir sobre o atual momento vivido por vosso orbe, pois a seara do Senhor é enorme, mas carece de cooperadores de boa vontade da própria Terra, o que tem exigido a vinda e o auxílio de irmãos de outros planetas.

As diferentes dimensões físicas

Após tecer considerações referentes aos sete planos evolutivos (planos espirituais), vamos adentrar agora as dimensões físicas. Abordaremos especificamente o plano físico, onde existem seres expressos em forma material, a exemplo dos minerais, das plantas, dos animais e do homem. Antes, porém, é bom ressaltar que, quando falamos em dimensões físicas, não estamos nos referindo a planos espirituais de evolução, que são os estágios evolutivos da consciência e do amor de um determinado ser, o grau de evolução em que ele se encontra, ou ainda as moradas dos desencarnados nos planos astral, mental, búdico, nirvânico, paranirvânico e mahaparanirvânico, regiões para onde são naturalmente atraídas almas que se sintonizam com um desses patamares de evolução, após o desencarne.

Assim, é preciso que estejais atentos para que, ao abordarmos as dimensões físicas, que são bastante variadas e exigem uma análise complexa, não vos confundais com o que se denomina também de dimensão nas relações da física terrena convencional, ou seja, dimensão de *altura, comprimento* e *largura*, existentes dentro de qualquer dimensão física. Dimensões, aqui, referem-se a **padrões físicos de frequências vibratórias diversas**, das mais densas às mais sutis.

A ciência terrena tem avançado nos estudos das dimensões físicas,[9] especialmente os cientistas que lidam com Física Quântica e Relativista, apesar de ainda prenderem-se, em suas análises, às dimensões de altura, comprimento, largura e espessura. Mesmo partindo desse princípio em busca de complementariedade a tais parâmetros, eles já começam a tangenciar os pontos de convergência entre a ciência da Terra e as que se encontram mais à frente no entendimento dimensional. Há, nesse caso, um ponto crucial na análise: é que os terrícolas ainda se limitam a usar a fria e materialista razão intelectual em seus estudos, enquanto que os irmãos mais evoluídos inserem nos processos analíticos suas percepções extrassensoriais, suas observações sutis, alinhadas com a intuição, com os seus olhos espirituais, isto é, utilizam-se do olhar através do chacra frontal.

Outro aspecto importante a observar é que, em uma determinada dimensão, as estruturas atômicas e subatômicas que compõem os corpos de seres humanos têm as mesmas características das estruturas subatômicas dos animais, vegetais, minerais ou objetos inanimados (por *características*, entenda-se aqui formatação de estruturas subatômicas, no tocante ao número e à

---

9 Em sua obra *Hiperespaço – uma odisseia científica através de universos paralelos, empenamendo do tempo e a décima dimensão* (Ed. Rocco), o físico Michio Kaku faz uma varredura em diversas teorias no campo da Física Relativista e Quântica, demonstrando de forma lúcida e consistente os avanços da ciência sobre a "teoria dos buracos de minhoca", que aborda as passagens para outras dimensões físicas, acessando o hiperespaço, onde não há tempo nem espaço, nem passado, nem futuro e por onde as naves extraterrenas realizam suas longínquas (porém com atalhos) viagens interplanetárias.
Paul Strathern, professor de Matemática e Filosofia da Universidade de Kingston, na Inglaterra, traz informações sobre o avanço da ciência no campo da Física Quântica, em seu livro *Bohr e a Teoria Quântica em 90 minutos* (Ed. Zahar). Para fundamentar seus estudos, ele visita diversos conceitos de cientistas contemporâneos e do passado, inclusive e curiosamente Pitágoras (que outrora foi uma encarnação de Ramatís), e faz uma citação do físico Heisenberg: "o quantum é essencialmente a ciência além do sentido. Não é possível ter qualquer imagem da realidade". Aborda sobre o mergulho no mundo invisível alicerçado pelos níveis subatômicos da matéria.

Missão Planetária

disposição como estão arranjados ou organizados os elementos subatômicos). Não porque estes estejam no mesmo patamar evolutivo dos seres humanos, mas por dádiva de Deus e intervenção de engenheiros, químicos e biológos siderais, que realizam manipulações subatômicas nesses seres e coisas para que participem e integrem-se à vida dos humanos daquela dada dimensão, a fim de que todos continuem evoluindo numa interação cooperativa. É exatamente o que ocorre convosco, habitantes da Terra, pois há seres humanos encarnados juntamente com animais, todos interagindo com vegetações e minerais diversos, cada qual no seu patamar evolutivo e no seu respectivo reino.

O grau de evolução ou o plano espiritual ao qual determinada alma está sintonizada influenciará nas condições do seu reencarne, isto é, em qual dimensão física ela estará apta a encarnar, observando-se sua história encarnatória para indicar também em que planeta deverá ligar-se por um curto, médio ou longo tempo, conforme orientação espiritual de seres superiores que supervisionam e administram carmas e processos encarnatórios. Dessa maneira, falar de planos ou dimensões significa referir-se, de forma sucinta, ao estágio de consciência e amor cósmico em que o ser se encontra. É evidente que existem casos de espíritos muito evoluídos que reencarnam em uma dimensão densa, conforme ocorreu com Jesus em suas encarnações terrenas, o que também se deu com outros avatares e seres iluminados, mas isso aconteceu por missões espirituais específicas que exigem grandes esforços de adensamento energético sacrificial, e não por sintonia vibratória ou por débito cármico.

Existem passagens ou portais interdimensionais[10] que interconectam todas as dimensões, da mais densa a mais sutil. Num sentido consciencial (quem evolui espiritualmente sente-se mobilizado a ajudar quem se encontra atrasado ou em estágios inferiores de evolução) e também material (no nível subatômico, há nanoconexões que o mundo visível jamais imagina), uma depende da outra, numa interação e interdependência estrutural e sistêmica. Assim, ainda que os sistemas de vida cotidiana[11] não interfiram

10 Essas passagens coincidem com a "teoria dos buracos de minhoca", abordada pelo físico Michio Kaku.
11 Uma cidade inteira, por exemplo, com seus aspectos e componentes da vida cotidiana, como pessoas, animais, plantas, prédios, veículos, equipamentos etc, na primeira dimensão física, que é onde vos encontrais, não interfere numa dimensão física mais sutil, como a quarta, podendo ter as mesmas coisas e seres ocupando o mesmo lugar sem que haja interferências, por estarem em frequências diferentes.

uns nos outros, por estar em tônus frequenciais e vibratórios diferentes, num sentido de análise e efeito cósmico sutil, as dimensões mais elevadas dependem das mais densas, numa lógica cósmica de sustentação estrutural, como é o caso da primeira dimensão em que viveis, ou mesmo a primeira dimensão existente em outros planetas do Sistema Solar, ou até mesmo no próprio Sol, ou nas estrelas. Mesmo sendo estéreis de vida biológica, elas são essenciais para a estruturação de dimensões físicas mais sutis.

Existem planetas em que há dimensões físicas com vida, e outras tantas que são estéreis. No caso das estrelas, só existe vida em planos espirituais de desencarnados, e são habitados por anjos. A dimensão física mais densa é a primeira dimensão, que os irmãos terrestres conseguem enxergar com seus olhos físicos, com ou sem telescópio. Além dessa dimensão mais densa, existem outras tantas dimensões físicas não alcançáveis pelos olhos humanos, por serem muito mais sutis, assim como existem os planos dos espíritos, também não perceptíveis aos olhos físicos, mas sim aos olhos espirituais, conforme ocorre aos videntes que veem através do chacra frontal ou coronário.[12]

Se Marte, Saturno ou Júpiter não tivessem seus corpos celestiais ou planetários na primeira dimensão física, que é essa que exergais a olho nu, não haveria sustentação para ancorar ali vida em dimensões físicas mais sutis. É importante deixar claro que também existem nesses planetas os planos dos seres desencarnados, que interpenetram as respectivas dimensões físicas, possuindo corpos astrais e mentais, com composições e estruturações subatômicas diferenciadas daqueles corpos físicos sutis que possuem.

---

12 Vale a pena reler algumas passagens de Kardec, quanto ao tema "Outras Moradas do Pai", em *O Livro dos Espíritos*.

Pergunta 172: "As nossas diversas existências corporais se verificam todas na Terra?". "Não; vivemo-las em diferentes mundos. As que aqui passamos não são as primeiras, nem as últimas; são, porém, das mais materiais e das mais distantes da perfeição".
Pergunta 181: "Os seres que habitam os diferentes mundos têm corpos semelhantes aos nossos?".
"É fora de dúvida que têm corpos, porque o espírito precisa estar revestido de matéria para atuar sobre a matéria. Esse envoltório, porém, é mais ou menos material, conforme o grau de pureza a que chegaram os espíritos. É isso o que assinala a diferença entre os mundos que temos de percorrer, porquanto muitas moradas há na casa de nosso Pai, sendo, conseguintemente, de muitos graus essas moradas. Alguns o sabem, e desse fato têm consciência na Terra; com outros, no entanto, o mesmo não se dá".

Missão Planetária   61

Essa abordagem exige bastante atenção, pois nos sistemas e rotinas das vidas biológicas há independência entre cada dimensão, ou seja, no dia a dia, de uma dimensão física para outra, não há qualquer interferência, e, por possuírem frequências vibratórias diferenciadas, elas podem se interpenetrar sem que os seres e coisas de uma dimensão afetem as outras, assim como ocorre às frequências de rádio e televisão que se interpenetram, mas cada qual não influencia a outra por estarem em frequências diferentes. Contudo, quando afirmamos que existe certa interdependência, esta diz respeito unicamente a aspectos extremamente sutis de sustentação energética, em nível subatômico, como se fossem canais hiper sutis de sustentação e interligação entre elas, o que permite a penetração ou contato interdimensional, que pode ocorrer por meio de aparelhos próprios ou por intervenção de seres evoluídos, quando dominam a física e a química cósmicas através de suas mentes bastante desenvolvidas.

Quem vive numa biodimensão física (dimensão em que há algum tipo de vida), não sente nem percebe a vida em outra dimensão que a interpenetra, pois são sistemas de vida completamente independentes, havendo barreiras (zonas de amortecimento interdimensional, com a função de aumentar essa independência) que protegem e isolam umas das outras. Frisando novamente, para melhor assimilação: a interrelação entre dimensões físicas se dá em nível subatômico e extremamente sutil, só perceptível por seres muito evoluídos que se utilizam dessas passagens interdimensionais para acessos de pesquisa, intercâmbio e contatos. Somente arcanjos, ou até mesmo anjos em fase final de evolução e sob o "comando" de arcanjos, têm a capacidade de alterar essas conexões interdimensionais.

A primeira dimensão física é onde o Universo vibra em sua mais densa essência; é onde ocorre a ancoragem do mais sutil com o mais denso; onde surgiu a primeira alma atrelada a um corpo mineral. Essa é a dimensão em que as mônadas, ou centelhas divinas, acessam o mundo das formas, em suas primeiras experiências de individualidade encarnada, ainda que estejam agregadas a outras amostras monádicas em cadeias moleculares, como ocorre no reino mineral. Nessa dimensão, multiplicar-se-ão átomos e moléculas para um dia tornarem-se futuros seres individualizados, depois de passarem pelos reinos vegetal e animal coletivo (a exemplo dos peixes, que andam em cardumes e possuem ainda almas coletivas), até chegarem ao reino animal individualizado e, em seguida, ao reino humano, e mais tarde alcançarem o reino angelical e finalmente tonarem-se arcanjos que poderão gerar mundos.

Quando se dá a criação da centelha divina, ou espírito primordial, ao qual Pitágoras chamou de *mônada* e os hinduístas, iogues, e mais tarde teosofistas chamaram de *atman* (em sânscrito, quer dizer *espírito*), ela imediatamente se desprende da Mente Divina, numa manifestação de puro amor, possuindo apenas consciência coletiva, uma vez que está conectada a Deus. A partir daí, precisará desenvolver sua individualidade e autonomia para alcançar consciência própria. Num dia cósmico, então estará apta a reintegrar-se a Deus e retornar à Mente Coletiva, num grau muito mais amplo de Amor-Consciência Divina, uma vez que o Universo está em contínua expansão física e espiritual. Assim sendo, as mônadas são manifestações de Deus que, com toda a pureza inerente à sua origem divina, necessitam evoluir em amor consciente.

Por esse motivo, a centelha divina, ou individualidade monádica, sendo energia potencial espiritual, precisa do plano físico, em sua dimensão mais densa, para evoluir do nível primordial em direção à luz, necessitando de corpos físicos no mundo das formas mais densas (este que o terráqueo vê, sente e vivencia, na mesma dimensão em que o cientista terráqueo visualiza o Sol, outro planeta, estrelas e galáxias através de telescópios),[13] para ligar-se ao reino mineral (passando desde estruturas atômicas e moleculares), depois ao reino vegetal, animal, hominal (que inclui as estruturas atômicas, moleculares e biológicas), angelical e finalmente ao arcangelical (estes dois últimos reinos adentram as estruturas fotômicas ou de pura luz).

---

13 Na obra *A Gênese*, no capítulo XIV, "Fluidos", Kardec diz: "Do meio onde se encontra é que o espírito extrai o seu perispírito, isto é, esse envoltório ele o forma dos fluidos ambientes. Resulta daí que os elementos constitutivos do perispírito naturalmente variam conforme os mundos. Dando-se Júpiter como orbe muito adiantado em comparação com a Terra, como um orbe onde a **vida corpórea não apresenta a materialidade da nossa**, os envoltórios perispirituais hão de ser lá de natureza muito mais quintessenciada do que aqui. Ora, assim como não poderíamos existir naquele mundo com o nosso corpo carnal, também os nossos espíritos não poderiam nele penetrar com o perispírito terrestre que os reveste. Emigrando da Terra, o espírito deixa aí o seu invólucro fluídico e toma outro apropriado ao mundo onde vai habitar".

Missão Planetária

O Universo é composto por muitas dimensões físicas[14] justamente para abrigar seres em evolução. Um único planeta, por exemplo, abriga normalmente duas dimensões onde há vida (biodimensões), embora possa existir até mais, com cidades e sistemas de vida física em graus diversos de sutilização. Entre uma biodimensão e outra, sempre há um intervalo de dimensão física, sem vida: espécie de zona de amortecimento magnético ou dimensional. A única exceção ocorre entre a primeira e a quarta dimensões. Ou seja, há vida na primeira dimensão (como ocorre no vosso planeta), mas não há vida nem na segunda, nem na terceira dimensões, em razão do grau de densidade da primeira, que requer mais duas zonas dimensionais de amortecimento, face à diferença de vibração e frequência da matéria entre elas, exigindo níveis intermediários de ajustes energético-vibratórios. Os arcanjos construtores de mundos optaram por deixar duas dimensões físicas intermediárias nesse caso, também como forma de permitir uma diferença significativa de padrão de vida entre a primeira e a quarta dimensão, pois esta última não permitiria certos graus de primariedade existencial ainda persistente na primeira dimensão. Daí para a frente, prevalece o modelo de uma única dimensão intermediária sem vida: a quinta é estéril e separa a quarta da sexta, com uma zona de amortecimento e encaixe ou ajuste dimensional; entre a sexta e a oitava, existe a sétima, estéril também, e assim sucessivamente.

Para fins de melhor esclarecimento, na segunda dimensão física não há vida, pois é um ambiente bioestéril, e, caso extraterrenos estejam nessa dimensão, os terráqueos da primeira dimensão (como vós) os verão com seus olhos físicos, mas não os tocarão, e vice-versa (como uma imagem holográfica), conforme ilustra a figura 7. Na terceira dimensão, os seres extraterrenos que lá estiverem verão todos os seres humanos da primeira dimensão, mas os humanos desta não os verão. Muitas vezes, naves e seres extraterrenos são avistados e, repentinamente, desaparecem numa velocidade estupenda. Isso acontece porque normalmente se mostraram na

14 No livro *Beyond Einstein*, Michio Kaku aprofunda suas análises sobre a "teoria das cordas" e a "teoria dos buracos de minhoca", afirmando que, na Teoria da Relatividade Geral, Einstein previa que a informação se perderia dentro de um buraco negro, ao passo que a visão da "teoria de cordas" prevê que a informação não se perderia, posto que as cordas são infinitas, deixando a informação no horizonte do buraco negro. Ele chega à conclusão de que os buracos negros podem ter os chamados buracos de minhoca e que estes levariam a possíveis dez dimensões físicas paralelas.

segunda dimensão física, ou eventualmente na primeira, e imediatamente adentraram a terceira dimensão física, desaparecendo de súbito, onde poderão continuar vendo a vida na primeira dimensão da Terra, sem ser notados. Poderão de lá, também, ser percebidos por videntes, e interagir com trabalhos espirituais terrenos.

Figura 7

Muitos ufólogos materialistas ficam horas e horas pesquisando objetos voadores não identificados no céu, ou tentando acessar seres extraterrenos na primeira dimensão física, para contato imediato de primeiro grau. Naves já foram à Lua e a Marte e não encontraram vida como a vossa. Poderão ir a Saturno e às suas luas, e também não encontrarão nada na primeira dimensão física, que é a vossa. Mal sabem que os extraterrenos estão junto com vossa humanidade numa dimensão física mais sutil, a exemplo da terceira, interagindo em trabalhos espirituais e ajudando muitos terráqueos encarnados e desencarnados.

Em planetas fora do Sistema, há vida similar à vossa na primeira dimensão física, mas a grande maioria dos irmãos desses orbes ainda não têm capacidade tecnológica para chegar à Terra, assim como os terráqueos ainda não têm condições tecnológicas de visitá-los. Há alguns raros que se desenvolveram muito no campo intelectual e teconológico, embora ainda possuam limitada evolução espiritual, e sabem (usando equipamentos apropriados) acessar a segunda e terceira dimensões para realizar suas viagens interplanetárias[15] (alguns já fizeram

---

[15] Experimento dos físicos Anton Zeilinger e Xiao Song Ma, em 2013, mostraram como a medição de uma partícula – um fóton de luz – é afetada não pela medição feita nela própria, mas pela medição feita em um segundo fóton. Em outras palavras, o fóton se comporta como partícula ou como onda dependendo da medição feita em um segundo fóton que está tão distante do primeiro que não poderia haver troca de informação entre os dois, sem violar o limite de velocidade máxima do Universo, a velocidade da luz, validando a teoria da existência de comunicação pelo hiperespaço. O primeiro fóton estava no laboratório em Viena, enquanto o segundo

abduções de terráqueos, mas foram contidos por guardiões do Sistema Solar). Entretanto, a grande maioria dos que aqui têm aparecido em vossa dimensão física são irmãos advindos de dimensões mais sutis, provenientes de estágios espirituais e tecnológicos bem mais avançados que o vosso.

A Terra está repleta de seres extraterrenos na terceira dimensão, e quase ninguém do mundo terreno denso os vê. Na maioria dos casos, nem se dão conta da presença deles. Alguns videntes ou médiuns conseguem vê-los ou os sentem, e até dialogam telepaticamente com eles. Muitas vezes, podem desempenhar o papel de guias espirituais de terráqueos. Vários dos irmãos extraterrenos têm sido orientadores diretos de encarnados, evidentemente sob permissão de dirigentes espirituais do orbe terreno; outros tantos, têm auxiliado irmãos desencarnados do plano astral terrestre, os quais inclusive têm se beneficiado de sua alta tecnologia e disposição amorável para ajudar em serviços emergenciais de resgate de almas afundadas no Umbral.

Assim como nós, outros extraterrenos adentram o vosso orbe com a permissão de Jesus, vosso governador planetário. Eles, e suas naves, não precisam entram pela primeira dimensão física terrena; na verdade, até a evitam por questões de segurança e de condições atmosféricas; às vezes, adentram a segunda dimensão, fazendo-se mostrar rápida e visualmente aos terráqueos, para vos sinalizar que eles existem e que estão aí, e que há um infinito Universo a ser trilhado pelos terráqueos, à medida que progredirem espiritualmente e abrirem-se para a fraternidade universal.

Portanto, algumas raras vezes, extraterrenos podem adentrar a vossa primeira dimensão física, mas não permanecem por muito tempo, em função da presença de muito oxigênio (21 por cento, em média), o que lhes torna impossível a respiração normal, pois o corpo e o sistema respiratório de alguns extraterrenos, como os marcianos da quarta dimensão, por exemplo, são muito mais sutis que o vosso (processam alguma quantidade de nitrogênio e precisam de pouquíssimo oxigênio e outros gases, para realizar a respiração, tendo a capacidade de otimizar

---

estava nas Ilhas Canárias, mas a "manifestação" como onda ou como partícula do fóton, em Viena, depende sempre da medição feita nas Ilhas Canárias. Isso comprova a teoria das cordas e dos buracos de minhocas, com passagens interdimensionais. Na verdade, esse hiperespaço citado pelos cientistas é apenas a ponta do iceberg dos vários "hiperespaços" ou dimensões físicas existentes.

a utilização pela presença de raros átomos de oxigênio no ar, ou seja, menos de 0,1 por cento presentes na atmosfera marciana da quarta dimensão física). As dificuldades de permanência de seres extraterrenos na vossa dimensão são agravadas pela densidade magnética decorrente do "peso" energético terráqueo, além dos riscos que correm em função da violência imanente em muitos seres humanos, atitude que ainda existe em vosso orbe.

Um ser que vive na quarta dimensão física pode ficar mais tempo na segunda ou terceira dimensão do que na primeira, mas, ainda assim, as condições ambientais não lhe favorecem a vida, pois o peso atmosférico e mesmo energético-vibracional não lhe é confortável, a menos que se utilize de equipamentos especiais, qual ocorreria caso desejasse permanecer um pouco mais de tempo numa dimensão diferente da sua. Quando desejam observar ou contatar mentes terrenas, costumam ficar na segunda e principalmente na terceira dimensão física; na maioria das vezes, nesta última (quando estão em serviço fraterno-universal, para participar de trabalhos mediúnicos de auxílio aos terráqueos no mundo material, mas sempre sem romper com o livre-arbítrio de cada um, e subordinados à orientação e permissão do guia espiritual do Astral terreno, sob a égide de Jesus). No futuro, esse intercâmbio será bem mais direto.

Algum de vós poderia, então, nos perguntar: uma alma desencarnada, vivente no plano astral, poderia ver e ter contato direto com um ser extraterreno encarnado, na quarta dimensão física, ou em outra dimensão mais sutil, por exemplo? Num primeiro momento, diremos que não, exceto se o irmão extraterreno estiver em processo de desdobramento astral. Se um ser da quarta dimensão desencarna, e ainda estiver preso mental--emocionalmente ao plano astral, certamente irá para o plano astral (em regra geral, eles seriam atraídos, no mínimo, para o subplano astral médio, na fronteira do Astral superior). Nesse caso, esse ser desencarnado da quarta dimensão poderia ver e contatar diretamente um terráqueo desencarnado que estivesse no mesmo nível evolutivo, e vice-versa. Evidentemente, quem pode mais, também pode menos. Então, esse mesmo ser poderia acessar níveis astrais abaixo dele, sentindo certa dificuldade vibratória se abaixasse demais o tônus frequencial e chegasse ao Astral inferior, onde o magnetismo o deixaria com dificuldades energéticas para permanecer ali por muito tempo, exceto utili-

Missão Planetária 67

zando-se de alguns equipamentos ou tecnologias, sobre as quais não cabe aqui entrar em detalhes.

Assim, apesar de um ser encarnado na quarta dimensão física estar em estado de matéria sutil, não poderá ver nem contatar diretamente um ser desencarnado no Astral terreno, embora haja equipamentos sutis, similares a televisores, de que os irmãos mais evoluídos podem se utilizar, em casos de observações ou contatos "diretos por via virtual". Existe um ponto de conexão física (portais energéticos), num determinado nível do mundo astral, mais precisamente no início do Astral superior, onde ambos os lados se conectam (apesar de haver portais relativamente fixos no mundo astral, é possível abrirem-se portais de intercâmbio dimensional, prática que pode ser efetuada por seres elevados que sabem manipular energias com tal objetivo).

Em condições normais, seres desencarnados da Terra que se encontram nesse estágio do mundo astral poderão fazer contato direto com encarnados da quarta dimensão física, desde que acessem esse portal, mas seus corpos astrais aparecerão para eles como uma imagem holográfica, sem possibilidade de toques físicos. Entretanto, um ser desencarnado do plano evolutivo mental já estará num estágio mais sutil que o dos corpos físicos dos extraterrenos da quarta dimensão física, e, em razão de suas estruturas subatômicas diferentes, não ocorre contato direto, embora, conforme já citado, possa haver contato se forem acessados os portais de conexões vibratórias existentes em alguns locais do mundo mental onde habitam.

Nem todos os seres desencarnados desses planos conhecem os caminhos que chegam aos portais. Irmãos extraterrenos mais evoluídos tecnológica e espiritualmente poderão, por meio de equipamentos especiais (há muitas situações de irmãos extraterrenos desencarnados, ou em processo de desdobramento, que fazem contatos com irmãos desencarnados da Terra, usando tecnologia apropriada), adentrar os planos astrais e mentais de desencarnados terrenos. Esse procedimento permitirá, por exemplo, a um irmão desencarnado do Astral viajar numa nave extraterrena da quarta dimensão física. Extraterrenos muito inteligentes (em geral desencarnados), mas ainda de baixa evolução moral, têm condições de acessar, por meio de equipamentos, o plano astral de desencarnados terrenos. Há alguns deles que têm tentado invadir, também, o mundo mental de desencarnados terráqueos, com avançada nanotecnologia que alcança o mundo subatômico, mas os guias espirituais da Terra têm controlado esses processos para que isso não ocorra. Todavia, deve-se aqui levar em conta o livre-arbítrio das criaturas e o monitoramento que o plano espiritual superior faz sobre alguns "piratas" do Espaço; seria um tipo de permissão vigiada.

Apesar de toda essa abordagem, é válido salientar que, geralmente, os extraterrenos possuem tecnologia muito avançada que pode criar condições diversas para contatos variados, com encarnados ou desencarnados, inclusive estando eles em desdobramento astral ou mental, temporariamente saídos de seus corpos físicos, em determinadas missões. Ultimamente, os contatos entre desencarnados terráqueos e extraterrenos encarnados e desencarnados têm se intensificado no dia a dia da vida terrena, sem que os terrícolas saibam, sob permissão dos guias espirituais de voso orbe, dando-se o mesmo entre extraterrenos e encarnados que estejam sintonizados com eles, principalmente em trabalhos mediúnicos. Há casos inclusive de seres extraterrenos apresentarem-se como "guias desencarnados", pretos velhos ou caboclos, em trabalhos espirituais.

Geralmente, esses contatos com irmãos extraterrenos se dão pela via mental, mas há situações em que eles emitem ou deixam transpassar seus sentimentos, fazendo com que os terráqueos captem-nos através de seus canais mediúnicos (via chacra cardíaco). Essa percepção do sentimento ou vibração emitida é fundamental e serve de "senha" nos trabalhos mediúnicos, ou mesmo no dia a dia, para que terráqueos não sejam ludibriados por irmãos inteligentíssimos de outros orbes (ou mesmo entidades da Terra fazendo-se passar por eles), que se apresentam nos trabalhos espirituais como guias ou orientadores, mas deixando transpassar vibração negativa, podendo, em certos casos, até gerar sensação de mal-estar ou dor de cabeça nos médiuns, face à sua baixa evolução no campo moral e do sentimento. Evidentemente que existem casos de irmãos extraterrenos muito inteligentes que não chegam a ser maldosos, mas se encontram ainda em certo estágio de evolução equivocada, fugindo do contato necessário com seus sentimentos, seja por medo ou pelo receio de abandonar certos apegos mentais mais distantes do amor fraterno universal, por certo grau de egoísmo e orgulho.

Vai aqui um alerta para que os irmãos que realizam trabalhos mediúnicos busquem sintonia espiritual superior, harmonizem e fortaleçam suas correntes e, acima de tudo, sintam a vibração que seres do Astral e extraterrenos lhes trazem, pois esta será a senha para que não sejam iludidos. Um guia verdadeiro, além de nos permitir a percepção de uma abertura enorme no campo mental, traz vibrações de paz, doçura, serenidade, alegria, bondade, compaixão. As palavras ou certas manipulações mentais podem até nos enganar, mas os sentimentos não nos deixam dúvidas. E a vibração de um ser é emitida através dos sentimentos: sejam eles pesados, neutros ou de amor superior, humanitário, desapegado e sublime. Cabe ao médium analisar suas sensações.

Muitos irmãos terráqueos acreditam que, por estar lidando com extraterrenos, na maioria das vezes ligados evolutivamente ao plano mental ou acima dele, não irão perceber sentimentos neles, apenas frieza ou neutralidade mental, o que é um equívoco, pois a verdadeira e equilibrada evolução carrega junto consigo *razão* e *sentimento*; não um sentimento com carga emocional pegajosa e triste, como ainda predomina na Terra, mas um sentimento fraterno-universal, cheio de compaixão, alegria, doçura e leveza.

Em um ponto mais sutil do Astral superior, no limiar do mundo mental inferior, há outros portais que permitem o encontro direto entre seres desencarnados da Terra nesse estágio evolutivo com extraterrenos viventes na sexta dimensão física, e assim existirão portais para níveis cada vez mais acima, em termos vibracionais. A diferença é que um ser encarnado numa dimensão física, mesmo que mais sutil, terá condições físicas de maior intervenção no mundo das formas, enquanto que um ser desencarnado, por não possuir bioplasma nem ectoplasma, necessita de seres encarnados para se utilizar desse material energético precioso e atuar no plano da matéria (mesmo no caso dos que vivem em dimensoes fisicas mais sutis, já que possuem menos ectoplasma e bioplasma que os seres viventes em dimensoes fisicas mais densas). Enfim, o mundo físico depende do espiritual (e vice-versa), para que ocorra a orquestração da vida cósmica por meio de nosso Maestro Maior.

A estrutura subatômica e sua relação com as dimensões físicas

O átomo tem na sua estrutura elétrons, de polaridades negativas, que ficam em torno do seu núcleo. No interior do núcleo, há prótons, de polaridade positiva (formados por quarks) e nêutrons (de polaridade neutra), também compostos por antiprótons, quarks e anti-quarks. Mas existem várias outras partículas subatômicas ainda não desvendadas pela ciência terrena, apesar da recente e importante descoberta dos bósons de Higgs, que ficaram conhecidos no meio científico como as "partículas de Deus". Na verdade, tal denominação não surgiu por acaso, tendo havido uma certa influência do plano invisível, uma vez que, além de ter um papel fundamental na composição subatômica celular, são uma espécie de "porta de entrada" para outras dimensões físicas, porque permitem alterações nos estados físicos da matéria, bem como nos estados energéticos e evolutivos dos componentes subatômicos de um ser. A combinação dessas e de outras partículas subatômicas, em graus mais sutis, permitem a formação dos corpos astrais, mentais, e dos outros corpos bem mais sutis.

Os bósons de Higgs[16] são partículas bem menores que os prótons e neutrons, e ficam no interior do núcleo atômico. Quanto mais aglomerados ou adensados estiverem, mais densa será a dimensão física de determinada matéria, e, quanto mais dispersos estiverem no núcleo atômico, as dimensões serão sucessivamente mais sutis. Esse maior ou menor adensamento se faz por força dinâmica vibratória, e conforme o tônus energético dos seres, dos ambientes e das coisas que o compõem. Os corpos dos seres encarnados estarão em plena sintonia com essa ambiência e aptos a viver numa ou noutra dimensão física, a partir do seu reencarne, conforme a matriz espiritual que gerencia cada um desses corpos gerados, ou seja, de acordo com o padrão vibratório do espírito. Desse modo, o ser desencarnado poderá ter condições mínimas para habitar um determinado envoltório que se manifestará numa dimensão física compatível com aquele específico corpo encarnável. A matriz espiritual-e-

---

16 Interessante o aprofundamento científico realizado pela renomada física norte-americana, Lisa Randall, em sua obra *Batendo a Porta do Céu: o bóson de Higgs e como a Física moderna ilumina o Universo* (Ed. Companhia das Letras). Ela fala de novas partículas subatômicas, como múons, hádrons, além dos quarks e anti-quarks, e menciona a hipótese da existência de multidimensões físicas.

nergética se imprimirá no DNA espiritual (que se materializará em cada corpo, sucessivamente, desde o mental, passando pelo astral até chegar ao duplo-etérico) do ser, com os códigos que o capacitarão a viver num ou noutro ambiente, com um ou outro corpo físico, desde o mais denso ao mais sutil.

A título de exemplificação grosseira, imaginai um copo de água. Se essa água for aquecida até chegar a 100 graus centígrados, mudará de estado físico, com maior dispersão de seus átomos, mais afastados um dos outros. Assim, alcançará o estado gasoso, ficando mais sutil que no estado líquido. Se essa mesma água for congelada, alcançará um estado mais denso, com maior aglomeração dos átomos, e nem por isso deixará de ser água. Aliás, nesse estado de matéria, a pessoa não a atravessará com os dedos, em face de seu estado físico rígido e impenetrável, ao contrário do estado gasoso. Nesse caso, teoricamente, uma dada porção de água gasosa poderá habitar o mesmo espaço daquela porção de água em estado físico.

Figura 8

Ilustrando essa questão, imaginemos, conforme a figura 8, que um pinguim tentasse atravessar o gelo, o que seria impossível, pois ele está diante de uma matéria em estado sólido. Mas, se o gelo derretesse e ficasse acumulado em um recipiente grande que coubesse todo o seu líquido, o pinguim poderia atravessar tranquilamente. Se, no entanto, essa mesma água estivesse sofrendo a ação do Sol e começasse a evaporar intensamente, dentro desse mesmo recipiente, o pinguim poderia atravessar sem se molhar tanto; sentiria apenas o vapor da água, inclusive poderia avistar o outro lado da paisagem, de forma clara, diferentemente de quando a água se encontrava em estado sólido. Se, dentro desse recipiente, colocássemos um outro bloco de gelo, o mesmo espaço seria ocupado pela água em dois estados, como se fossem duas dimensões físicas se superpondo. Sintetizando: em nenhum momento a composição inicial deixou de ser água; mudou apenas de estado da matéria. Ao colocar-se um outro bloco de gelo dentro do recipiente, duas matérias ocuparam o mesmo espaço: uma em estado gasoso e a outra no sólido.

Assim se dá, grosseira e comparativamente falando, o processo de mudança dimensional;[17] porém, numa escala subatômica. O grau de maior ou menor dispersão dos bósons de Higgs no núcleo atômico provocará estados dimensionais mais sutis ou mais densos, respectivamente. Mas é preciso enfatizar que para lidar com estados da matéria física e, por conseguinte, de mudanças de dimensões físicas existem combinações diferentes das que ocorrem para casos de seres desencarnados, em seus diversos planos de evolução. Ou seja, há complexas combinações e interações de partículas subatômicas que compõem corpos astrais, mentais, búdicos, e assim sucessivamente, que são diferentes das combinações para as diferentes dimensões físicas. Existem muitas informações sobre o mundo subatômico, mas suas análises são compreensíveis em vosso mundo somente por alguns poucos cientistas da Física Quântica e Relativista. Ainda assim, se eles conseguirem despir-se do preconceito e acessar a intuição e as percepções extrassensoriais.

Para vós, interessa no momento compreender que as diferentes dimensões são reais e explicam por que naves terrenas que vão a Marte encontram por lá somente pó avermelhado, e ausência de vida humana. Inúmeros foguetes poderão chegar a Vênus ou a Mercúrio, e serão derretidos pelo calor; ou chegar a Júpiter, e dirão que lá só existem gases e ambiente não propício à vida. Poderão ir mesmo a Ganimedes, lua de Júpiter, e dirão que lá poderia haver vida humana em condições especialmente artificiais. Mas, ainda que não encontrem vida na dimensão alcançada, poderão fazer alterações no meio físico denso desses orbes, o que afetaria negativamente os sistemas de vida em dimensões mais sutis.

Contudo, antes que os terráqueos comecem a cometer sandices em outros planetas, será preciso uma intervenção na Terra, que aliás já se iniciou como parte de um plano cósmico maior.

---

17 Em recente publicação *on line* da revista OVNIHoje, de 3/11/2015, saiu uma matéria com o seguinte resumo: "Pela primeira vez, podemos ter conseguido um relance de um universo paralelo batendo contra o nosso. Cientistas dizem que os sinais dos confins do Espaço sugerem que o tecido do nosso Universo esteja sendo perturbado por outro universo. A descoberta poderia fornecer provas da teorias do multiverso, a qual diz que há muitos universos alternados".

Missão Planetária

Por isso, começaram as mudanças necessárias no campo físico e vibratório, via saneamento energético. Se fosse permitido que os avanços tecnológicos já em curso na Terra continuassem apoiados na ganância, competição, egoísmo, orgulho e consumo irresponsável, certamente as naves espaciais terrenas tentariam, no futuro, conquistar outros planetas para satisfazer seus torpes desejos, pequenos demais para um Universo tão repleto de paz, amor e sentido evolucionário espiritual. Portanto, ainda que naves terrenas venham a chegar em alguns planetas (como já ocorre a Marte), os seres de dimensões mais sutis as monitorarão para que não causem danos na matéria densa do orbe, os quais podem se refletir nos mundos superiores que necessitam da "base" física da primeira dimensão como ancoragem.

Quanto mais evoluído for um ser, mas ele estará apto a encarnar em um corpo mais sutil e habitar dimensões físicas com estruturas subatômicas mais sutis, porque sua vibração também será mais sutil, com frequência energética mais veloz, provocando movimentos estruturais na intimidade subatômica – nos bósons principalmente, mas não unicamente nele –, de modo que estes estejam mais dispersos, e apresentem um quadro de maior suavidade física. Isso vale tanto para o ser encarnado quanto para o desencarnado. A única diferença é que, quando encarnado, o ser terá uma densificação maior dessas estruturas atômicas, gerando arranjos moleculares e celulares mais dinâmicos, para propiciar um biossistema ativo e gerador de bioplasma e ectoplasma, típico apenas de seres encarnados.[18] Nos ambientes mais sutis, mais energizados, com menos peso atômico, a pressão atmosférica é menor, normalmente com menos presença de oxigênio, menos oxidação e menor envelhecimento dos sistemas biológicos, além de campos astrais e mentais mais leves, menos densificados.

É importante salientar que, quando falamos em evolução, significa dizer que é necessário haver um aprimoramento interior mais ou menos equilibrado, entre os campos mental e emocional. É evidente que alguns seres e civilizações possuem predominância de um ou outro aspecto, mas, regra geral, dispõem de estruturas mentais-emocionais num padrão minimamente equilibrado entre si, e em estágio de avanço mínimo que os capacite a vivenciar em um novo ambiente atmosférico,

18 Seres desencarnados (em qualquer grau de evolução em que se encontrem) não possuem bioplasma, nem ectoplasma, que são tipos de energia vital indispensáveis à evolução.

atômico e energético mais delicado. Quando o ser evolui, naturalmente ocorrem mudanças na sua essência subatômica, e esta, por conseguinte, criará modificações na estrutura celular do corpos mental, astral e físico, pois o DNA se forma na essência do ser, ainda nos campos sutis, e depois então é que se manifesta nos corpos densos, com base na evolução pessoal de cada um (incluindo fatores cármicos, quando for o caso), e adequado ao ambiente físico em que se for habitar.

Há seres que, por disciplina mental e desenvolvimento do intelecto, alcançaram certo grau de evolução tecnológica, conhecem as leis cósmicas e as seguem. Outras civilizações, entretanto, às vezes tentam burlá-las, e, quando o fazem, adquirem carmas para com a Lei Universal. Certas civilizações tiveram um baixo grau de evolução do sentimento, ou mesmo o atrofiaram, sob o argumento de que eles lhe causa sofrimento. Então, permanecem em precaução interior contra situações que possam tocar-lhe o coração; são mentes equivocadas neste sentido. Muitos, em decorrência do alto conhecimento e avanço tecnológico, promoveram mudanças no DNA e no núcleo subatômico de células de óvulos e espermatozóides, antes da fecundação *in vitro* de futuras vidas humanas, realizando essas intervenções científicas dentro de um plano que integra mundo físico e astral. Espíritos superiores ligados a esses orbes extraterrenos permitem e monitoram tais práticas até certo ponto, porque respeitam o livre-arbítrio. Assim, esses seres acabam construindo verdadeiras civilizações na quarta dimensão física, com avançado patamar de vida material, mas infelizes porque não descobriram o valor do bom sentimento.

Entretanto, apesar de sua avançada tecnologia materialista, esses seres não conseguem ir além da quarta dimensão física, em razão das limitações evolutivas no campo do sentimento, da fraternidade universal e até da ética cósmica. No Sistema Solar, não há nenhuma civilização nessa situação, mas na nossa constelação sim, e algumas dessas entidades extraterrenas já estiveram encarnados nos tempos da Atlântida, de forma maciça, e ainda chegam ao planeta Terra (existem seres desse tipo com variadas formas físicas; têm retornado à Terra alguns com semelhança a répteis. Os reptilianos são uns desses irmãos muito inteligentes, mas equivocados, porque não encontraram o verdadeiro amor cósmico). Costumam ficar observando e pesquisando pessoas, minérios e até compactuando com seres inteligentes do Astral inferior. São escravos do próprio ego. Procuram fixar-se na terceira dimensão física, onde não podem ser observados, mas podem acessar as informações de que precisam. O momento cósmico de transformações pelo qual passa a Terra e o Sistema Solar, aliado à vigilância espiritual do planeta, tem controlado a entrada desses seres, que normalmente adentram o orbe sem autorização dos dirigentes planetários, os quais sabem dessas invasões e as permitem certo limite. Após o grande e completo saneamento físico e espiritual da Terra, não mais serão permitidas essas invasões.

Buscando mais clareza no entendimento sobre os planos e as dimensões físicas, podemos simplificar o assunto da seguinte forma: quando um ser desencarna de um corpo físico, ele mudará de plano e não de dimensão, sendo atraído naturalmente para o local do Espaço (plano) condizente com o seu grau de evolução espiritual. Por exemplo, ao desencarnar sairá da Terra (plano físico) e adentrará o plano astral, seja na primeira, na quarta, sexta ou qualquer outra dimensão, se seu grau de evolução estiver condizente com o Astral, ou irá diretamente para o Mental, se esse for o caso, e assim sucessivamente, para planos mais acima. O resultado de sua evolução moral, mental, e do sentimento que nutrir pelos ouros seres é que o encaminhará para sua nova morada. Mas há que levar-se em conta fatores cármicos nesse processo de desprendimento (fatores que afetam essencialmente os seres que encarnam na primeira dimensão física, e algumas vezes na quarta), o que pode levar certas almas a descer ou passar (o tempo dessa passagem é muito relativo) por planos mais densos para drenagem psíquica, até poderem ascender a regiões com as quais já tenham capacidade de sintonizar-se.

Evolução é diferente de mérito. Portanto, um ser que ajudou muito o próximo quando estava encarnado, certamente receberá a ajuda devida, mas não poderá ultrapassar certos limites vibratórios, por simples lei natural. Em alguns momentos, e estando equilibrado mental e emocionalmente, poderá ser levado por mentores para planos superiores, ou acima do que lhe é natural, mas certamente, em algum momento, deverá retornar vibratoriamente ao plano condizente com o seu estágio evolutivo, por mera questão de sintonia espontânea.

No que se refere às dimensões físicas, há um tipo de planejamento dos arcanjos e anjos, de modo que os processos de vida biológica e de movimentação atômica no reino mineral se realizem de maneira quase espontânea, ou seja, há forças geofísicas, magmáticas, interações climáticas e atmosféricas, e todo um movimento ambiental (somado aos fluxos evolutivos naturais que afetam os reinos vegetal, animal e hominal), que dispensam certos mecanismos de plastificação etérica por parte de mentores do orbe, ainda que os administradores e cooperadores (arcanjos e anjos, inclusive os devas) estejam em constante sintonia, vigilância e envolvimento mental e de sentimentos com esses processos naturais e com seus elementos (minerais, vegetais e animais).

O que diferencia os corpos astrais e mentais dos desencarnados dos corpos dos seres encarnados nas diversas dimensões[19] são as diferentes combinações entre os elementos dentro do núcleo de cada átomo que compõe esses corpos.[20] Conforme já explicamos, a partícula central para a definição dos diversos estados da matéria e as consequentes variadas dimensões físicas é o bóson de Higgs, cuja concentração funciona como ampliadora do grau de condensação ou espessura do éter. Quanto mais elas estiverem concentradas numa determinada massa, inclusive em corpos humanos, mais densa ela será, e certamente essas massas estarão numa dimensão física igualmente mais densa. Por outro lado, quanto mais dispersas estiverem essas partículas, mas sutil será a dimensão física. É importante salientar que, nesse intrincado processo de estabelecimento de dimensões físicas, os bósons de Higgs dependem ainda de arranjos e com-

---

19 Para seres que habitam dimensões físicas acima da quarta dimensão, os arranjos estruturais subatômicos assumem formas bastante diversas, sendo que, à medida que se refere a dimensões mais sutis, o nível de agregação ou concentração dessas partículas no núcleo atômico vai sofrendo maior dispersão ou menos adensamento, com combinações muito diferenciada entre tais partículas.

20 Brian Greene, em *O Universo Elegante* (Ed. Companhia das Letras), lembra: "Os átomos consistem de um núcleo que contém prótons e nêutrons e é envolvido por elétrons orbitantes. Durante algum tempo os físicos acreditaram que os prótons, nêutrons e elétrons fossem os verdadeiros "átomos" (partículas últimas, não divisíveis) dos gregos. Mas experiências revelaram que os prótons e nêutrons são formados por três partículas menores chamadas quarks, que apresentam-se em duas variedades que receberam os nomes de up e down. Um próton consiste em dois quarks *up* e um *down*; um nêutron consiste de um quark *up* e dois *down*. Tudo que se vê no mundo terrestre e na abóbada celeste parece ser feito de combinações de elétrons, quarks up e quarks down". Quanto às partículas como neutrino, múon, quarks charm, strange, bottom e top, e tau, e neutrino do múon e neutrino do tau, e outras, Greene esclarece: "Essas partículas são produzidas em colisões a altas energias e sua existência é efêmera; elas não são componentes de nada que possamos encontrar normalmente".

Missão Planetária 77

binações com outras partículas, como elétrons, quarks, léptons, mésons, glúons, outros bósons, e até duas outras partículas ainda não descobertas pela ciência terrena.

É o caso de seres desencarnados presos ao plano astral, cujos corpos necessitam de vários complexos arranjos e combinações subatômicas. Contudo, ao alcançar o plano mental, terão bem menos bósons de Higgs na composição de seus corpos, além de outras partículas interagindo entre si. Já os corpos dos seres que alcançam o plano búdico, não possuem mais bósons de Higgs, mas ainda possuem muitos quarks dispersos. À medida que o ser vai evoluindo, ao desencarnar, essas partículas vão se tornando proporcionalmente mais esparsas na estrutura atômica, especialmente no seu núcleo. Anjos nas fases muito avançadas de evolução e arcanjos são formados basicamente por fótons e emanam pura luz, em ambientes extremamente sutis.

É oportuno esclarecer que a ciência terrena atual consegue acessar algumas dessas partículas subatômicas apenas em processos de colisão de partículas, possíveis hoje em um laboratório construído entre a Suíça e a França.[21] Entretanto, elas existem independentemente dessas colisões e estão na natureza, em toda parte, e não se tornam observáveis pelo ser humano, em razão da limitada tecnologia terráquea. No futuro, com a ajuda de irmãos de outros orbes, essas e outras partículas serão detectadas sem necessidade de colisões, pois o mundo atômico e subatômico será acessado com tecnologia que permitirá estudá-lo através de lentes extremamente potentes, instaladas em aparelhos similares a espectroscópios, feitos com cristal e biossensores potentíssimos (inicialmente trazidos de outro orbe), mas com um grau de ampliação de imagem e sensibilidade energética inimaginável pela ciência terrena, e capaz de ir muito além da nanodimensão. Haverá ainda equipamentos sofisticadíssimos que acessarão os portais interdimensionais, através dos quais se poderá captar sinais eletromagnéticos provenientes de dimensões diversas, permitindo-se intercâmbio via telecomunicações entre seres de variadas dimensões físicas.

---

21 De propriedade da Organizaçao Europeia para Pesquisa Nuclear (CERN), inaugurado em 2008, o LHC (Grande Colisor Eletron-Positron ou acelerador de partículas) é um laboratório gigantesco localizado próximo a Genebra, na fronteira com a França. Formado por um enorme tubo circular com circunferência de 26,7 km e diâmetro de 7 m, é subterrâneo, ficando a cerca de 100 m abaixo do solo; é o maior complexo científico do mundo e lá tem sido realizadas as mais avançadas experiências relacionadas aos estudos do átomo e sua relação com a origem do Universo.

Finalizando este tópico, com relação aos seres dos reinos animal e vegetal que habitam todas as dimensões físicas (da mais densa à mais sutil), sabemos que eles são concebidos por biólogos siderais para exercer vivências físicas como partes de seu processo evolutivo no mundo das formas, em harmonia com o seres humanos ali encarnados.

O tempo do Sol e do Sistema Solar

O conceito de respiração de Brahma é bastante conhecido dentre vossos iogues, conforme já abordamos. Nosso Universo, que está em expansão, representa a expiração de Brahma, e à sua contraparte em processo contração eles denominam de inspiração de Brahma. Entendendo por esse ponto de vista, podemos concluir que, enquanto um Universo inspira, o outro expira, completando a movimentação evolutiva do Cosmo. Um é *yin* e o outro *yang*, segundo os conhecedores da filosofia taoísta. Relembrai o exemplo da ampulheta e imaginai um lado escoando a areia para o outro: enquanto um reduz seu conteúdo, o outro amplia. Supondo, agora, que esses dois lados fossem dois pulmões, simultaneamente conectados e independentes, enquanto um encolhe o outro se expande, no processo de troca de ar. Assim é composto o Universo. Dentro dessa dualidade infinita, existem infinitas combinações. O Universo onde nos encontramos hoje é *yang*, e tem um par *yin*. Como tudo no Universo tem relatividade, um dia este nosso Universo será *yin* e o outro *yang*, exatamente no momento cósmico em que ele estiver se encolhendo e o outro expandindo. Esse pulsar respiratório de vida é como a vossa respiração, no microcosmo individual humano, sem a qual não há vida biológica nas várias dimensões.

Nosso Sol esteve em expansão energética. O movimento de expiração dessa estrela-mãe, que estava em sintonia com a força cósmica expansiva, já parou e encontra-se numa fase de estabilização, em que terá início a contração dessa energia, ou inspiração. Até lá, alguns planetas terão se desprendido do Sistema, especialmente os mais distantes, e a maioria será reabsorvida pelo Sol, que um dia se extinguirá. Antes disso, porém, ele se transformará numa estrela vermelha,[22] com altíssimo poder energéti-

---

22 Segundo os cientistas Lawrence Krauss e Robert Scherrer, da Universidade de

co atrativo, até que, num futuro muito remoto, ele se transforme num buraco negro. No outro lado desse buraco, com o passar do tempo, então irá explodir uma supernova, gerando novos mundos e começando uma nova fase evolutiva de seres. No outro lado de buracos negros, existem outras dimensões físicas.

Até esse tempo, espera-se que alguns astros do Sistema tenham alcançado evolução física rumo a estruturas gaseificadas, transformando-se praticamente em estrelas (qual já vem ocorrendo hoje a Júpiter), sendo "expulsos" do Sistema Solar por força impulsiva da expansão da própria gravidade. Seus habitantes poderão migrar para outros astros e participar de projetos de criação de outros sistemas solares e outros planetas, pois terão alcançado estados evolutivos de angelitude; alguns anjos do sistema terão chegado à arcangelitude, e o amor e consciência cósmica terão se expandido no Cosmo. Os seres que não alcançarem evolução suficiente nesse longo período deverão migrar para orbes em sintonia com seu estágio evolutivo.

A evolução se dá para todos os seres da criação, mas com relação soa homens há um diferencial: após passarem pelas experiências encarnatórias individualizadas, podem atingir um grau evolutivo superior e alcançar a arcangelitude, quando então permearão as coletividades em auxílio e serviço voltado para o bem, situação que difere dos seres ainda primários na evolução, como os que compõem as almas-grupo, a exemplo dos peixes que vivem em cardumes e possuem alma coletiva, sem que cada um tenha sua consciência individualizada. Essa interpenetração de consciências coletivas gera tão elevado grau de sintonia entre todos os seres, que faz com que os astros, sejam eles estelares ou planetários, façam parte desse conjunto em evolução, dessa grande família cósmica.

Assim surge o conceito de Logos ou Cristo Planetário. Jesus é o ser mais intimamente ligado ao Logos do planeta Terra, o Cristo Planetário, que faz a ligação primaz entre a Terra e o Sol. O Cristo Planetário chega a todos os seres e consciências do planeta, e somente alguns desses seres ou espíritos do vosso orbe se sintonizam constante e plenamente com o Cristo: são os anjos que cuidam da estrutura física, astral e mental planetária como um todo. Esses anjos estão ligados a outros que, por sua

---

Vanderbilt, Estados Unidos, daqui a 10 bilhões de anos o Sol engolirá a Terra e os demais planetas do Sistema Solar, e se transformará numa estrela vermelha.

vez, cuidam ou se responsabilizam por países e determinadas regiões do orbe; são consciências individualizadas, mas, de certo modo, também coletivas, pois são de tal forma expandidas que penetram todas as consciências viventes e átomos naquele local que administram, amorável e incondicionalmente.

Dentre as inúmeras funções do Sol – não iremos aqui explanar todas –, indo desde o papel equilibrador e sustentador do Sistema inteiro, passando pelo fator energético de gerador de vidas, essa estrela de média grandeza – se comparada a outras no Cosmo – foi, no passado da Terra, bastante admirada, contemplada e sintonizada pelos egípcios, maias, astecas e incas, porque os mentores e xamãs desses povos sabiam de sua importância, mas, por alguma rudeza ainda, não acessaram as potencialidades curativas do Astro-rei. Muitos desses xamãs antigos que dispunham de sensibilidade e conhecimentos diziam ser filhos do Sol, porque intuitivamente sabiam que a Terra fora desprendida do centro do Sistema, e que, como um Pai, sustentava a vida no planeta. Sabiam, intuitivamente, que lá habitavam seres superiores a eles.

Sol que sutenta e cura - Conclusões

O Sol purifica e alimenta os espíritos e os corpos físicos que fazem parte do Sistema Solar. É pura usina geradora de vida e amor, iluminando o pobre e o rico, o verme, o ser humano, as folhas e todos os planos de desencarnados e dimensões físicas invisíveis aos vossos olhos físicos terrenos. Sustenta a vida em todo o Sistema; e, quando falamos em sustentação, significa dizer em todos os aspectos da vida, física e espiritual. A energia prânica ou energia vital (juntamente com a consciência e o amor divinos) que vem do Sol penetra todas as estruturas atômicas da Terra e dos demais planetas do Sistema Solar. Para os humanos da primeira dimensão física terrena, o *quantum* energético contido em cada nanorraio solar interage com as moléculas de hidrogênio, oxigênio e as demais que fazem parte do processo de alimentação energética dos corpos físicos, e estes as absorvem, através da respiração,[23] que, se realizada com consciência, terá seu poder

---

23 Por isso, desde os tempos antigos, os iogues recomendaram a prática do **pranayama** diariamente (exercícios controlados e conscientes da respiração), como meio de alimentação energética. Em Marte, essa é uma prática rotineira e, cada vez mais, seus habitantes substituem o alimento denso pelo prana solar (energia vital

multiplicado, em termos de absorção prânico-energética.

Ainda que possua um leve halo energético dourado, a cor primária do Sol é branca, porque funde todas as cores; e por dispor de todas as cores, é capaz de curar todas as doenças físicas, emocionais e mentais por meio de sua luz, com a cromoterapia solar – a menos que a pessoa esteja presa a processos cármicos ou padrões emocionais e de pensamento que impeçam a cura. À medida que o ser humano terreno evoluir e se tornar mais sutil, terá capacidade de canalizar essa força curativa com maior eficácia. Quanto mais rude na sensibilidade e consciência for, menos terá condições de receber todas as benesses do Astro-rei. Minerais, vegetais e animais recebem com plenitude e vigor essa força cósmica, mas estarão substancialmente mais influenciados pela energia telúrica (vinda do centro da Terra). No reino hominal, o ser humano também recebe com muita intensidade a influência da energia telúrica, a quem ela ajudará a evoluir. Na medida em que sua capacidade de autotransformar-se for ampliada (e esta se processa pelo esforço individual), essa autotransformação o facilitará a absorver a força solar com mais eficácia. Assim, caberá ao ser humano esforçar-se por evoluir em consciência e amor, e então terá condições de receber com maior plenitude o que o Sol lhe oferece gratuitamente, em termos de pura energia curadora e geradora de alegria, criatividade e vigor vital.

Cada cor, em seus diversos matizes – são quase infinitos pela matemática terrena; grande parte deles ainda não perceptível aos olhos físicos –, tem funções específicas para cada disfunção físico-emocional e mental. Os habitantes de todos os planetas do Sistema Solar, excetuando-se o terráqueo, sabem absorver, conduzir e utilizar para fins de saúde mental-emocional-espiritual a luz do Sol, em muitos casos utilizando-se de aparelhos sofisticadíssimos ou otimizando seus conhecimentos e usando a própria mente e sensibilidade. O terrícola pode colocar água potável num copo e, dentro dele, um pequeno cristal branco; em seguida, colocá-lo no Sol por no mínimo 15 minutos, preferencialmente pela manhã. Depois, deve tomar essa água curativa, mentalizando e sentindo que ela foi potencializada pelos raios solares. O efeito benéfico para a saúde será geral, ajudando no equilíbrio de todas as células e alcançando o duplo-etérico. Se tiver algum problema específico, poderá utilizar-se de gemas

---

vinda do Sol).

(pedras preciosas ou semi-preciosas) com cores apropriadas a cada necessidade físico-emocional-mental.

Se o ser humano, ao acordar e visualizar o Sol, ou mesmo a qualquer hora, desde o nascente até o poente, olhando-o rapidamente, fechar os olhos e inspirar, sentindo a energia do Astro-rei penetrar em seu ser, enchendo-o de energia vital, de saúde, renovando todas as suas células físicas e mentais-emocionais, alimentando-o de alegria, paz interior e disposição para trabalhar e servir, então esses efeitos positivos serão potencializados dentro de si.

Como Ser Essencial, de onde a Terra se originou, o Sol traz no conteúdo energético de sua luz todas as substâncias em que estarão presentes todos os elementos que compõem a Terra e os corpos dos seus habitantes. Na sua luz, há amostra representativa (por meio dos fótons e dos *quanta* energéticos passíveis de mobilizar e decompor estruturas moleculares, atômicas e subatômicas existentes em vosso orbe) das mesmas substâncias que formam sais minerais, vitaminas, proteínas, substâncias alimentadoras, preventivas e terapêuticas, em toda sua potencialidade.

Como tantas ciências terrenas, a química é uma dádiva divina, pois mostra os verdadeiros milagres que se processam na natureza, em qualquer lugar do Cosmo. As reações químicas e mudanças de estados físico-químicos da matéria, a partir da mistura de certos elementos, levando-se em conta ainda fatores como temperatura e umidade, são gigantescas. A composição do Sol, rica em hélio e hidrogênio, por exemplo, evoluiu muito, se comparada com a da Terra (rica em minerais diversos, e tendo no seu interior magmático bastante gás carbônico, silicatos, e outras substâncias que variam de uma localidade para outra, e que são dinâmicas face aos movimentos existentes, os quais geram muitas combinações físico-químicas minerais a partir dessas misturas) e tomando-se como base cinco bilhões de anos. No entanto, boa parte do magma no interior da Terra ainda tem alguns elementos similares aos existentes no Sol, salientando-se que, à medida que a energia do magma se dissipa, por meio dos seres e coisas que habitam a crosta da Terra e pela própria dissipação na atmosfera, ocorre o resfriamento do interior do planeta, gerando variadas modificações e reações físico-químicas, e consequente evolução física do interior da crosta terrestre. Essas interações e modificações também se relacionam intimamente com o tipo de vida existente na crosta e sua reação e

Missão Planetária

relação energética com o planeta como um todo.[24]

Em face de a Terra ter sua origem no Sol, há uma forte e íntima interação energética entre "Pai" e "Filho". Com o passar dos bilênios, as composições físico-químicas do Sol e da Terra tornaram-se diferenciadas, tanto pela ambiência vibratória dos habitantes de cada um dos orbes, como pelas reações ambientais próprias no campo gasoso, mineral e atmosférico. Apesar das diferenças atuais de ambos os astros, ainda há alguns elementos químicos similares em ambos. Essa natureza similar e basal, especialmente no aspecto magnético, funciona como antena e receptor (como a conexão energética existente entre pais e filhos). Assim, a troca energética é constante, pois as mesmas essências se atraem. O magma no interior da Terra busca expandir-se e, atrativamente, unir-se novamente à sua fonte original, o Sol. Por isso, as explosões vulcânicas, os *geisers* e os movimentos das placas tectônicas. Os gases quentes do interior da Terra se sentem pressionados e necessitam esvair-se pelos "poros" da Terra.

Recentemente, vossa ciência tem observado as explosões e movimentos solares e compreendido que elas influenciam os sistemas de comunicação da Terra. Isso é verdadeiro, mas essa influência ocorre em toda a vida terrena, principalmente nos campos energéticos e eletromagnéticos mais sutis. Como sabemos que a vida nos ambientes densos deriva dos ambientes sutis (matéria densa decorre de energia), mais uma vez afirmamos: o Sol influencia toda a vida na Terra, ainda que nos planos densos não se perceba isso com maior clareza por parte dos vossos cientistas e pelos cidadãos comuns. As explosões solares seriam como espasmos de amor em direção ao Sistema, com especial destino a Terra, por ser o planeta mais atrasado, em sua primeira dimensão física. Esses espasmos energéticos visam a intensificar o saneamento astral-mental do planeta. A densidade energético-astral e mental da Terra está tão densa, que tem afetado negativamente os outros astros do Sistema, demandando mecanismos de proteção magnética por parte de seus habitantes.

---

24 A ciência terrena comprova que o meio influencia, com o passar dos milênios, processos evolutivos biológicos e estruturas genéticas. É o caso, por exemplo, da girafa que, durante muitos anos, séculos e milênios, por buscar alimentos no topo das árvores, acabou por gerar adaptações físicas, como crescimento do pescoço, imprimindo essa modificação em seus genes que vieram a passar para seus descendentes. Isso mostra que o físico denso influencia também o sutil, e vice-versa.

84 Ramatís

Quanto mais denso for o material, mais sentirá o calor do Sol. Dessa forma, os seres que habitam a primeira dimensão física, como ocorre na Terra, estão sujeitos a queimar-se pela larga permanência de exposição aos seus raios, ao contrário de quem vive em dimensões físicas mais sutis e nos planos dos desencarnados. Os habitantes de dimensões muito sutis captam igualmente luzes mais sutis advindas do Sol. Os planetas mais distantes, por serem mais antigos e estarem perto de se desprender do controle magnético do Sol, não precisam de tanta luz, pois seus habitantes são espiritualmente mais evoluídos: são seres de luz e, por isso, mais sensíveis à recepção da luz solar e, consequentemente, refletem essa luz com mais fidedignidade ou pureza. Apesar dessa regra geral, há exceções. Por exemplo, embora mais próximos do Sol, Mercúrio e Vênus possuem seres muito evoluídos, angelicais e pré-angelicais, e, portanto, de muita luz; entretanto, não são seres autóctones ou originários desses respectivos orbes, mas migrantes de planetas muito evoluídos. Mercúrio, por exemplo, possui seres angelicais intimamente ligados ao Sol.

O planeta Júpiter – mesmo estando mais próximo do Sol que Urano ou Plutão, e graças aos seus habitantes – evoluiu mais do que os planetas mais distantes, e isso tem feito com que ele brilhe mais e esteja mais perto de tornar-se quase um segundo Sol (Júpiter tem predominância de hidrogênio e hélio em sua composição, a exemplo do que ocorre ao Sol), auxiliando o Sol-Maior na iluminação vibratório-espiritual e na sustentação energética das vidas no Sistema, especialmente nas dimensões mais sutis. No entanto, se para os jupiterianos essa transformação de planeta em pequena estrela ocorrerá relativamente logo (pois vivem em uma dimensão muito sutil), para o tempo terreno esse período representa bilhões de anos.

Após a transformação gradativa de Júpiter em maior fonte de luz, os demais astros do Sistema Solar também passarão por processo similar. Com o tempo, haverá um leve desprendimento desses astros do Sistema Solar, e eles se afastarão da influência magnética do Sol, mas não o suficiente para se desprender totalmente, já que, no futuro, o Sol se transformará numa estrela vermelha e, lentamente, atrairá novamente os planetas que permanecerem em seu Sistema e terão se transformado quase em estrelas. Então, todos do Sistema se fundirão e ampliarão o ta-

Missão Planetária

manho do Sol. Num futuro ainda mais remoto, o Sol funcionará como um buraco negro com tanta energia que sugará tudo ao seu redor, para depois formar uma espécie de "ampulheta" energética, gerando do outro lado uma supernova, que explodirá e recomeçará novo ciclo de vida e evolução numa dimensão física paralela à vossa. Mas todo esse processo ainda durará mais de 10 bilhões de anos, pelo calendário terreno.

No tocante ao Sol, não nos aprofundaremos além deste ponto, por recomendação de nosso orientador Ramatís, conhecedor da psicologia e da mente terrenas. O ser humano ainda tem muito caminho espiritual a percorrer em seu mundo interior, a fim de alcançar um mínimo de padrão vibratório indispensável para alçar voos mais altos no mundo exterior, e um dia poder participar dos grandes eventos de congraçamento fraternal entre irmãos de variados orbes, ampliando sua consciência e amor universal. Avançar muito seria como tentar ensinar geometria para crianças que ainda se interessam por brincadeiras e conhecimentos mais simples, sob risco de gerar ilações inúteis e desinteresse na leitura. Então, abordaremos aspectos referentes aos planetas do Sistema Solar, porque o ajuda a conhecer um pouco mais do seu derredor cósmico, o que estimula a sua evolução, mas o foco desta obra será o orbe terreno.

As informações geradas aqui, bem como as de tantas que têm chegado à Terra, representam oportunidades de internalização, com consequentes reações químicas espirituais, suficientes para que cada leitor possa avançar em sua senda espiritual. À medida que esforçar-se por estudar e especialmente por modificar-se intimamente, poderá receber mais informações pelos canais intuitivos, sobre o Universo que o cerca e a importância dele para sua evolução, pela troca, pela cooperação e pelo intercâmbio fraterno-universal entre aqueles que estão mais à frente e os que caminham mais atrás na trilha espiritual que leva ao Pai-Superior.

Que a Paz e o desejo de evolução provenientes dos seres solares vibrem intensamente na essência de cada um de vós!

Hamod

Capítulo 2

Concepção e implantação do Projeto Terra
(Mensagens de Akhenaton)

A origem

Amados irmãos, para ditar este capítulo temos de estar profundamente sintonizados com a vibração do Cristo Planetário e de Jesus, principal canal para chegar até Ele com plena fidedignidade. Isso significa dizer que devemos nos entregar total e abnegadamente ao amor incondicional e à compaixão para com todos os seres viventes neste orbe. Essa é uma recomendação ao nosso canal mediúnico, extensiva a todos aqueles que lerem esta mensagem. Desse modo, poderão penetrar em níveis mais apurados de compreensão sobre o sentido da vida terrena.

Há muitas boas obras espíritas, espiritualistas e científicas que mergulham em detalhes sobre a origem e as fases evolutivas da Terra. Mas não iremos aqui repetir essas abordagens, salientando que, se algumas trazem informações fidedignas em muitos pontos, outras podem equivocar-se em alguns aspectos, o que é natural nos processos de transmissão de conteúdo do mundo espiritual para o plano físico, através da mediunidade. Procuraremos então nos fixar no que for essencial, para que se possa entender aspectos principalmente espirituais, bem como suas relações com a evolução dos seres humanos e o papel do planeta.

Desde os primórdios do projeto de criação do Sistema Solar, os planejadores siderais já tinham idealizado a formatação exata deste Sistema, e então foi definida a rede de arcanjos e anjos que se envolveriam na sua implementação. Mas, como todos os seres da Criação são, indistintamente, trabalhadores da seara cósmica que buscam a evolução, não somente os mentores siderais devem participar da execução dos planos de Deus, ainda que caiba a eles a maior parcela de responsabilidade. Todos os outros seres devem atuar, em conjunto, conforme a responsabilidade que lhes cabe e o nível evolutivo alcançado. Por isso, havia a necessidade de se deixar a obra inacabada, a fim de que importantes lacunas fossem preenchidas posteriormente, pelos próprios participantes desse processo criativo, especialmente nas etapas em que o ser humano já estivesse instalado no planeta, com o curso de vida evolutivo fluindo normalmente, após os primeiros e grandes fluxos migratórios de almas de outros orbes. Como, em sua caminhada, o homem age segundo seu livre-arbítrio, não há certeza absoluta de que, na prática, todos irão desempenhar o seu papel conforme as concepções traçadas pelo Alto, ainda que haja orientação de anjos, guias e mentores espirituais. Por esse motivo, podem ocorrer inclusive ajustes de percurso.

É assim que seres de consciência ainda embrionária que estagiam nos reinos inferiores (minerais, vegetais e animais) recebem o apoio direto de anjos mantenedores da vida atômica, molecular e celular; e os humanos, o suporte de guias espirituais, desde suas primeiras encarnações. E então, à medida que evoluem, mais os seres humanos têm de caminhar com as próprias pernas, para exercitar a expansão de suas consciências e a capacidade de amar. Reafirmando: cabe a cada participante humano desse processo maior, por meio de seu livre-arbítrio, atuar sob o domínio de sua própria consciência e compromisso, haja vista todo o projeto estar apoiado no papel evolutivo de cada ser, desde os aparentemente mais insignificantes, até os anjos e arcanjos participantes da grande e complexa orquestra da vida evolucionária.

Quando ocorreu a explosão da estrela supernova, as primeiras partes que se desprenderam do Sol foram se localizando na extremidade do Sistema Solar. Conforme ocorre aos elétrons, que estão na borda de um sistema atômico, esses astros ficam mais instáveis, no sentido de poderem se deslocar para fora do sistema. Alguns deles, então, acabaram por sair do Sistema Solar e iniciaram suas viagens pelo Cosmo, como componentes de um plano maior dos sistemas constelatório e galáctico.

Após a estabilização geral do Sistema Solar, a tendência natural era de que os astros mais distantes assumissem a missão de estabilizadores. Então, para lá se deslocaram seres bastante evoluídos que poderiam assumir essa grande responsabilidade. Desde os tempos primordiais da Terra, mesmo ocorrendo alguns percalços no caminho, o plano vem sendo executado a contento: os planetas que permaneceram no Sistema têm desempenhado o papel de astro estabilizador. Quantos aos demais, estes merecerão explanação mais à frente.

Nesse contexto, a Terra tem função importantíssima. Conforme já foi mencionado, o Universo dispõe de muitas dimensões físicas que servem de morada física para espíritos que encarnam; estende-se por todas as dimensões físicas o conjunto de planos (sete) onde habitam seres desencarnados. Permeando todas essas dimensões e planos, existem seres evoluindo, trabalhando como obreiros dessa grande orquestração, sob a tutela de nosso Pai.

Para que as mônadas, após longos bilhões de anos, saíssem dos estágios atômico-minerais, passassem pelo reino vegetal e chegassem ao reino humano, teriam de mergulhar nos níveis mais densos, a fim de que, por meio das experiências físicas mais densas, pudessem amadurecer em consciência e, já no reino hominal, descartassem todas as suas rudezas, brutalidades e toxinas mentais-emocionais que as impediriam de avançar rumo à angelitude. Portanto, o mundo mais denso tem um papel primordial na escalada evolutiva: serve de "alicerce" para todos os seres do Sistema. Esta é a síntese da vida. Lembremos aqui da construção das grandes edificações: ainda que seja no topo do prédio que se tenha a vista mais bela e ampla do horizonte, é na base escondida abaixo da terra que se encontra a sustentação do edifício, com toda a sua complexa estrutura bruta.

Assim sendo, é na dimensão física mais densa que muitos seres apegados a vícios, paixões inferiores e embotados pelo egoísmo, vaidade e orgulho, ou em resgate cármico, podem ser testados em sua capacidade de resistir aos apelos das paixões, com vistas a alcançar novos estágios evolucionários. É também onde seres de outros sistemas solares drenam seus miasmas mentais-emocionais ou os resíduos tóxicos de suas almas, reencarnando num corpo mais denso, e é ainda a morada para espíritos mais evoluídos em missão fraternal cósmica, ajudando a impulsionar para o alto as forças atávicas[1] que tentam manter

1 Ou como diria a tradição hindu: manifestação energética de *Vishnu*, ou energia mantenedora da vida e do Cosmo. É uma expressão energética de manutenção e amor a tudo e a todos, e se manifesta através das almas conforme o grau de evolu-

estagnadas as forças dinamizadoras da evolução.

Conforme está claro, todos os elementos do Cosmo necessitam da primeira dimensão física como base de sustentação das vidas em dimensões mais sutis. As pontes interdimensionais são os canais por onde passam esses alicerces energéticos, dimensão por dimensão, formando uma grande rede de alicerces interdimensionais sustentadores das estruturas cósmicas. Ainda que em alguns casos não haja vida na dimensão mais densa, como ocorre na quase totalidade dos astros do Sistema Solar, com exceção da Terra, eles podem ser vistos no Cosmo na primeira dimensão física, embora isso não caracterize uma biodimensão pois neles não há vida biológica, mas sim "vida" atômica do reino mineral.

Por dispor de vida na primeira dimensão física, a Terra tem um papel muito importante no arranjo evolucionário do Sistema Solar. Em outros sistemas, costuma-se ter planetas com vida na primeira dimensão, podendo haver exceções. Na Via Láctea, por exemplo, existem milhares de orbes com vida similar à terrena, uns mais, outros menos evoluídos. Em algum momento, Vênus e Mercúrio esfriarão como a Terra e serão bases de moradas, na primeira dimensão física, de muitos espíritos em estágio evolutivo semelhante ao que foi a Terra no passado; porém, a eles estão guardados papéis diferentes do que ocorreu à evolução humana terráquea.

Para o orbe terreno, têm vindo atualmente seres encarnados ou desencarnados de vários sistemas solares e galáxias, em missão fraternal, mais especificamente irmãos de planetas pertencentes ao nosso Sistema Solar, o que é natural por estarem mais próximos. A maioria deles são oriundos de Marte, Júpiter e Saturno, e aqui terão oportunidade de evoluir mais, ainda que não tenham como meta a evolução pela evolução em si, mas porque na Terra podem exercitar com mais afinco seu desejo de servir incondicionalmente, por amor à Lei e aos planos cósmicos.

Neste momento, o Conselho Gestor do Sistema Solar concentra maiores esforços sobre o orbe terreno, pois, ainda que outros planetas também venham a passar (e de certo modo, já estejam passando) por grandes mudanças físico-espirituais para mudar de grau evolutivo, a Terra sofrerá muito mais com

---

ção delas. Por ser energia pura, não é boa nem má, apenas energia de amor cósmico. Por exemplo, para seres humanos em fases iniciais ou atrasadas de evolução essa força pode se manifestar como estado de indolência, preguiça ou apego que gera processos de estagnação evolutiva na alma.

tais mudanças, fundamentalmente no aspecto físico, mental e emocional. Os habitantes da primeira dimensão física serão os mais afetados, em função da vibração emanada pelas mentes e atitudes energeticamente pesadas que ainda predominam no planeta. Como nos outros orbes, em especial Marte e Júpiter, os sistemas de vida ocorrem em dimensões físicas bem mais sutis que a vossa, os impactos físicos serão bem menores e, por viverem lá seres bem mais evoluídos que os terráqueos da primeira dimensão física, ao invés de medo e impulsos de apego, eles aceitarão as mudanças com esperança, por estarem migrando para patamares evolutivos que lhes proporcionarão mais trabalho, oportunidade de ampliar suas consciências e capacidade de amar, o que lhes trará muito mais felicidade.

Todos os habitantes de dimensões mais sutis dispõem de capacidade tecnológica para neutralizar os efeitos vibratórios danosos advindos da primeira dimensão física da Terra sobre a primeira dimensão física de seus orbes. Todavia, não se sentiriam bem intimamente se cuidassem somente de si mesmos e deixassem os habitantes da Terra entregues à própria sorte. Seria como um terráqueo abastado que não se sentisse bem ao ver um vizinho passando fome, e, por compaixão e amor fraterno, se dispusesse a ajudá-lo. Não raras vezes, porém, o vizinho necessitado não compreende a ajuda, ou nem a percebe, ou ainda abusa da boa vontade alheia. Mas, como o livre arbítrio está na Lei, ele deve ser respeitado. Assim, jamais haveria uma intervenção deliberada na Terra, mesmo que em nome da paz e do amor, sem que houvesse acordo com aqueles que administram o planeta no campo espiritual, pois seres evoluídos não entram na sua casa, sem sua devida permissão.

Os primeiros anos cósmicos da Terra

Desde o primeiro momento em que a Terra se desligou fisicamente do Sol, o Cristo Planetário instalou-se no orbe. O Cristo é um arcanjo rumo ao religamento integral com Deus. Ele é a mais íntima conexão com o Amor-Mente divinos, e permeia todos os seres e coisas do planeta, como um manto de amor e consciência imensuráveis que cobre a multidão das humanidades em evolução.

Quando a Terra alcançou um nível de resfriamento mínimo

que propiciou o surgimento das primeiras formas de vidas (vírus, bactérias rudimentares e, em seguida, algas e microrganismos), há aproximadamente 3 bilhões de anos atrás, começou o grande plano de implementação do projeto biológico-espiritual sobre o planeta. Nessa época, já havia pré-condições que favoreciam o surgimento de vidas primitivas no nível atômico dos minerais, fato que mobilizou geólogos siderais empenhados em conduzir, junto com enormes falanges de anjos dedicados, os processos de resfriamento do orbe terreno e de processamentos físico-químicos e subatômicos que dariam base à vida que surgiria na primeira dimensão física planetária.

Nesse período, começavam a instalar-se, na quinta dimensão, as primeiras colônias espirituais compostas por seres muito evoluídos: espécie de missão avançada, porém temporária, com a finalidade de preparar o sistema de vida que deveria colonizar a sexta dimensão, pois estavam sendo ajustados milhões de espíritos em estágio evolutivo sintonizado com esse nível dimensional migrantes de um outro planeta, fora de nossa galáxia. Na verdade, a quinta dimensão não é uma biodimensão, ou melhor, não é um ambiente propício à vida contínua, porque se trata de uma zona de amortecimento energético para uma dimensão imediatamente mais sutil. Porém, ela era importante para ajustes energéticos e materiais, num tempo em que o planeta estava muito quente, longe da estabilização magmática, exigindo por isso ajustes para adaptar vidas humanas num estágio viável e mais próximo da primeira dimensão.

É importante esclarecer aqui que no centro da Terra, onde ainda há magma, existe um núcleo gestor consciencial e amorável do qual emana força criadora para a crosta, que funciona como a semente de uma fruta, ou seja, onde está a força geradora de vida da futura árvore, pois é lá que está instalada a essência do futuro ser que gerará muitos outros, proporcionando a continuidade da espécie. A consciência e o amor do Cristo Planetário permeiam todo o globo terrestre, todos os seres que o habitam e toda a sua aura, até os limites da atmosfera, interagindo com os espíritos planetários de Marte e Vênus. É também onde o Espírito Solar interage com o Cristo da Terra. Mas é no centro do orbe que o Espírito Arcangelical da Terra se apoia fisicamente, para de lá expandir toda a sua força criadora, repleta de amor cósmico.

Nos primórdios evolutivos da Terra, surgiram na primeira dimensão física primeiro as bactérias, depois os fungos e, por volta de 800 milhões de anos, apareceram as primeiras formas de vida vegetal. O clima já era mais agradável e havia bastante umidade, com presença abundante de gás carbônico e pouca presença de oxigênio. Começaram a surgir as primeiras espécies marinhas. Todas essas formas de vida plasmavam estruturas atômicas e moleculares autóctones, ou melhor, surgidas pela evolução espontânea do planeta, sob a batuta do Cristo Planetário. Com as modificações geológicas, climatológicas e ambientais, o planeta criava condições para formas de vida diversificadas e de porte maior. Então, por volta de 400 milhões de anos, apareceram nos mares os animais maiores; vieram os anfíbios e répteis, e depois de mais alguns milhões de anos surgiram os dinossauros.

Sob a força mantenedora e estabilizadora de manifestação divina, a que os hindus chamam de *Vishnu*, o movimento de rotação da Terra começava a sofrer um processo de desaceleração. O planeta, que girava numa velocidade maior, em seu movimento de rotação, e também de translação, ia gradativamente ficando mais lento. Com as fortes mudanças ambientais causadas por um meteoro que atingira a Terra, os dinossauros desapareceram. Ocorria um saneamento astralino e físico no planeta e surgiam, então, as primeiras operações de "enxertia" de novos corpos astrais em corpos físicos que haviam sobrevivido à catástrofe do meteoro.

Nessa época, a Fraternidade Universal envolvida com o Projeto Terra mobilizava grandes esforços para trazer corpos astrais de animais de outros orbes para encarnar no planeta, a fim de que essas almas pudessem impulsionar a evolução num ambiente mais primitivo. Surgiram, assim, os grandes mamíferos e, mais tarde, as aves. Com essa nova etapa, criava-se, milênio a milênio, condições para que começasse a aparecer as primeiras vidas humanas na dimensão física mais densa. Nesse período, a colonização da sexta dimensão física terrena já era plena, cujos irmãos oriundos de orbes distantes, de outros sistemas solares e galáxias, moveram esforços hercúleos para auxiliar a fase estrutural da vida terrena na primeira dimensão. Eram seres humanos evoluídos e desejosos de permanecer na trilha contínua da evolução, habitando dimensão físicas muitos

Missão Planetária 93

sutis e de lá trabalhando no grande plano de transição para o novo estágio evolutivo do orbe terráqueo, do qual fazeis parte.

Há 12 milhões de anos atrás, o planeta já possuía muitos dos continentes em suas configurações geográficas mais ou menos atuais a exemplo das Américas, Ásia, África e Europa. Os engenheiros e biólogos siderais dispunham do mapeamento de todos os seres que viviam no planeta, mais quente e úmido, após um longo período glacial, onde a vida pulsava em esplendor e primitivismo. Havia muitas florestas densas no coração das mais antigas terras – África e continente australiano –, locais escolhidos para iniciar-se um longo trabalho astral de ajuda evolutiva, no meio biológico terrestre. Mas havia necessidade de algumas modificações climáticas e geológicas, e então ocorreu uma pequena era glacial, mudanças de ventos e erupções vulcânicas intensas, que mudou a paisagem africana e australiana. Os administradores planetários aproveitaram o momento para preparar o aparecimento do ser humano no orbe terreno. E, após a chegada de muitas espécies de vegetais e animais de diversos outros planetas, surgiram os primatas, animais geneticamente mais próximos do ser humano, adaptáveis às condições de vida terrena, e que seriam preparados para, futuramente, ajustar-se num nível genético básico e então servir de "cavalos da enxertia" humana.[2]

No novo ambiente africano e australiano, alguns primatas se adaptariam, por longos milhões de anos, a condições que lhes exigiam mais destreza e busca de alimentos. Em decorrência de novos eventos climáticos, não havia mais tantas florestas abundantes e fartas, e sim condições ambientais mais rudes, com muitas savanas e desertos. Com menos florestas e menor abundância de vida, a competição por alimentos entre os animais passara a ser mais voraz e, assim, sobreviviam os mais fortes. Para fugir dos ambientes mais hostis, os macacos – os mais evoluídos animais da época –, passaram a migrar e a buscar ambientes mais tranquilos. Foram, então, se adaptando a condições que lhes exigiam o aprimoramento do campo da inteligência e da sensibilidade, passando a viver em grupos e a criar estruturas sociais e familiares.

---

2 No processo de enxertia de vegetais, denomina-se "cavalo" à espécie mais rude e forte, que servirá de base para receber outra mais frágil e produtiva, que se quer fazer proliferar.

Os primeiros tempos da humanidade

Não teceremos aqui muitos detalhes das várias fases que compõem a evolução da raça humana, principalmente com relação aos tempos lemurianos ou atlantes, pois não é salutar, do ponto de vista magnético-vibratório, atrair a vibração de mentes inteligentíssimas, mas diabólicas. Muitos trabalhos têm sido escritos sobre esses povos, mas não há sentido prático, para a evolução humana, deter-se em aspectos irrelevantes da vida diária, dos costumes ou de práticas que trariam muito mais efeitos negativos do que positivos, especialmente porque grande parte dos velhos lemurianos e atlantes ainda se encontra no orbe terráqueo, na maioria das vezes em luta pela autoeducação espiritual, distantes do autocontrole e domínio dos impulsos primários. A conexão os faria retornar a processos mentais-emocionais com fortes ligações àquele passado remoto.

Quando um espírito vai encarnar ocorre um estágio preparatório no plano astral, em que há ajustes energético-vibratórios no seu DNA astral. Esses ajustes se projetarão na estrutura do DNA físico, mais denso, moldando a nova contextura corpórea do reencarnante. Assim, durante o período de formação dos seres humanos ocorreram intervenções de geneticistas siderais nos corpos astrais dos humanóides que surgiam no orbe terráqueo mais denso. Como a origem de tudo vem dos níveis energéticos mais sutis, tudo o que ocorre nos níveis sucessivamente mais densos obedecerá às matrizes corpóreas mais sutis.

Desse modo, por volta de 6 milhões de anos atrás, os primatas mais evoluídos passariam por evoluções acentuadas, a exemplo de algumas famílias de orangotangos, gorilas, chimpanzés (neste, incluíam-se os bonobos, que são uma subespécie de chimpanzé de menor porte físico) e babuínos. Assim, milhares de exemplares desses primatas foram selecionados e, antes do reencarne, amoráveis anjos e seres extraterrenos realizaram trabalhos genéticos em seus corpos astrais, a fim de sensibilizar e melhorar o padrão das células neurológicas. Então, atraídos pela similaridade genética, eles se juntaram em bandos, formando famílias e grupos, e se multiplicaram naturalmente.

É interessante observar que vários tipos de primatas originais iriam gerar as futuras etnias humanas, com natureza psicológica e física primárias semelhantes a eles: uns maiores

Missão Planetária   95

e medianamente violentos (a exemplo dos gorilas e orangotangos), para enfrentar os rigores ambientais medianos; outros menores, ágeis e violentos (babuínos), para enfrentar maiores rigores e violências do ambiente; e outros não muito grandes, porém mais delicados e inteligentes (chimpanzés, incluindo os bonobos). Fazia parte do plano sideral colocar em prática essa mescla de perfis psicológicos e físicos a fim de experimentar os vários ambientes terrenos.

Exatamente nessa época da História terrena, quebrava-se o elo da evolução natural dos primatas, ao surgir uma linha evolutiva diferenciada, fato a que muitos cientistas se referem como "elo perdido da evolução" e que não deixaria vestígios, haja vista ser fruto de um longo e complexo processo físico, astral e espiritual. Contudo, um dia, a ciência terrena poderá acessar essas informações, quando reconhecer, de fato, a estreita ligação entre ciência e espiritualidade.

Séculos após séculos, milênios após milênios, a intervenção dos anjos foi aprimorando os genes que atuavam na inteligência e na conformação corpórea dos primatas, para que se aproximassem da qualidade dos genes humanos. Assim, criaram-se cinco troncos distintos desses animais, com caminhos evolutivos próprios e diferenciados, e, por volta de 3 milhões de anos atrás, surgiram os primeiros hominídeos de inteligência mais aprimorada do que seus parentes primatas que não haviam passado pelo trabalho de melhoramento genético astral para adaptação a futuros corpos físicos.

Esse procedimento minucioso, de paciência, dedicação, persistência e amor incondicional por parte dos biólogos siderais durou milhões de anos e foi gerando espécies mais aprimoradas, algumas das quais tiveram resposta mais rápida no campo astral e físico. Surgiram, então, grupos espalhados na África e Austrália. Os esforços angelicais no mundo astral, associados às situações ambientais, sociais e familiares que impunham condições de vida diferenciadas a esses primatas, contribuíram para criar novas linhagens com características mais humanas, diferenciadas dos primatas originais. Assim, há aproximadamente 2,5 milhões de anos, surgiram novas matrizes humanas na África e Austrália: os *australopitecos*. Em função da busca de condições ambientais mais favoráveis, especialmente de mais alimentos e melhores abrigos, muitos desses primatas africanos migraram para a Ásia, localizando-se principalmente onde hoje se encontra o território da China.

Numa primeira fase, o trabalho astral realizado por biólogos e sociólogos siderais no DNA dos cinco troncos de espécies de primatas foi concluído, e os esforços passaram a ser impressos em novas jornadas espirituais cósmicas. Por certo tempo, os anjos não mais interferiram no DNA astral daqueles primatas, deixando que o processo natural de evolução ali se processasse, apenas monitorando as mudanças que ocorriam com o passar dos milênios. Somente por volta de 2 milhões de anos atrás, iniciaram, em nível astral, novas intervenções no DNA de irmãos quase humanos. Apareceu então o *homo erectus*, há 1,5 milhões de anos. Como era de se esperar, muitos pré-humanos de espécies, famílias e grupos diferentes começaram a se misturar, gerarando subraças diferenciadas. Algumas dessas misturas étnicas deram certo, outras não.

Naquela época, o magma do interior da Terra estava esfriando, e certamente ainda estava mais próximo da superfície do planeta do que nos dias atuais. Aliás, havia muito mais vulcões em atividade e *geisers* (passagens por onde a pressão do interior da Terra é desafogada), evitando que o planeta explodisse, numa tentativa natural de soltar-se em direção ao Cosmo. Essa força telúrica fazia com que os instintos dos seres do planeta estivessem extremamente aflorados, pois a energia primária da Terra é drenada através dos seres humanos, dos animais e de toda a vegetação, em forma de impulso físico e energético de vida. Ainda que os anjos controlem a evolução desses seres, no caso dos humanos, cabe a eles próprios (por possuírem mais inteligência), disciplinar essa energia e canalizá-la para fins cada vez mais nobres, à medida que vão evoluindo.

A civilização terrena evoluiu por milhares de anos, chegando a um ponto em que surgiram agrupamentos bem organizados, que já possuíam características sociais com finalidades preparatórias para uma nova fase planetária, aparecendo assim a civilização lemuriana, próxima de onde se encontra hoje a Austrália, numa região formada por muitos istmos. Essa civilização apresentava uma particularidade muito interessante: uma matriz no plano astral denso, pré-física (também conhecida como matriz etérica) e mais evoluída, e uma correspondente no plano físico, porém ainda bastante primária. Havia uma expansão da população encarnada nativa daquela região, já com pequenas

Missão Planetária

modificações em sua contextura corpórea e melhor grau de inteligência, levemente acima dos instintos. Percebia-se um fenômeno nessa população: a melhoria mental gradativa, a partir de modificações genético-astrais feitas nos *australopitecos* com o passar de centenas de milhares de anos, que acabariam por caracterizar o futuro *homo sapiens*.

No plano astral mais denso, ou seja, no plano etérico, preparava-se uma próxima etapa em que haveria modificações mais acentuadas nos pré-humanóides migrados de outro orbe que ainda não estavam encarnados na Terra e que viviam com um corpo astral muito denso, cujas estruturas corpóreas eram compostas por fluídos vitais advindos dos elementos da natureza, de bioplasma e ectoplasma que extraíam dos *australopitecos* encarnados, numa espécie de simbiose autorizada pelos mentores do planeta. Os espíritos que formavam essa civilização etérica, e que mantinham estreita relação com os elementais, eram oriundos de um planeta chamado Lêmur, na constelação de Órion: tinham sido expulsos de lá e aprisionados por 1.000 anos num satélite daquele orbe. Com grau de inteligência mediana e muito orgulhosos, cheios de egoísmo e violência dentro de si, tinham sede de poder, eram muito instintivos, e não se adaptavam mais às condições de vida espiritual do distante orbe. Eram em milhões: uma parte maior fora para um determinado planeta, em outro sistema solar, e um percentual menor viera para a Terra.

Pois bem, esses espíritos lemurianos permaneceram na região etérea da Terra até que pudessem encarnar na primeira dimensão física, nos corpos daquela civilização de *australopitecos* (hominídeos primitivos, segundo denominação da ciência terráquea) que já habitava a região. Quando se instalaram ali, levaram consigo suas experiências na construção de moradias, e, assim, na ambiência do plano etérico, organizaram-se em comunidades. No plano etérico, preparavam-se também as bases astralinas densas de comunidades que serviriam de referência principalmente para futuras comunidades de *homo sapiens* que se disseminariam pelo planeta. Nessa ocasião, chegaram muitos espíritos de elevada estirpe espiritual na Terra, em missão quase sacrificial, com o objetivo de conviver por um período com esses espíritos grosseiros e, em razão de sua soberania moral, promover ensinamentos e servir de exemplo para eles. Mas a voracidade instintiva e o orgulho exacerbado dos lemurianos acabou por transformar o desejo de dominação em guerras tribais. Como eles se alimentavam de bioplasma, estimulavam os seus canais encarnados (grupos de *australopitecos*), a caçar e a comer animais diversos para que absorvessem os fluidos das vísceras. Esse período gerou uma aura etérica muito pesada no orbe terreno.

Os espíritos evoluídos que já se encontravam no orbe terreno ajudaram as populações etéricas na criação dos círculos familiares. Com o passar do tempo, pode-se verificar uma clara separação de dois agrupamentos lemurianos: um deles, minoritário, pacífico e um pouco mais organizado, e o grupo maior, centrado em guerras, conquistas e na liberdade dos instintos. E, assim, passaram-se milhares de anos, até que os espíritos evoluídos voltaram para suas moradas planetárias, deixando contudo muitas sementes espirituais nos que conviveram com eles ou que puderam receber seus ensinamentos. Essa convivência teve importante significado para a evolução de muitos espíritos terrenos e para a sensibilização de vários dos que eram oriundos de Lêmur. Dos lemurianos que aqui chegaram, em torno de 80 por cento expandiram reinos de trevas sobre a região astral densa da Terra. Os 20 por cento restantes deram os primeiros passos para iniciar sua jornada espiritual rumo a sociedades mais equilibradas.

A cada século, a Terra sentiria o peso energético dessas mentes lêmures dominadoras. Essa densidade energética fez com que os administradores do planeta realizassem uma intervenção saneadora no plano etérico. Completara-se um ciclo desde que aquelas almas tinham aportado na Terra, experiência que fazia parte da preparação para a evolução da vida na primeira dimensão física. Como aquela psicosfera etérica densa tinha forte influência na vida física da primeira dimensão, e vice-versa, muitos vulcões entraram em erupção, sobre a terra e sob o mar, tanto no mundo físico como no plano etérico. Todas as ilhas vulcânicas localizadas desde a África, passando por uma conexão ou istmos que se ligavam ao atual continente australiano, desapareceram do mapa. A geografia terrena sofreu algumas modificações, ainda que permanecessem os principais continentes, conforme se vê atualmente.

Para promover mais uma aceleração no progresso da biologia humana terrena, iniciava-se uma nova fase de "enxertias

Missão Planetária   99

espirituais" e encarnação de almas lêmures que haviam permanecido no orbe etérico e astral terreno. Surgia assim o *homo erectus*. Mais tarde, com o passar de milhares de anos, ocorreria nova interveção genética sobre a biologia humana, por parte dos anjos, dando início a outra fase de ajustes nos corpos astrais dos cinco troncos de primatas que viriam constituir-se nas cinco raças de pré-humanóides, mais tarde de humanos. Surgiam e se expandiam pela Terra os primeiros *homo sapiens*. Repetia-se mais uma acentuada mudança na evolução do ser humano. Novos trabalhos se processaram no DNA astral dos futuros encarnantes, para que essas novas matrizes fossem se adaptando aos futuros corpos físicos. Esse trabalho de ajuste genético e de sua conexão com encarnantes demoraria mais de 250 mil anos. Nesse período se processariam encarnes de espíritos que caracterizaram os *homo sapiens* por várias regiões do planeta, concluindo-se por volta de 50 mil anos atrás.[3]

Diversos grupos de *homo sapiens* se espalharam pela África, Ásia, e alguns foram para a Europa. Um desses grupos que se dirigiu para o continente europeu, resultante de cruzamentos entre dois troncos originais, descendentes de um mesmo grupo familiar, gerou uma variante de humanos, o *homem de neandertal*, que se adaptou a condições climáticas mais frias, desaparecendo mais tarde em função de algumas inadaptabilidades genéticas. Espíritos na compleição física de *homo sapiens*, já habitantes do orbe, continuavam em sua marcha reencarnatória, porém evoluindo a passos lentos a cada século, por um largo período de tempo.

As raças originárias da humanidade surgiram primeiramente na África. Com o passar dos tempos, migraram para a Ásia e Oceania, mas sofreram modificações físicas em sua contextura mental-astral, em função de intervenções genéticas nos planos invisíveis e das condições ambientais físicas, aliado a isso os processos encarnatórios de almas mais evoluídas procedentes de outros orbes planetários, o que imprimia modificações no corpos físicos dos encarnantes.

Recentemente, descobriu-se no interior do estado de Minas Gerais um fóssil do que seria uma amostra dos primeiros habitantes do Brasil: uma mulher com aspecto de aborígene. Isso

---

3 Escavações de fósseis de cientistas na Terra já encontraram amostras deles, enterrados há aproximadamente 50 mil anos.

ocorreu porque no passado distante havia istmos gigantescos e ilhas muito próximas que formavam um enorme cinturão, desde a costa sudeste da África (na região de Madagascar) até o continente australiano, e, depois, deste a costa de onde hoje se encontra o Chile, atravessando o oceano Pacífico pelo sul. Como a Ilha de Páscoa era parte desse fluxo migratório de aborígenes, os humanos se deslocaram por dentro do continente sul-americano, chegando até o interior do Brasil, em busca de alimentos e clima mais ameno. Se os aborígenes chegaram ao sul do continente sul-americano, os humanos que deram origem aos asiáticos, mais tarde, chegariam também às Américas, só que pelo lado norte, mais especificamente pelo estreito de Bhering, pois à época não havia desconexão dos territórios; a América, de fato, se ligava à Asia, conforme mostra a figura 9, a seguir.

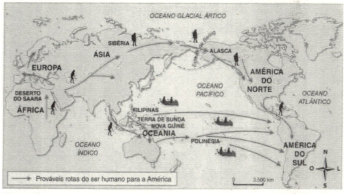

Figura 9

Fazia parte do plano dos administradores planetários dar impulso ao padrão genético terreno e, por conseguinte, à qualidade mental-emocional dos seres da época, influindo, portanto, na contextura física de algumas raças humanas espalhadas por outras regiões geográficas. Por exemplo: os chineses, localizados no sul da Ásia, foram originários da "enxertia" sobre alguns grupos de *homo sapiens* de almas originárias de um planeta chamado Âmbar. Esse planeta estava localizado na Via Láctea e sob a influência de uma estrela pulsar. Essas estrelas giram e pulsam com uma velocidade descomunal, e as emissões de raios que provocam, dentre outras funções, têm a finalidade de purificar de modo extremamente intenso os seres que compõem uma determinada região cósmica, ou um e até mais sistemas solares, às vezes contemplando nesse processo planetas com habitantes renitentes em avançar na evolução.

Assim, a bondade divina promove essas oportunidades a esses seres, conforme está ocorrendo (ainda de forma tímida, mas que se amplificará doravante) com as explosões e tempestades solares no Sistema Solar onde se encontra a Terra, como forma de emanação de raios purificadores. Muitos desses habitantes de Âmbar, por não se engajarem ou por resistirem ao fluxo evolutivo gerado pela estrela pulsar (que lhes proporcionaria um novo patamar de crescimento espiritual) foram levados (em corpo astral) para encarnar em outros orbes, incluindo a Terra. Eles tinham olhos muito puxados, bem mais que os atuais povos de origem mongol ou chinesa. Ao encarnar na Terra, imprimiram essa característica física nos olhos e outros aspectos físicos, como a tez, dos povos da Ásia.

Os arianos foram formados pela "enxertia", em corpos de *homo sapiens,* de irmãos oriundos de Jartra (que possuíam a tez muito branca, quase albina, e olhos muito claros), planeta ligado à estrela de Aldebarã. Esse procedimento gerou envoltórios físicos que, em razão de fatores de combinação genética, oscilavam entre muito a pouco branco, o que no futuro daria origem ao tipo caucasiano. Aldebarã hoje se encontra num estágio evolutivo espiritual e tecnológico similar a Urano, que na época também passara por modificações cósmicas e espirituais e promoveu a migração de almas necessitadas de ajuste na sensibilidade e consciência, então excessivamente apegadas ao materialismo.

Com relação aos arianos originais, localizados primeiro no norte da Índia, em seguida migrando para o leste e o sul da Europa, e mais tarde para o norte da Europa, eles sofreram uma série de modificações na contextura física, decorrentes de fatores ambientais e climáticos, fazendo surgir diversos grupos e subgrupos étnicos por aquele continente. Com o tempo, surgiu o que alguns chamam de subraça, e outros denominam de raça dos europeus do norte.

No caso dos ameríndios, podemos ressaltar alguns pontos. Conforme já abordado, alguns grupos de aborígenes alcançaram a América do Sul. Mais tarde, houve a migração de grupos asiáticos para as Américas, fazendo surgir o tipo indígena que, por questões climáticas e alimentares, fixaram-se a partir do

México, descendo por toda a América Central e do Sul. Entretanto, os indígenas que compuseram a formação étnica da América do Norte foram originários de futura migração de atlantes, que até então não haviam surgido no planeta. Entre os dois períodos das civilizações atlantes, e mesmo depois do segundo dilúvio, houve migração de atlantes para as Américas Central e do Sul, mas poucos descendentes deles sobreviveram depois, em razão das guerras fratricidas.

No que concerne a dúvidas geralmente ressurgentes sobre quais seriam, de fato, as raças originárias da própria Terra, é importante observar que existem espíritos autóctones, originários da evolução natural do planeta (desde os tempos monádicos) e espíritos migrados de outros orbes. Desse modo, é preciso separar-se o fator espiritual do fator material ou de ordem étnica, do imaterial. Nesse contexto, torna-se igualmente essencial compreender-se que as migrações cósmicas e dentro dos próprios planetas são naturais e fazem parte da vida evolutiva no Universo, seja migração de almas de seres humanos, seja de animais ou de plantas.

Costumou-se designar os indígenas como autóctones das Américas, os africanos da África, os aborígenes da Oceania, os europeus da Europa (migrados anteriormente do norte da Índia) e os de característica mongol da Ásia. Todavia, conforme verificamos pela história pregressa da humanidade, a maioria dessas etnias é, de fato, puramente originária da Terra (quando se refere à origem espiritual), e, do ponto de vista biológico, todos migraram do berço África, nos primórdios da vida humana no planeta. Os grupos que evoluíram mais, em termos materiais e de organização social, o devem ao número de espíritos extraterrenos participantes, em sistema de "miscigenação" física-espiritual; os grupos étnicos que evoluíram menos são aqueles em cujo meio encarnaram menos espíritos oriundos de outros orbes mais evoluídos, para a época.

É importante que estejais atentos a fatores discriminatórios, ainda existentes em muitas culturas terrenas ou em seres humanos da Terra. Nenhuma etnia é superior a outra. Todos somos iguais e irmanados, perante Deus. Todos os terráqueos estão no mesmo padrão evolutivo, em um sentido geral. Algumas almas e grupos sociais avançaram mais que outros, face ao estágio evolutivo de cada um, e em razão dos esforços próprios de evolução e

Missão Planetária

à idade do espírito. O que se pode afirmar é que, regra geral, nos últimos 5 mil anos, a maioria dos espíritos humanos que reencarnou na Europa e na Ásia, e nos últimos 150 anos, na América do Norte e parte da Oceania, são mais antigos, advindos de orbes distantes. Muitos estão na Terra desde os tempos atlantes ou antes destes (como os irmãos vindos dos planetas Âmbar, Jartra e Ulstaar). Na África e parte da Oceania, em sua maioria, encarnaram espíritos menos evoluídos e, até os dias atuais, é onde existe a maioria de espíritos mais próximos do grau que poderíamos classificar como relativamente autóctones. No entanto, hoje, há vários espíritos muito primários habitando as Américas, a Ásia, e mesmo a Europa. Vivemos um tempo de síntese e de mistura ou dispersão de almas de origens e estágios evolutivos diversos espalhados pela Terra, como parte da estratégia espiritual evolutiva deste orbe, nestes tempos de transição.

A Terra está entrando numa fase em que a pureza étnica deverá desaparecer e uma nova etnia se fará surgir, exatamente no Brasil, onde há as maiores misturas étnicas do planeta, bem como a maior "mescla" de espíritos oriundos de variados orbes, em diversificados estágios evolutivos (por isso o aspecto de certa desordem neste país, como um adolescente ainda em estruturação de sua personalidade). Vive-se hoje um momento de síntese, aglutinação e sistematização em todos os sentidos, que faz parte da transição em curso.

Retomando as narrativas atinentes aos períodos mais antigos da humanidade, vale a pena fazer uma rápida abordagem sobre o período atlante, época em que ocorreu importante "enxertia" espiritual para dar maior impulso à evolução terrena. Há mais de 60 mil anos atrás, milhares de espíritos migraram de Ulstaar, no sistema solar de Capela, e geraram um salto qualitativo extremamente acentuado no sistema de vida terreno. Observai que foram espíritos de um planeta do sistema solar Capela, e não de Capela, que era e continua sendo uma estrela, onde habitam seres angelicais. Surgia então o período da grande civilização atlante, que se instalaria na ilha gigante que se formara no meio do oceano Atlântico, de que a figura 10 dá uma visão aproximada.

Graças à influência de milhões de espíritos de Ulstaar que encarnaram numa primeira leva de espíritos migrantes, os atlantes proporcionaram avanços nas ciências, nas artes, na

organização social
e também militar.
Com o passar dos
séculos, outros milhões de espíritos
foram chegando e
encarnando, ou ficando no plano astral terreno. Esses
espíritos, além de
já serem antigos,
traziam os chacras
frontal e umbilical
muito "abertos", fazendo com que no
DNA astral tais vórtices de energia estivessem bastante sensibilizados e os seus corpos físicos tivessem expressão de aguçada inteligência e estreita conexão com o mundo astral. Essa hipersensibilidade dos chacras propiciava, ao mesmo tempo, a manifestação mais intensa das imperfeições que aquelas almas traziam, como forte energia de inveja, ciúme, intenso desejo de poder, impulso para violência e sexo desregrado.

Figura 10

A administração planetária permitiu que o duplo-etérico dos atlantes tivesse essa sensibilidade acurada quando encarnassem na Terra para que fosse possível um contato mais direto com os planos invisíveis, e ao mesmo tempo pudesse haver um choque mental-emocional-espiritual que lhes favorecesse uma maior evolução, em todos os sentidos. Os orientadores espirituais do planeta precisavam permitir a encarnação de um grupo de espíritos de altíssima estirpe espiritual, oriundos principalmente de Vênus e alguns de Aldebarã, porque sabiam que a Terra não poderia ficar exclusivamente nas mãos dos imigrantes de Ulstaar. Assim, encarnaram diversos seres de Vênus e de Semn-Harr (que significa "filhos celestiais"), planeta evoluído do sistema solar Aldebarã, que formariam uma grande família espiritual e teriam o papel de orientar os habitantes terrenos para o bem, para os pensamentos e atitudes superiores. Havia um planejamento tal que, enquanto um grupo estivesse encarnado, outro permaneceria no plano dos desencarnados. E assim, alternando-se, poderiam monitorar e atuar como guias espiri-

Missão Planetária 105

tuais do grupo que estivesse encarnado. A partir desse período, os irmãos de Semn-Harr passaram a frequentar o orbe terreno, até os dias de hoje.

Durante a fase atlante ainda permaneciam espalhados pelos vários continentes do globo terrestre diversos grupos remanescentes de *homo sapiens*, tanto no plano astral como no físico, em comunidades isoladas ou em pequenos núcleos familiares, em sua lenta jornada evolutiva. Com o passar dos séculos, a civilização atlante escravizava os grupos étnicos menos inteligentes, oriundos dessas linhagens, e ainda explorava, irracional e abundantemente, os recursos naturais de suas ilhas e de outras regiões continentais do globo, especialmente da África, Américas e Europa, eliminando indiscriminadamente as florestas abundantes que existiam em seus territórios e alimentando-se vorazmente de animais silvestres.

Havia uma lacuna intelectual imensamente grande entre os atlantes e os muitos serviçais daquela época, e isso se refletia na organização social e no acesso aos bens. Os atlantes construíram barcos, por meio dos quais chegavam a outros continentes, e usavam massivamente veículos de tração animal nos deslocamentos locais. Tentaram construir no plano físico veículos mais modernos, trazendo as tecnologias que viam no plano astral, mas havia desconexões entre os elementos astrais e físicos; por isso, não encontravam na dimensão física certos materiais existentes no Astral. Também construíram palácios, fizeram planejamento urbano, com arruamentos e estruturas de tal modo avançada que havia áreas nobres de alta qualidade, onde foram erguidas boas moradias para pessoas ligadas ao governo. Mas havia verdadeiros guetos, onde habitavam pessoas sem expressão intelectual, como verdadeiros favelados, muitos em estado de escravidão. O intelecto era o diferencial: quanto mais inteligente, mais próximo do poder estaria a criatura, com o objetivo de ficar à disposição dos interesses dos dominadores, cheios de vaidade, orgulho, ira, egoísmo, belicosidade, e instintos sexuais libertinos aflorados.[4]

Grande parte dos que migraram de Ulstaar para o orbe terreno possuía percepção extrassensorial, já que os orientadores

---

4 Ao observar a natureza do grupo que encarnou na Terra, como os nazistas que promoveram a Segunda Guerra Mundial, pode-se perceber neles os mesmos espíritos da época atlante, os quais, apesar dos séculos e milênios, pouco avançaram em termos de evolução espiritual.

terrenos permitiram que eles projetassem, na contextura física terráquea, por meio do duplo-etérico, as informações que traziam dos seus corpos astrais. Essas informações acessadas faziam aflorar muitos conhecimentos, mas, ao mesmo tempo, recepcionavam de maneira muito intensa os estímulos de instintos e sentimentos inferiores que prevaleciam no escaninho de suas almas. Os demais habitantes terrenos (*homo sapiens* melhorados geneticamente) não dispunham dessa sensibilidade e, por isso, consideravam as almas chegadas de Ulstaar seres especiais, acreditando que eles faziam contato direto com os "deuses". Desse modo, deixaram-se submeter servilmente aos atlantes.

Os dóceis irmãos vindos de Vênus e Semn-Harr, em alguns momentos da história atlante, encarnaram em famílias dos que detinham o poder governamental e, por algumas vezes, assumiram a liderança local. Várias vezes, espíritos angelicais advindos de Sírius e de outros planetas mais evoluídos que a Terra desceram ao orbe terreno para juntar-se aos irmãos do sistema solar de Aldebarã, numa conjunção de esforços hercúleos visando a ajudar aqueles povos primitivos em ética e amor; dentre esses avatares, estava Antúlio, que viria a ser o mesmo espírito magnânimo de Jesus.

Esses movimentos encarnatórios de almas bondosas trouxeram enormes avanços nos campos das artes, da educação e da ciência. Mas é preciso ressaltar que, em certo momento, quando essas almas do bem, encarnadas num mesmo período, tentaram alavancar a ética e os padrões espirituais mais sutis foram extirpadas do poder pelas almas oriundas de Ulstaar, astutas e mais renitentes a mudanças interiores profundas. Os administradores planetários não quiseram interferir nesse processo, pois a missão já havia sido cumprida. Há momentos em que, após colocar-se o adubo na terra, é preciso esperar que ele alcance o ponto químico e biológico ideal para se promover o plantio para a futura brotação das sementes.

Com o tempo, esses espíritos ulstaarianos, movidos pelo desejo de dominação e egoísmo, se desentenderam e deram início a uma guerra milenar, formando cidades e zonas territoriais inimigas no plano físico e também no Astral. Da força física e das guerras fratricidas no mundo dos encarnados, continuavam em guerra quando passavam para o plano astral, até chegar um período em que se somaram às guerras

Missão Planetária

muitas práticas negativas de bruxaria. Formaram-se então dois grupos distintos que desejavam assumir, isolada e totalitariamente, o poder terreno, avançando com suas bases também no mundo astral terráqueo.

A presença na Terra de bondosos espíritos oriundos de Vênus, Aldebarã e de outros orbes avançados tinha como objetivo amenizar a aura planetária, que se adensava a cada século. Os ulstaarianos se deliciavam com as vísceras da caça e de animais domésticos, juntamente com nativos terrenos. Os irmãos oriundos de orbes mais avançados eram vegetarianos; tinham profundo domínio das artes de tecelagem, pintura, teatro e música, bem como habilidade na escrita e na linguística; trouxeram o idioma que se espalhou na Atlântida e que mais tarde se transformaria no sânscrito. Eram dóceis e inteligentíssimos. Traziam profundos ensinamentos religiosos e práticas místicas, como o xamanismo e a ioga. Foram líderes em vários agrupamentos sociais espalhados pela grande ilha atlante e, assim, multiplicaram muitos ensinamentos.

O objetivo dos "cruzamentos genéticos", decorrentes de transmigração de almas, era promover avanços qualitativos na evolução física, biológica e espiritual do planeta. Graças à convivência entre aqueles espíritos migrados de orbes distantes e os terrícolas, houve transferência de importantes conhecimentos, inclusive de cunho espiritual. É tanto que, no período da Grande Atlântida, a Terra prosperou em muitos aspectos, saindo de um primitivismo tecnológico e alcançando estágios materiais avançados para a época. O sentimento instintivo primitivo trazido no âmago dos atlantes, num ambiente com forte expulsão das energias telúricas advindas do magma, estimulava-lhes ainda mais os instintos rudes, criando uma aura muito pesada no planeta, que chegou ao seu limite de suporte astral. Os atlantes praticamente dizimaram a vida silvestre animal e vegetal da grande ilha.

Veio então a inundação daquelas terras, período de muitos terremotos, vulcões e *tsunamis*. Houve acomodação de muitas estruturas geológicas da Terra. Ocorreu nova movimentação no eixo e no magnetismo do planeta, que foi completamente saneado. Muitas pessoas sobreviveram em outros continentes, mas os habitantes da grande ilha foram quase todos para o plano astral, exceto um pequeno grupo de sensitivos, irmãos

Figura 11

oriundos de Vênus e de Semn-Harr, membros de suas famílias e de uma comunidade rural que migrou para o extremo norte da grande ilha, onde havia montanhas e uma área de estabilidade geológica protegida por anjos dévicos, salvando-se todos dos cataclismos.

Com o novo rearranjo geográfico do planeta, ainda que os grandes continentes permanecessem conforme a configuração atual, surgiram muitas ilhas vulcânicas, e, nesse novo desenho, ficou uma ponta da grande ilha atlante, localizada ao norte do Caribe (conforme mostra a figura 11, também denominada como Pequena Atlântida, pois era fisicamente menor que a anterior), onde aquele grupo de sobreviventes começou a reconstruir uma nova civilização, a partir do zero. No apogeu da Pequena Atlântida, a população chegaria a cerca de 25 milhões de habitantes, pelo menos três vezes menos que na antiga e Grande Atlântida que fora inundada.

A bondade divina permitiu uma nova chance aos que haviam se desviado e deixado que os instintos, a violência, o orgulho e o egoísmo os dominassem. Observai com este exemplo que nosso Pai nunca abandona os seus filhos; sempre encontra uma maneira de escalar colaboradores espirituais que possam deixar suas sementes de amor e trabalho edificantes no terreno árido. Reparai que, de tempos em tempos, surgem entidades superiores encarnadas que, em algum momento, permitem que os terráqueos trilhem com os próprios pés o caminho da evolução, a partir das sementes positivas que disseminaram. Isso faz parte da pedagogia espiritual: os bons ensinamentos e, em seguida, o livre-arbítrio do aprendiz.

Depois de milênios vivendo em situações materialmente

simplórias, a nova civilização atlante resgatava, paulatinamente, os antigos conhecimentos, iniciando-se um grande avanço tecnológico no sistema de vida. O planeta, que passara por duas eras glaciais, uma mais intensa por volta de 40 mil anos, e outra mais branda, indo de 25 mil e 17 mil anos (e que teria uma espécie de rebote de pequena glaciação há 12 mil anos, após os cataclismos da Pequena Atlântida), se reacomodava, mas contava ainda com muitos vulcões para expulsar a força telúrica bastante ativa no interior do planeta. Os desafios ambientais, a exemplo dessa pequena era glacial, levaram os novos atlantes a exercitar a criatividade para conseguir sobreviver em situações hostis e adversas. O sofrimento e os desafios materiais fizeram com que muitas almas terrenas, em especial as oriundas de Ulstaar, amadurecessem.

A força telúrica vinda do centro da Terra foi abrandada pela pequena glaciação ocorrida naquele período. No entanto, com a reacomodação do planeta e o reesquentar do clima, mais uma vez estimulou-se, nos habitantes, o calor das forças dos chacras básico e umbilical, e com elas o despertar dos instintos de inveja, egoísmo e a busca pelo poder material. É importante salientar que essa força telúrica primária pode, por outro lado, estimular a energia vital para o trabalho, a criatividade, a iniciativa, as boas ações e o progresso positivo daqueles que já suplantaram os estágios primários da alma. Ou seja: a energia é pura; é uma energia em grau intenso; cada pessoa a captará de uma forma particular, segundo sua natureza predominante.

Assim, a civilização renascida pela nova oportunidade da bondade divina levou a Pequena Atlântida ressuscitada a um novo apogeu de materialidade e tecnologia. Percebia-se um pequeno avanço evolutivo nessa fase atlante, em relação à anterior. No início, embora houvesse uma redução das guerras fratricidas do passado, elas ainda existiam, mas com o tempo recrudesceriam. Havia no Astral um clima constante de terror e dominação de seres imbuídos de propósitos totalitários, que logo faria renascer os dois grupos rivais adormecidos pelo tempo. Seres das sombras e com elevada inteligência tentariam o controle do planeta, mobilizando encarnados representantes de suas hordas. Muitos dos seres diabólicos se comunicavam com entidades extraterrenas negativas que adentravam o orbe terreno, e que almejavam a futura dominação do planeta.

O processo de afloramento dos chacras, tanto dos velhos atlantes como daqueles que construíram a nova fase daquela civilização, foi permitido novamente pela Espiritualidade Maior como forma de se proporcionar avanços mais acentuados na vida material, e mesmo espiritual do planeta, pois, se permanecessem sem o aflorar da percepção, ficariam mergulhados no primarismo que dominava os padrões vibratórios e energéticos do planeta, em si, e dos descendentes mais próximos dos *homo sapiens* que se multiplicavam na Terra, ou seja, dos nativos que já tinham avançado um pouco mais na trajetória evolutiva, embora trouxessem ainda muitos traços primários. Apesar disso, os chacras frontal e umbilical dos terráqueos originários de Ulstaar já não estavam tão abertos como no passado. Ainda assim, traziam aguçada inteligência e uma sensibilidade extrassensorial que permitia o acesso às informações subconsciencials de modo mais intenso que as almas mais nativas da Terra.

Muitos espíritos nativos da Terra ou migrantes que permaneceram no Astral terreno, instalados aqui antes da chegada dos ulstaarianos, receberam ensinamentos como ioga, meditação e outras práticas, na época da Grande Atlântida, os quais lhes aguçaram a sensibilidade da contextura perispiritual. Nessa mesma época, frequentavam este orbe muitos outros espíritos extraterrenos de elevada inteligência, porém de baixa sensibilidade. Muitos deles estiveram assessorando os magos negros, fato que ocorria com a "permissão invisível" dos administradores do orbe e do Sistema Solar, pois o livre-arbítrio existe em todas as paragens do Universo, e as altas esferas administradoras dos orbes somente interferem quando certos limites são ultrapassados.

Os irmãos de Vênus e Semn-Haar que ficaram na Terra se somaram a outros novos irmãos que chegavam, advindos de orbes variados, e que traziam mais ensinamentos espirituais. Iniciou-se então a colonização provisória na quarta dimensão terrestre, na parte interna do orbe físico, muito próxima da superfície. Foram as primeiras experiências feitas visando a implantar uma civilização intraterrena, que funcionava como uma espécie de campus avançado e experimental. Eles ajudariam futuramente nos cuidados com a natureza, pois a experiência com os velhos atlantes que exploravam os recursos naturais de forma irracional viria a se repetir na nova Atlântida.

Missão Planetária

Assim como ocorreu na Grande Atlântida, também na Pequena Atlântida não havia sistemas industriais para produção em larga escala de bens e serviços. Não havia livre iniciativa privada para empreendimentos, e a economia se baseava num modelo centralizado pelo governo, com forte relação paternalista. Apenas alguns alimentos básicos tinham produção em maior escala, mas eram produzidos por indústrias do governo. Os bens mais modernos e sofisticados para a época eram todos produzidos de forma artesanal e em poucas quantidades, suprindo somente algumas pessoas do poder político. Processos de escravização humana continuavam a existir.

Com o passar dos milênios, gerou-se um campo astral novamente pesado sobre a nova Atlântida, tão forte como na primeira fase, e denso o suficiente para promover o seu desaparecimento total, sem praticamente deixar qualquer vestígio. Os avanços tecnológicos nesse período foram mais acentuados do que na época da Grande Atlântida, bem como nas área da educação, das artes, na organização de governo e na estrutura das cidades, que eram menores e menos agressivas. Havia pobreza, exclusão social e escravos, como antes. A exploração dos recursos naturais continuava de forma insustentável. Eles construíram algumas pequenas pirâmides, onde havia templos, realizavam-se tratamentos terapêuticos e conservavam-se alimentos. Os mais sensíveis praticaram ioga e xamanismo, como nos velhos tempos atlantes.

Alguns espíritos mais evoluídos tiveram oportunidade de encarnar no meio político e puderam empreender muitos avanços humanitários, mas, como outrora, foram expurgados quando tentaram implantar novos padrões éticos e religiosos. O instinto e a materialidade, alicerçados pelo egoísmo, orgulho, violência interior e vaidade, fizeram renascer os padrões vibratórios densos no planeta. As práticas negativas de bruxaria e guerras mentais se espalharam pela ilha e chegaram ao continente, junto às várias comunidades primitivas e também a postos avançados que se espalharam por algumas regiões do planeta, dentre elas as Américas do Sul, Central e do Norte. O instinto básico explodiu nas almas encarnadas, ao mesmo tempo em que os vulcões, especialmente na região do Caribe, incluindo a pequena ilha que começava a ter erupções constantes. A Terra passou por um processo em cadeia de explosões vulcânicas. Era a expulsão da força telúrica do magma, que pela história geológica estava no momento de se esvair para liberar a tensão interna planetária. Essa força estimulava ainda mais os instintos e os sentimentos primários dos habitantes da Terra, tanto na Pequena Atlântida, como nos quatro cantos do planeta. Um saneamento físico e espiritual no orbe era iminente. A energia advinda do centro da Terra é neutra, isso já sabeis, mas estimula a natureza predominante nas pessoas viventes na superfície: densa e primária (que era a natureza predominante na época) ou sutil e voltada para as virtudes, como o trabalho, a inovação e a criatividade (em algumas minorias), nos seus diversos níveis evolutivos. Essas erupções saneadoras dos campos físico e astral da Terra desencadearam terremotos e *tsunamis* que liquidaram de vez com a Atlântida e sua civilização. Muitas acomodações de terreno ocorreram; veio uma nova mudança no eixo da Terra e ajustes na conformação geográfica e ambiental.

Após os grandes cataclismos, os continentes permaneceram com as dimensões atuais. A Sibéria e a Groelândia voltaram a ser congeladas e não mais férteis e produtivas. Novos desertos, novas florestas, novas terras apareceram, outras áreas foram inundadas. O planeta renasceu em sua natureza geológica e biológica com algumas novas características. Antes que a ilha atlante fosse inundada, vários habitantes já haviam migrado e instalado postos avançados na América do Sul, Central e Norte, localizando-se na costa oeste e leste, onde se encontram o Peru e a Bolívia, e no sudeste e centro do Brasil. Outros migraram para as regiões mais próximas daquela ilha, espalhando-se pela América do Norte, México e partes de onde hoje se encontra a Guatemala. Além do espírito aventureiro da época, que propiciava a formação de grupos de nômades, era comum o comércio e a exploração por parte de atlantes, de povos de vários lugares do planeta, além das Américas, o que lhes propiciava espírito e capacidade física de navegação pelos mares.

Havia muitos povos e comunidades nativas bem menos evoluídas que os atlantes, espalhadas por vários continentes. Os atlantes chegaram algumas poucas vezes até a China e ao sul da Ásia; tinham contato esporádico com a Europa, e mais periodicamente com o norte da África. Havia sensitivos e magos do bem, em meio a tantas maldades; estes foram orientados a migrar para essas localidades bem como para o sul da Europa e Oriente Médio, antes dos cataclismos e das águas tomarem conta da Atlântida. Embora o planeta inteiro tenha sido afetado pelos acidentes geológicos e climáticos, alguns locais ficaram energeticamente preservados, com auras protetoras implantadas com a ajuda de irmãos extraterrenos, exatamente para abrigar as criaturas que dariam continuidade aos processos geracionais da humanidade, fato que deu origem à lenda de Noé e do dilúvio.

Aqueles que escaparam dos cataclismos estavam incumbidos de formar pequenas comunidades espalhadas por essas regiões, durante milênios. Mas não se expandiram tanto porque não tinham tanta ambição, e aos poucos foram se dispersando, mediante o próprio processo evolutivo, em função da migração de muitas almas de elevada estirpe que partiram dali e do orbe astral terreno. Com o tempo, foram permanecendo no orbe apenas almas relativamente nativas ou de baixa evolução, medida necessária para deixar o planeta envolto em uma aura mais primitiva, porém ingênua, menos pesada, em razão da ausência de mentes negativas. Muitas almas diabólicas – os dragões astrais – foram aprisionadas no plano astral da Lua e de outros orbes.

A maioria das almas oriundas do sistema solar de Capela teria nova chance de reencarnar nos mesmos planetas onde encarnaram outrora, com evolução um pouco mais avançada que a da Terra. Outros permaneceriam e reencarnariam em comunidades primitivas espalhadas por vários continentes e regiões terrenas, especialmente no sudeste asiático. Era preciso afastar as almas inteligentes e ainda primárias em relação ao sentimento fraterno, umas das outras. A natureza terrena precisaria tomar fôlego para fazer surgir nova fase de evolução planetária. A Terra passou então por muitos milênios de descanso. Não chegou a acontecer um período glacial propriamente dito, mas houve anos contínuos de glaciações pontuais e frio muito intenso em todo o planeta. Mesmo na região do Equador, a temperatura baixou em média 15 graus.

Surgiu então o que hoje se chama de pré-história humana da Terra. Por volta de 6 mil anos atrás, começaram a retornar para este orbe as almas originárias dos dois períodos atlantes. Elas retomaram a evolução física terrena, que praticamente estacionara em seu progresso. O desaparecimento das duas civilizações da Atlântida foi fulminante e não deixara vestígios que pudessem favorecer a retomada de conhecimentos antigos de forma direta. Os seres humanos da nova fase planetária teriam seus chacras frontais e umbilicais não mais aflorados: era como retornar quase ao período anterior à Grande Atlântida. Os orientadores espirituais da Terra solicitaram aos trabalhadores no plano astral que processassem desenergizações nos corpos astrais, sobre os chacras umbilical e frontal, e realizassem trabalhos de ajuste no duplo-etérico dessas almas para que não mais sentissem demasiadamente afloradas as energias desses centros de força, evitando que os seus instintos e a má índole tomassem conta deles novamente. Era necessário estabelecer uma nova estratégia para a evolução humana.

A limpeza física e geológica que a Terra havia sofrido, 6 mil anos antes, tinha como objetivo sanear o peso da aura planetária. Era preciso começar novamente; permitir novas chances de reencarne às almas terrenas. Tal como ocorrera no passado, a grande massa de almas dos tempos atlantes foi, num período que variou de 12 a 6 mil anos a.C., encarnar em outros planetas: mais uma oportunidade de reciclagem para aqueles espíritos. Os irmãos oriundos de Semn-Haar e de orbes muito evoluídos retornaram para suas moradas originais. Os oriundos de Ulstaar foram para planetas de expiação apenas um pouco mais adiantados que a Terra. A maioria deles retornaria mais tarde para o orbe terreno.

Então, entre os anos 6 mil e 4 mil a.C., os espíritos emigrados da Terra começaram a retornar e, a partir de 2.500 a.C., esse processo se intensificou, quando vieram os períodos de avanços nas civilizações da Índia, Egito, Mesopotâmia, Pérsia, China, Grécia e Roma. Foi bastante perceptível a natureza psicológica dos velhos atlantes reencarnados, expressa nas atitudes da época. Percebia-se, assim, a forte tendência ao egoísmo, vaidade, violência, orgulho e instinto aflorado que lhes habitava a alma. Lamentavelmente, a usura, a busca pelo poder e a explosão dos instintos ressurgia naqueles seres que recebiam novas oportunidades reencarnatórias. Com isso, podemos perceber, claramente, quão pouco evolui o ser humano ao longo de milênios, a cada etapa civilizatória. Os impulsos atávicos e de violência ainda eram e continuam muito fortes na índole humana terrena.

O auge de algumas civilizações trouxe de volta para a Terra, ou como encarnantes pela primeira vez, vários espíritos de ele-

Missão Planetária
115

vada estirpe evolutiva e missionários de luz, como Hermes Trismegisto que, apesar de grego, viveu a maior parte de sua vida no Egito; para Índia veio Krishna, Buda, Patanjali e outros luminares desapegados das coisas mundanas; a China trouxe Confúcio, Lao Tsé e tantos sábios; a Grécia, Pitágoras, Sócrates, Platão, Hipócrates e toda uma série de reencarnações altamente estratégicas para que a semente de conhecimentos impulsionadores do progresso espiritual fosse germinada no planeta, bem como para que estabelecesse aqui estruturas sócio-políticas mais justas, a exemplo das primeiras experiências terrenas de democracia, as quais deixariam um legado de extrema importância para o futuro da civilização terráquea. E vieram muitos outros irmãos abnegados.

A vinda de Jesus foi crucial para alavancar a evolução terrena. Ele foi o maior em amor, tendo participado do grupo de anjos que ajudaram na criação da Terra. Jesus continuará intimanente sintonizado com o Cristo Planetário, mesmo depois que repassar a administração planetária para Francisco de Assis, que reencarnou também várias vezes no planeta, desde os tempos da Atlântida, e no passado recente, como João Evangelista, devendo ter uma encarnação no futuro, na nova fase planetária da Terra, após os ajustes físico-espirituais terrenos. Ambos fazem parte da mesma família espiritual e sempre estiveram juntos acompanhando a jornada terrestre.

Avatares e almas de alta estirpe espiritual continuaram encarnando na Antiguidade e na Idade Média para dar mais um impulso evolutivo à aura densa da primeira dimensão física terrestre. Seres diabólicos que estiveram presentes no plano físico e comandando falanges negativas no plano astral da Terra, nos tempos atlantes, estariam de volta na Idade Média da atual era histórica; haviam sido soltos de suas prisões astrais nas luas da Terra e de Saturno.

O planeta tem vivenciado, nos últimos 4 mil anos, os mesmos processos de história encarnatória vividos nos antigos tempos: primeiro descem muitos espíritos de elevada estirpe espiritual para fornecer bases éticas sólidas e, aos poucos, vêm espíritos com avanço intelectual e espiritual, para auxiliar na sedimentação dos ensinamentos superiores e na alavancagem do progresso material; na sequência, encarnam grandes agrupamentos de espíritos que trazem, de seus antigos orbes, vasta experiência de avanço tecnológico, mas ainda necessitados de evolução no mundo íntimo dos sentimentos. Essa mistura de almas propicia o convívio entre as mais primitivas e mais atreladas à origem do orbe, no campo físico da primeira dimensão, com as de mais avanço evolutivo, seja espiritual, material, ou os dois aspectos combinados.

Ao longo desse tempo, Deus jamais abandonou os seus filhos e, por isso, tem permitido que muitas almas abnegadas e evoluídas continuem reencarnando, como forma de manter as bases espirituais de retidão no plano físico. É visível que, com o passar dos séculos, à medida que encarnam mais almas imigradas e que se permite a vinda de vários espíritos que estavam no plano astral, com o aumento populacional, prevaleça, ainda, o peso da baixa evolução moral terráquea.

O progresso vivido nas artes plásticas, no Renascimento, ou da música, nos períodos Barroco e Clássico, ou ainda, das ciências e produção de bens, no período da Revolução Industrial, mostraram a evidente descida de espíritos engajados no compromisso de ajudar a Terra em sua evolução, na área da sensibilidade e da tecnologia. Esse impulso foi ainda mais intenso no século XX e terá seu momento-chave evolucionário nestas primeiras décadas do século XXI, com a guinada físico-geológica e de elevação espiritual planetária. Observai que, nesses ciclos-chave da Terra, Kardec teve um papel crucial, há mais de 100 anos, quando trouxe a sistematização de obras que dariam base ao momento atual, incluindo nesse bojo os esclarecimentos sobre a abertura dos chacras para as práticas mediúnicas. Kardec encarnou exatamente num momento em que a ciência dava sinais de avanços acentuados na mente e na compreensão da humanidade. Certamente, se ele tivesse trazido suas obras durante a Idade Média, teria sido queimado na fogueira.

Mais intensamente nos últimos 50 anos, tem aumentado a encarnação de almas com sensibilidade mediúnica, o que, na verdade, é um processo similar ao ocorrido nos tempos atlantes; ou seja, num nível menos intensificado, os orientadores espirituais têm promovido a ativação dos chacras (principalmente do cardíaco e frontal) dos "encarnantes da última hora", com o intuito de derramar o espírito sobre a carne terráquea, isto é, de aumentar-lhe a sensibilidade para que percebam e sintam com mais vigor que existe uma vida espiritual paralela à física, e que nosso destino é acima de tudo espiritual e não no mundo

Missão Planetária

das formas densas. Essa "descida" do espírito à carne funciona como a grande prova dos médiuns, numa última tentativa do plano espiritual superior para resgatar aqueles que se perderam ou que vêm se desviando dos caminhos do esclarecimento e da transformação íntima, ao longo dos milhares de anos.

A História da humanidade, nessa fase dos últimos 6 mil anos, e mais precisamente nos 2 mil anos passados, começou com alicerces no campo do amor à natureza, das ciências astronômicas e dos direitos sociais e políticos, trazidos por espíritos elevados como os caldeus, mesopotâmios, hindus, egípcios e gregos. Jesus veio em seguida firmar os ensinamentos por meio do exemplo e, acima de tudo, mostrando o que é o amor fraterno, o perdão, a renúncia, a humildade, a compaixão, enfim o servir abnegadamente. A passagem física de Jesus ao orbe terreno, com todos os seus preceitos morais, deixou uma aura diferenciada e mais forte do que, até então, se vivera no passado. Em meio a esses ensinamentos elevados, o planeta mergulhou novamente em uma aura pesada de violência, impulsos primários, orgulho e egoísmo. Ainda assim, e apesar dos avanços evolucionários de muitas almas deste orbe, pode-se perceber que, desde aqueles tempos até os dias atuais, os avanços na maioria das criaturas terrenas tem sido ínfimos, e o retorno de almas diabólicas, inteligentes, contudo renitentes no orgulho, no egoísmo, na brutalidade e na vaidade, fez do planeta um ambiente tal que, se em breve não houver uma intervenção mais árdua, a Terra poderá reviver as duas fases atlantes.

Os vários movimentos migratórios ocorridos desde os tempos da Lemúria e da Atlântida trouxeram avatares e espíritos evoluídos de outros orbes avançados para a Terra. Ter a chance de conviver ou de receber os ensinamentos de almas elevadas amadurece o ser para o caminho do bem. Ao mesmo tempo, a convivência conflituosa com espíritos mais endurecidos, que resulta em atritos e sofrimento, encarnação após encarnação, lapida as almas, levando-as a se cansar de tantos erros e sofrimentos e a despertar a consciência e o remorso, acabando por evoluir. O esforço ou o sofrimento são alavancas da reeducação; é apenas uma questão de tempo, mais curto e simples ou mais extenso e doloroso. É perceptível, no entanto, nesse desenrolar da História do planeta, a fixação de muitas almas nos caminhos do vício, do orgulho e egoísmo, de maneira que estão apenas adiando o processo evolutivo para patamares que lhes trariam a verdadeira felicidade.

Assim, é possível concluir que a Terra evoluiu, mas em passos ainda muito lentos, chegando a um tempo em que grande parte das criaturas, entre seres encarnados e desencarnados, está definitivamente pronta para migrar para um planeta bem mais atrasado, pois não terá condições energéticas mínimas de permanecer no orbe após o saneamento que já se iniciou. Outro percentual de terráqueos tem grandes chances de acompanhá--los; no entanto, podemos classificá-los como aqueles permeados por dúvidas e oscilações entre o bem e o mal e, assim, graças à infinita bondade divina, estão tendo a última chance para se redimir. Os próprios acontecimentos geofísicos, climáticos e espirituais terão grande força mobilizadora para transformação de muitos encarnados e desencarnados titubeantes entre o caminho do bem ou dos descaminhos. Deus não é um Ser impiedoso, de postura irredutível para com os desviados. Ao contrário, nosso Pai tem sempre uma postura amável e flexível para com aqueles que ainda podem ser recuperados. A matemática e a Justiça Cósmica vão muito além dos limitados olhos terrenos. Por isso, a doce vibração do Cristo Planetário e de Jesus, o governador deste orbe, tem dado chances a muitos e acreditado que ainda haverá aqueles que podem somar-se aos capacitados para reconstruir a Nova Era terrena.

Além das migrações abordadas até aqui, ocorreram muitas outras ao longo da Idade Média e principalmente depois da Revolução Industrial. O século XX foi palco para o reencarne de centenas de milhões de almas necessitadas de reajustes, oriundas de orbes tão densos quanto a Terra. Nesse meio, estavam presentes almas muito inteligentes e com sentimentos pouco nobres, mas também espíritos de boa índole e necessitados de mais aprimoramento. Alguns espíritos de alta estirpe começaram a encarnar com a tarefa de estar à frente como orientadores em um planeta que sofrerá grandes transformações e necessitará de um novo patamar de qualidade de vida material e espiritual. Contudo, espíritos que desde a época da velha Lemúria não se dobram perante a Lei, ou que a compreenderam intelectualmente, mas não tiveram humildade suficiente para aperfeiçoar seus sentimentos, como Hitler e Stálin, já se encontram bem distante, em prisões astrais fora deste orbe. A emigração de almas se intensificará nas próximas décadas.

Missão Planetária

Os cuidados com a Terra e a evolução biológico-espiritual

Com seu raio cósmico mantenedor e expansor do amor universal (manifestação energética de *Vishnu*), Jesus é um anjo que participou do planejamento sideral do Projeto Terra. Estiveram com Ele muitos anjos assistentes e irmãos evoluídos que se deslocaram de suas moradas planetárias repletas de paz e harmonia, para dedicar-se a um projeto de magna importância para a evolução espiritual de nosso Sistema Solar. A Terra, como outros planetas em estágio evolutivo similar, dispõe de vida na primeira dimensão física, que é uma estrutura físico--biológica indispensável para a ancoragem da evolução dos planos mais sutis. Arcanjos e anjos pertencentes ao raio criador também precisam estar repletos de vibrantes energias mantenedoras de amor universal, pois todos os átomos criados que comporão uma nova estrela ou planeta devem estar imantados com o amor e consciência cósmica de seus arquitetos, engenheiros, geólogos e biólogos siderais.

Ainda que predomine na sensibilidade do ser uma das três manifestações da Divindade (criação, manutenção e destruição ou transformação), elas estão presentes, simultaneamente, tanto em arcanjos e anjos (de forma mais expressiva) como também nos seres humanos, em graus diferenciados de evolução. Nesse sentido, todos os habitantes do Cosmo, mesmo os que se encontram em fases iniciais da evolução, devem alimentar e expandir interiormente essas três naturezas dinâmicas e inerentes ao Universo. O ser somente encontrará harmonia espiritual quando alcançar o equilíbrio entre essas três naturezas dentro de si, as quais fazem parte da dinâmica do Cosmo.

Os seres superiores precisam dos seres menos evoluídos para que a orquestração evolutiva do Cosmo possa ser operada. É como a árvore, que produz oxigênio, matéria etérea e vital para a biologia terrena, e também gera belas e aromáticas flores que harmonizam o ambiente; estas propiciarão deliciosos e suculentos frutos, mas todas as partes e produtos da planta necessitarão do apoio biológico das partes mais grosseiras para cumprir seu papel integral, a exemplo das folhas, que precisam dos galhos e troncos para sustentação e conduto de seiva, e que são mais densos que os outros componentes; e finalmente todas as estruturas interligadas sistemicamente, desde as que estão mais próximas do céu até as mais rasteiras, necessitam das soterradas raízes, que vivem imersas num mundo subterrâneo, escuro e denso, de onde captam e enviam os nutrientes para que a árvore gere flores, frutos e oxigênio. Ao mesmo tempo em que as plantas necessitam da força advinda do interior da Terra (energia telúrica vinda do magma, que por sua vez foi originária do Sol), também precisam da luz solar direta, que é força cósmica superior, para realizar a fotossíntese e se manterem vivas. Essa interação sistêmica ocorre igualmente entre as forças superiores e inferiores do Universo (de arcanjos a anjos, passando por humanos do mais alto ao mais baixo grau evolutivo, e destes para os outros reinos: animal, vegetal e mineral), em um intercâmbio capaz de promover a evolução física e principalmente espiritual de todos, entendendo que a força inteligente e amorável provém da Fonte Única que é Deus.

A coordenação de esforços gerados no Cosmo mostra quão importante foi e tem sido o projeto sideral da Terra. É inenarrável todo o espetáculo cósmico de puro Amor Divino em prol da vida e da evolução. É gigantesca a movimentação e o compromisso de inúmeros arcanjos, anjos e almas abnegadas em todo esse processo terreno. E então, podemos perceber e sentir claramente como a Consciência e o Amor divinos permeiam a tudo e a todos, sejam seres humanos, sejam minerais, plantas ou animais. E, da mesma maneira que existem os anjos cuidadores dos vários sistemas que compõem a vida humana, existem aqueles que cuidam da vida vegetal, animal e das estruturas minerais, os quais são denominados de devas.

Os devas

Os devas são anjos pertencentes a um reino superior ao reino hominal, no esquema evolutivo, que atuam sob inspiração do Cristo Planetário. Eles se sintonizam com seres de luz encarnados, em variadas dimensões físicas, e também com seres humanos de menor evolução, e se transformam em verdadeiros médiuns dévicos no intuito de serem guardiões e conservadores da natureza, estando, portanto, em missão planetária voltada para o cuidado com o meio natural, biótico e abiótico. A figura 12, a seguir, tenta expressar dessa ideia.

Missão Planetária   121

Figura 12

Os devas cuidam dos elementais, que trabalham a serviço deles. Portanto, não confundis devas, anjos puros e conscientes, com elementais, habitantes do subplano etérico que, embora também sejam puros e ingênuos, possuem baixíssima consciência. Os elementais são seres intermediários entre o reino animal e o humano; seres que deixaram o reino animal e estão em fase preparatória para as primeiras encarnações no mundo físico, como seres humanos. A figura 13, a seguir, mostra de forma bem simples o cuidado que os devas têm para com seus agentes mais próximos da natureza (os elementais), orientando-os intuitivamente.

Muitos afirmam que o reino dévico é parte do reino angelical, e que ele integra o fluxo normal da evolução dos seres, após o nível humano; outros dizem que é um reino à parte. Na verdade, o reino dévico funciona como uma espécie de bifurcação de rota com retomada do caminho mais à frente, ou seja, quando o ser humano se liberta da roda das encarnações e chega ao plano nirvânico, ele pode seguir

Figura 13

na linha evolutiva sequencial até a próxima etapa ou plano de evolução, que é o paranirvânico, ou pode optar por seguir uma rota alternativa, que é entrar no reino dévico. É como alguém que conclui a graduação e pode optar por assumir uma carreira profissional, e outro por fazer uma especialização, ou mesmo um curso diferente; ambos poderão continuar se qualificando depois, no mestrado, no doutorado, no pós-doutorado... Alguns anjos podem sair, a qualquer momento, de sua escalada evolutiva normal e estagiar como devas, como se fosse uma "especialização"da tarefa angélica, e depois retornar ao fluxo normal, que os conduzirá futuramente à condição de arcanjos (que também têm "especializações"de tarefas dentro do esquema cósmico).

Contudo, o reino dévico proporcionará experiências únicas de doação plena. O ser que opta por trilhar esse caminho, vivenciará a expansão da consciência e o amor-doação de modo atípico, face à menor dinâmica de vida a que estará sujeito, se relativamente comparada com outros anjos. Imagine a um deva cuidador de uma cadeia de montanhas, mergulhado no mundo subatômico local, o tamanho do desafio que é ficar "relativamente estático" (movimentando-se na nanodinâmica subatômica, atômica, molecular e celular de mundos minerais ou vegetais, ou na microdinâmica de pequenos animais rastejantes, ou na mesodinâmica da fauna aquática ou de movimentos vitais de cardumes, ou mesmo na dinâmica de pássaros, outros animais, ventos, rios e florestas em suas complexas interações sistêmicas, dentre outras), permeando com seu amor e consciência de vigilante e impulsionador da evolução, com sua energia plásmica, cada átomo daquele lugar. Imagine a capacidade de serviço que esse deva terá de vivenciar num determinado ambiente, relativamente fixo, ou cuidando de determinadas espécies de seres vivos, estando ele evolutivamente já num plano angelical em que o movimento e a dinâmica de vida universal são de tal forma intensas e ilimitadas na fluidez. O deva não pode tirar a consciência e o amor um décimo de segundo sequer daquele ambiente, daquelas estruturas minerais, ou da coletividade de seres vivos (vegetais ou animais) que lhe é parte intrínseca do ser. Os futuros biólogos e geólogos siderais, criadores de mundos, terão que ter tido experiência como devas para poder planejar e, principalmente, executar com segurança e eficácia a geração de mundos físicos, despejando suas "gotas" de amor conscien-

Missão Planetária
123

te nos fluxos naturais da vida, conforme a figura 14 tenta demonstrar.

O ser que opta pelo caminho do reino dévico, ao conlcuir o estágio como deva, será reconectado à sua escalada evolutiva, porém religando-se às etapas finais do plano paranirvânico, ou seja, sua experiência de mergulhar no universo quase infinito atômico e subatômico o premiará com um grande avanço nos passos evolutivos, pronto para quase reintegrar-se com o Universo no plano mahaparanirvânico, adentrando, assim, no mundo arcangelical. A vida presa aos mundos mais densos lhe resultará numa leveza energética extraordinária e num magnetismo impressionante.

Figura 14

Quando um ser humano vê uma montanha, um rio, uma árvore, um boi, uma ave, um peixe, uma minhoca, um verme, ou quando usa um microscópico e visualiza um microorganismo, sabendo que na estrutura de cada um desses seres e coisas existem moléculas e átomos que os sustentam, pode ter certeza de que, em tudo isso, existe a consciência e o amor essencial do Cristo Planetário, do Cristo Solar, e plena conexão com Jesus e vários anjos que participam da vida no planeta.[5] E, se pensarmos na coletividade desses seres e coisas, como as cadeias de montanhas, as bacias hidrográficas, as florestas e demais coberturas vegetais, os rebanhos, os bando de aves, os cardumes de peixes, enfim, todos os sistemas que estão sob os cuidados de anjos abnegados que permeiam esses seres e coisas de consciência, penetrando até os níveis subatômicos, estamos nos referindo aos devas, de que falam os hindus.

Resumindo: os devas são entidades angelicais que se dedicam a servir, sem egoísmo e apego algum; são desprendidos e estão voltados a propósitos superiores, sem questionar, apenas servindo amoravelmente. São condutores de energia, de consciência atômica para os minerais e atômico-biológica para cada célula vivente nos reinos vegetal e animal. São os protetores

---

5 Os sábios gregos intuíram essa verdade. Atribui-se a Tales de Mileto a famosa expressão "tudo está cheio de deuses", significando que tudo é vivo e tem alma ou espírito – a ideia de que a matéria universal é animada por energias superiores.

da vida. Eles são os orientadores dos elementais, que habitam o mundo etérico, em preparação para um dia encarnar no reino humano, e estão em estreita ligação com os reinos vegetal e animal. Os elementais, por estarem num plano quase físico e, portanto, mais próximos do mundo concreto da primeira dimensão física, desempenham o papel de médiuns dos devas com a finalidade de atuar mais efetivamente no mundo da matéria mais densa, ainda que a consciência venha dos devas e não dos puros e ingênuos elementais ("é como uma inteligência invisível"). Os devas estão em pleno exercício da angelitude superior, para um dia, então, alcançar a arcangelitude, com práticas de um amor sublime e quase inconcebível pelos seres humanos. A grande maioria deles vivencia a experiência da consciência coletiva, treinamento vivencial de expansão consciencial que os capacitará para, num dia cósmico, serem geólogos e biólogos siderais. São eles quem cuidam da natureza em geral; não entram ou não interferem no reino humano.

Desde o início da implantação do projeto Terra, milhares de devas estão presentes no orbe, sob a orientação do Cristo Planetário. Eles podem ser acessados por qualquer ser humano que, de coração aberto, sincero e desprendido de egoísmo, e com consciência sintonizada, possa buscar neles conhecimentos e compreensão sobre qualquer coisa mineral, ou de origem mineral, ou de vida vegetal e animal existente no planeta. Em qualquer utensílio construído a partir de um mineral, qualquer coisa que naturalmente tenha sua estrutura atômica, mesmo um simples objeto, como uma cadeira, por exemplo, ali existe uma ligação com algum deva. Em uma muda de árvore, numa lesma, ali existe uma consciência dévica cuidando da vida atômica e biológica. Nos fluxos energéticos subatômicos e nos fluxos energéticos celulares de plantas e seres do reino animal, existe alguma consciência e sensibilidade dévica. Isso nos traz a compreensão de que todas as coisas e seres são partes conscientes e sentidas por Deus, diretamente ou por meio de seus auxiliares ou médiuns divinos, acompanhando, supervisionando e sempre que necessário intervindo (como inteligência maior) na inteligente dinâmica que mobiliza coisas e seres, do nível macro ao microscópico.

Imaginai que cada célula do seu corpo tenha uma microconsciência ou inteligência que a faz movimentar-se em determinada direção para cumprir seu dever. Imaginai agora essa

Missão Planetária

125

célula sendo parte de um tecido, e este, por sua vez, parte de um sistema orgânico, como o sistema nervoso, por exemplo; este tendo o comando no cérebro, nas glândulas pineal e pituitária, que respondem aos impulsos do espírito que, por sua vez, se sintoniza com entidades diversas em graus diversos de evolução. Toda essa interação sistêmica existente no mundo hominal ocorre nos outros reinos da vida planetária, ainda que algumas criaturas pensem que o ser humano, por estar no final da cadeia alimentar, seja o mais importante. Na verdade, todos são importantes na engrenagem cósmica, já que dependem de uma consciência maior que os proteja, os comande e cuide deles, como o reino dévico. Exatamente por isso exigem nosso respeito e sentimento fraterno. Portanto, não há sentido aquele que já dispõe de consciência individual alimentar-se do irmão menor, que se apoia em consciências dévicas para existir. Ao fazer isso, o terráqueo precisará pensar que estará interrompendo a evolução de um irmão e desmerecendo todo o esforço e amor derramados por uma rede de anjos dévicos abnegados.

No passado, até era compreensível que o ser humano se alimentasse de animais, dado o seu primarismo. Hoje chegou-se ao limite do carma planetário e humano. Agora é compreensível que se alimente de vegetais, e é aceitável que consuma derivados de animais, como leite e ovos. Um dia, quando mais evoluído, se alimentará de frutas, extratos e sucos vegetais apenas. Quando mais evoluído estiver, se alimentará de água e do prana ou energia vital (substância etérica) que permeia a tudo e a todos. Já é tempo de o humano da primeira dimensão física ir se adaptando a uma alimentação vegetariana, para que não sofra demais na vida astral, nem nos processos tumultuados que o planeta viverá em breve, como crises de alimentos e aumento de doenças cada vez mais complexas em animais, como gado, frangos e porcos.

Quanto mais evoluído o ser, mais eficiente fisiologicamente será, e maior capacidade terá de absorver substâncias necessárias para sua sobrevivência e sustentabilidade corpórea, extraídas da natureza vegetal e do ar. Contudo, nada na evolução ocorre sem esforço e, por isso, o próprio ser humano terá de educar-se no quesito alimentação. Hoje, são perceptíveis os avanços na oferta de alguns alimentos, graças a irmãos mais responsáveis que têm encarnado na Terra e trabalhado com os alimentos orgânicos e nutracêutica.[6] Aos mais apegados ao passado animalesco, que se deem a chance de migrar para novos padrões de consumo, mais sadios. É evidente que o terráqueo, por ainda possuir corpo mais denso, deverá estar atento ao consumo de proteínas, como as oriundas das castanhas, nozes, amêndoas e leguminosas, e assim evitar danos ao funcionamento do organismo e à boa saúde.

O reino dévico tem plena consciência de que protege e cuida do reino vegetal para atender às necessidades humanas, e enche-se de compaixão ao ver muitos humanos no ciclo de matanças sanguinárias e impiedosas para o consumo de irmãos do reino animal. Os que não matam animais, apenas os consomem, estimulam a continuidade das matanças porque fazem parte dos primeiros elementos na cadeia produtiva-comercial que estimula o consumo. Enquanto houver mercado, haverá produção, e enquanto houver consumo, haverá expansão do carma planetário, aumentando-se o peso e o lixo do corpo astral de quem consome e, por conseguinte, desequilibrando a aura planetária. Imaginai os esforços do Cristo Planetário para conviver com a geração de egrégoras sofredoras procedentes dos irmãos menores que desencarnaram por atos de violência fria e planejada dos humanos!

Os intraterrenos

Os intraterrenos são seres que, quando encarnados, habitam a quarta dimensão física; por isso não são perceptíveis a olho nu pelos terráqueos. Atuam como guardiões dos portais da natureza, em pontos estratégicos interdimensionais, uma vez que os minerais, os vegetais e os animais têm um papel vital para a macroestrutura de ancoragem da vida nesta e em dimensões mais sutis. Eles monitoram e prestam informações a entidades superiores, especialmente aos terráqueos da décima dimensão física, sobre os movimentos geológicos intraterrenos da primeira dimensão física – fluxos de magma, correntes subterrâneas dos estados líquidos e pastosos que influenciam nas correntes magnéticas da superfície e das camadas atmosféricas,

---

6 Nova disciplina científica que resulta da combinação dos termos *nutrição* e *farmacêutica*, e estuda os componentes fitoquímicos nas frutas, legumes, vegetais e cereais, dispondo-se a investigar as ervas, folhas, e raízes (plantas medicinais) e cascas de árvores para descobrir seus benefícios à saúde e possíveis curas de doenças.

Missão Planetária

na dinâmica de vulcões, terremotos, *tsunamis* e interação dessas variáveis geofísicas e químicas, e suas correlações energéticas telúricas com a vegetação e a vida animal, e ainda os complexos efeitos das intervenções humanas no meio.

Esses irmãos chegaram à Terra ainda na época da última fase da Atlântida, quando instalaram aqui bases avançadas para monitorar o meio natural terreno. Por sua natureza, conhecimento e habilidades, acessam facilmente camadas profundas do planeta, atuando como supervisores dos processos dinâmicos da geologia e movimentos tectônicos. Para se ter uma rápida ideia, e traçando um paralelo entre a quarta e a primeira dimensão física, eles se fixam entre o magma e a crosta, e têm o papel de ajudar os elementais (seres puros e ingênuos, mas verdadeiros soldados de mentes superiores) nos cuidados com a natureza animal, vegetal e mineral.

Os intraterrenos são verdadeiros guardiões da ecologia terrena biótica e abiótica, no interior e na crosta. Inteligentes, extremamente disciplinados, pacíficos, conhecem profundamente o orbe terreno e são orientados por seres superiores da décima dimensão. Possuem aspecto visual diferenciado dos humanos terrenos, mas são do tipo humanó, que muitos terráqueos viram e descrevem com aquele aspecto tradicionalmente citado de "extraterrenos". Geralmente, têm uma vibração aparentemente fria ou neutra para os humanos.

Em sua maioria, e com algumas variações genéticas decorrentes da encarnação de espíritos de origens diversas, são baixos (quando adultos, em média variam de 1,20 a 1,60 m), de cabeça grande e oval, bocas e olhos pequenos, sendo estes últimos em formato ovalóide e levemente em diagonal. Têm pele acinzentada e uma estrutura física bastante resistente e adaptada à quarta dimensão física e com capacidade para adentrar dimensões físicas mais densas, como a terceira e segunda (na primeira dimensão física, por exemplo, podem suportar as condições atmosféricas por um tempo que chega a quase uma hora). Na figura 15, tem-se uma imagem que lembra esses irmãos trabalhadores da natureza, os quais muitas vezes são confundidos com irmãos de outros orbes planetários por possuírem características físicas semelhantes a eles. Costumam observar a vida terrena, em todas as suas formas, incluindo a geológica, a partir da segunda e terceira dimensões físicas, onde podem acessar os dados de que precisam, sem entrar em contato direto com a primeira dimensão. Utilizam-se de pequenos discos voadores que se movimentam a partir da energia magnética da Terra.

Os intraterrenos sabem da vital função dos devas e dos elementais, e também interagem com eles. Os devas podem se comunicar pelos canais mentais; todavia, a interação com eles se torna muito mais eficaz se for canalizada através do amor pela natureza. Os intraterrenos são muito mentais, extremamente éticos, mas provêm de comunidades extraterrenas de obreiros de uma ciência mental e muito especializada em mundos subatômicos. Seus caminhos evolutivos não passaram, ainda, pelas trilhas do amor fraterno-universal (aliás, essa experiência cósmica com a Terra está, aos poucos, lhes sensibilizando o coração). Eles não possuem, por exemplo, a sensibilidade que marca os irmãos de Marte, Vênus, Júpiter, ou anjos oriundos de estrelas como Sírius, que vibram puro amor. É mais fácil um humano sensível da primeira dimensão física se ligar eficazmente a um deva do que a um intraterreno. Entretanto, os intraterrenos se comunicam quase que diretamente com os elementais. Em várias situações, por terem muita sensibilidade e um grau de evolução mental muito avançado, cabe aos seres da décima dimensão física intermediar a comunicação entre intraterrenos e devas.

Figura 15

Cuidados com os seres humanos

Da mesma maneira que existe o reino dévico, que cuida do meio natural, existem os anjos que cuidam dos seres humanos desde as suas primeiras encarnações, após saírem do reino animal e terem passado por um estágio como elementais. Estes necessitam de atenção e suporte espiritual nos primeiros passos da nova jornada humana, pois ainda são inseguros; por isso, é primordial conduzi-los ao caminho do bem. Para um anjo prestar determinado socorro, ou proteção requerida, sua presença se dá através do guia espiritual do encarnado, já que os desencarnados, por estarem sintonizados com planos sutis e possuírem um envoltório energético menos denso que o dos encarnados, têm acesso vibratório mais fácil, por meio da prece, aos anjos cuidadores da humanidade.

O Cristo Planetário e os anjos Jesus, Miguel e Gabriel (e mais recentemente Francisco de Assis, que passou a fazer parte desse grupo) são os cuidadores do planeta e estão em íntima sintonia com todos os seres que habitam a Terra. Contudo, existe uma infinidade de anjos que velam e assistem cada espírito humano e estão intimamente ligados ao guia espiritual de cada encarnado, diretamente ou por intermédio de espíritos-médiuns no plano astral ou mental, numa escala descendente, do mais sutil ao mais denso. Daí ter surgido, nos meios cristãos, o termo "anjo da guarda", que é um designativo para todos aqueles que, no Astral, velam por seus pupilos encarnados e desencarnados.

Sob o influxo de um amor incomensurável, Deus não abandona Seus filhos, da mesma maneira como um pai carnal cuida com amor de sua prole. Nesse sentido, existe uma escala infinita de anjos e espíritos cuidadores ou guardadores, numa rede de conexões espirituais capaz de sintonizar todos os seres do Cosmo, conectando-os aos que se encontram fisicamente mais próximos entre si. Aliás, isso ocorre aos terráqueos, tanto em relação àqueles que habitam a primeira dimensão física, como aos que vivem na décima dimensão, os quais terão anjos da guarda a velar por eles, sejam anjos advindos da estrela Sol (conforme ilustrado na figura 16, na medida em que o Sol gera vida na Terra e traz, em seu fluxo energético, a força magnética criadora e impulsionadora do progresso espiritual, emanado por cada anjo que lá habita, fazen-

Figura 16

do-se chegar amoravelmente a cada ser terreno), de estrelas mais próximas, como Sírius, ou de seres angelicais de planetas próximos, como Vênus, Mercúrio e Júpiter. Todavia, para quem está despojado de vestimentas físicas, ainda que sutis, como no caso dos anjos, as distâncias no Cosmo são trilhadas pelo pensamento e vontade, o que proporciona o deslocamento imediato de alguns desses amoráveis seres para auxiliar na orientação e guarda dos terráqueos, desde orbes muito distantes fisicamente da Terra, até de outras galáxias. Desse modo, há casos de anjos que vêm de longe, em função de seus compromissos e sintonia com o amor universal.

Ajustes no DNA e intervenções amoráveis por anjos cuidadores

Os cuidados com os humanos terráqueos vêm desde muito tempo. Na primeira fase da Atlântida, quando os seres da Terra foram submetidos ao processo de "enxertia" espiritual transmigratória, os genes sofreram alterações especialmente no campo da expressão oral e escrita. Os que chegavam do sistema de Capela traziam muitos conhecimentos novos e uma sensibilidade mais apurada que os habitantes terrenos da época. Em períodos como esses, são bastante visíveis os fatores sociais de interação e interinfluenciação. Os imigrados aprimoraram a convivência social, e é na convivência que se dão as trocas naturais: cada um ensina ao seu próximo o bem ou o mal, pelo exemplo, pelas palavras, pela convivência familiar, nos agrupamentos sociais, no labor diário, nos momentos de diversão e nos instantes de ligação com Deus.

É natural que a evolução do cérebro astral transmita sua nova estrutura genética para o cérebro físico, facilitando a recepção de informações mais aprimoradas no meio em que o ser encarna. Assim é que espíritos primitivos dão os primeiros passos no avanço intelectual e na sensibilidade, a partir da convivência sócio-espiritual. Daí a enorme importância de quem está à frente dar bons e éticos exemplos na vida cotidiana, tendo em vista que o exemplo é a melhor maneira de educar. Estudar é importante, mas nada se iguala aos impactos do bom exemplo como fórmula educadora dos seres humanos em evolução.

Ao longo da história cósmica, têm sido realizadas experiências com a finalidade de auxiliar na evolução de muitos espíritos. Assim, vários espíritos primários terrenos tiveram oportunidades de reencarnar na primeira dimensão física de planetas mais evoluídos que a Terra, em outros sistemas solares. Regra geral, eles não se adaptaram e entraram em processos depressivos profundos, pois ainda estavam muito ligados à energia telúrica, aos ambientes mais rudes e selvagens dos primórdios planetários. Por isso, ainda há agrupamentos em estágio evolutivo muito primário em algumas localidades da África, da Oceania, e mesmo nas selvas das Américas, especialmente da América do Sul.

Ocorre que as relações interpessoais operam verdadeiros milagres evolucionários. E à medida que espíritos mais evoluídos encarnam em agrupamentos sociais primários, e ascendem a postos-chave nessa organização societária, como chefes ou orientadores religiosos, acabam por influenciar e orientar os menos evoluídos a progredir. A boa palavra, e principalmente os bons exemplos, são as atitudes que mais sensibilizam e provocam alterações mentais-emocionais nos seres humanos. Jesus, em sua passagem pela Terra, pregou intensamente, mas foi o seu exemplo, por meio de atitudes equilibradas e lúcidas, que deixou marcas transformadoras indeléveis na humanidade. Gandhi operou, pelo exemplo, verdadeiros milagres da paz e mobilizou para a autonomia um povo inteiro, sem violência, ainda que esse povo tivesse em sua estrutura interior ardente desejo de violência humana.

Quanto mais um ser humano mobilizar-se interiormente, buscando a ampliação da consciência pelo estudo e pela informação superior, tornando-se mais sensível ao chamamento do Alto, esforçando-se na educação do sentimento e da atitude, mais profundamente mergulhará em sua essência, a ponto de alterar, involuntariamente, a sua programação genética astral e física, respectivamente, em nível de DNA. O livre-arbítrio é o pai de todo comportamento interior e exterior, e a colheita é a dádiva da Justiça Divina que nos permite a revisão de nosso passado recente e antigo. Quando se fala de destino, nada mais significa do que a pessoa dar prosseguimento ao que está impresso em seu DNA astral, que, por sua vez, moldará o DNA físico, que se combinará com fatores ambientais de estímulo e reação, resultando em tendências naturais para que fatos aconteçam ao seu redor, decorrentes de suas atitudes.

Assim, a pessoa que despende esforços para sutilizar-se em pensamento, sentimento e comportamento, está provocando verdadeiros milagres alquímicos internos, pois estará sutilizando a sua estrutura subatômica, tanto astral como física. E à medida que se sutilizar pelo esforço e pela transformação verdadeira, poderá consequentemente ir alterando o DNA do campo mental, intuitivo, e assim por diante, conforme o estágio evolutivo em que se encontre.

Se uma alma encarnada imprimir esforços internos de evolução, avançará muito mais do que se estiver desencarnada, mesmo recebendo orientação e esforçando-se para se tornar melhor e mais madura no mundo dos espíritos. Sem dúvida, também há evolução no mundo astral e mental, quando presa ao corpo físico, uma alma mobilizará um enorme fluxo energético, do nível mais densificado de átomos ao mais sutil estado subatômico, quântico, e também fotômico (mobilizando maior número de fótons, ou seja, luz interior proveniente da centelha divina). Por isso, a necessidade de o ser humano conscientizar-se quanto à importância de valorizar cada vez mais a sua encarnação e, assim, evitar adiamentos evolutivos.

Após o estágio no mundo astral e mental, o ser humano terá sempre de voltar e testar sua maturidade espiritual no mundo das formas físicas, bem como drenar nele sua psique pesada por carmas e intoxicada por impulsos primários, sentimentos densos e pensamentos viciados, em diversos graus de intensidade. Aquele que aprimora sua consciência e sentimento, quando aprisionado num corpo físico, terá boa surpresa no desencarne, mas aquele que perde tempo com os atrativos ilusórios do mundo físico, certamente terá muito a arrepender-se quanto ao uso ineficiente e irresponsável da encarnação.

Há muitos espíritos evoluídos em planos superiores, no entorno da Terra; grande parte estagiou no orbe e ainda permanece na sua esfera astral em missão voluntária de amor. Dentre a totalidade de espíritos que circula no entorno do orbe terreno, cerca de 25 por cento se encontram, instintiva e mentalmente, presos ao plano físico. Quando desencarnam, se deslocam para um plano astral muito denso, porque estão ligados energeticamente ao mundo material. Mais ou menos 7 por cento dos terráqueos se encontram no plano mental inferior (intelectual); e a grande maioria, cerca de 70 por cento, encontra-se no estágio

Missão Planetária 133

evolutivo astral, mesmo que acesse campos mais sutis temporariamente.

Existem muitos terráqueos que, por serem mais intelectualizados e frios em sentimento, pensam que estão evolutiva e energeticamente mais ligados ao plano mental. No entanto, geralmente, estão com o seu campo emocional bloqueado por traumas, recalques ou medos. São pessoas ou almas que vibram na vaidade, no orgulho, no egoísmo, ou mesmo na tristeza, abundantemente resguardados no subconsciente, e que ainda precisam deixar-se tocar pela humildade, vivenciar emoções, chorar, rir, enfim desbloquear-se, a fim de assumir que ainda estão presos ao plano astral, e que não tomaram consciência disso.

Conforme vimos anteriormente, quanto mais sutil o ser, mais o núcleo subatômico que o compõe estará se dispersando em sua conformação e, assim, permitindo que ele acesse dimensões físicas ou planos vibratórios mais sutis. Ainda que essa pessoa esteja encarnada na primeira dimensão física, sua mente e sua sensibilidade alcançarão níveis mais sutis de vida, sintonizando-se com seres ou espíritos mais evoluídos de outros planos espirituais e dimensões físicas.

Quando em estado de transe mediúnico, ou em sintonia com o seu guia espiritual, o ser terá os componentes subatômicos mais dispersos dentro do núcleo subatômico de suas células, especialmente as que compõem o sistema nervoso, mas isso ocorrerá temporariamente, devendo essa organização voltar ao seu estado normal quando a criatura retornar ao estado rotineiro de consciência e sintonia. Quando a pessoa vai evoluindo e o núcleo subatômico se estabiliza em níveis de dispersão mais amplos, naturalmente ela poderá estar pronta para, quando desencarnar daquela personalidade, reencarnar numa dimensão física mais sutil e, portanto, condizente com aquele estado subatômico de suas células, especialmente as do sistema nervoso.

Qual o papel do planeta Terra no Sistema Solar?

A vida física da décima dimensão terrena possui um sistema de relações baseado no amor e na paz, no trabalho imerso na alegria e na fraternidade entre todos, seguindo os princípios oriundos de Sírius e de Vênus, dois astros que serviram de base emigratória de espíritos para a Terra, tanto para a colonização na décima dimensão física, como no apoio à vida na primeira dimensão. Em todas as fases históricas terrenas, seres de outros orbes vieram participar dos processos encarnatórios do planeta, em ambas as biodimensões.

Com os esforços de espíritos superiores que lá habitam, a vida na décima dimensão física tem prosperado nos aspectos materiais e principalmente espirituais. Existe cerca de 2 bilhões de encarnados habitando aquela dimensão, e apenas uns 800 milhões de desencarnados aptos a reencarnar lá. No orbe terrestre, tanto almas que encarnam na primeira como na décima dimensão física, que estão evolutivamente ao nível do plano mental-intelectual e mental-intuitivo, convivem nas mesmas colônias espirituais. A figura 17 dá uma pequena ideia de como são os seres da décima dimensão física da Terra, onde se encontram criaturas com traços mais delicados, por suas expressões amoráveis e de alto grau de lucidez e agudeza mental. Como a estrutura geofísica da décima dimensão engloba parte do que seria o interior da Terra da primeira dimensão (dentro de uma análise de congruência interdimensional ou correlação de proporcionalidade espacial), muitos estudiosos ou sensitivos acreditam ser eles irmãos intraterrenos.

Figura 17

O momento chave de mudanças por que passa a Terra permitirá que não somente os encarnados da primeira dimensão física, mas almas do plano astral e seres encarnados na décima dimensão física, como também almas que se encontram no plano mental, passem, igualmente, por vivências transformadoras, já que a Terra inteira, nos seus vários planos e dimensões, assim como os outros orbes do Sistema Solar, estarão sujeitos às forças transmutadoras e impulsionadoras do progresso espiritual. Cada dimensão física e cada plano evolutivo, com seus respectivos habitantes, passará por processos diferenciados de transformação e impactos proporcionais ao nível de evolução em que se encontram. Dessa maneira, pelo menos um terço dos encarnados na décima dimensão física, e almas desencarnadas que se encontram no plano mental da Terra migrarão, em breve, para orbes mais evoluídos.

O processo evolucionário físico mais sutil da Terra iniciou-se num estágio preparatório na sexta dimensão física, na mesma época em que surgiu o *homo erectus* na primeira dimensão física, a mais densa. Por volta de 700 mil anos, esses irmãos mais evoluídos do orbe sutil da Terra passaram a encarnar na oitava dimensão física e, mais tarde, por volta de 12 mil anos atrás, na décima dimensão. No momento, não estamos autorizados a tecer informações mais detalhadas sobre o sistema de vida da décima dimensão física terrena, além das aqui já descritas.

Na primeira dimensão física terrena, onde vos encontrais, ainda com forte manifestação vibratória primária, predomina um sistema de vida baseado no egocentrismo, no personalismo, na aquisição de bens, no trabalho pelo dinheiro, na competição, na busca pela alimentação física diária, na violência interior e exterior, na vaidade, orgulho, poder, e no atrelamento aos instintos e às forças atávicas. Já na décima dimensão física, o sistema de vida das pessoas está baseado na simplicidade e na igualdade entre todos, na fraternidade e na troca sem interesse. Há muita disciplina, sem que isso seja um martírio, e o trabalho sincero e abnegado lhes proporciona alegria e disposição, e não o cansaço, o tédio ou a irritação. Lá, eles param de trabalhar não para se embebedar e se alimentar da carne animal, mas para exercitar e inebriar-se com a arte musical e outras manifestações divinas, alimentando-se pelas energias que decorrem da troca de ideias, vivências e atitudes repletas de otimismo, motivação plena e amor. As diversões são reuniões para planejar ações de ajuda a orbes ou dimensões com vida menos evoluída e não jogam seu tempo fora, com reuniões ou conversações inúteis. Sabem que existe uma economia cósmica e que ela necessita não de seres que pesem ou causem danos à harmonia, mas de cooperadores que contribuam com a força propulsora do amor universal.

Muitos habitantes da décima dimensão física se encontram invisíveis no meio de vós, ajudando na evolução da vida terrena, na primeira dimensão física, e no plano astral para os que estão desencarnados. Sob a inspiração do Cristo, permissão de Jesus e orientação dos guias espirituais do orbe astral da Terra, eles se densificam vibratoriamente até a terceira dimensão física, para transmitir-vos vibrações e intuições que vos toquem a sensibilidade e a consciência para um trabalho motivado apenas pelo desejo sincero de servir à evolução.

Na décima dimensão física, não há grandes cidades, mas sim muitas cidades pequenas e de porte médio, todas acessadas por caminhos aéreos organizados para discos voadores de transporte coletivo. Os movimentos individuais dos seus corpos físicos sutis são realizados por meio de uma técnica similar à volitação, e veículos individuais só existem para missões de suporte às grandes naves, quando estão fora do orbe. As ruas são repletas de jardins aromáticos; os bosques, que não são adensados, são compostos por árvores que servem como área de reabastecimento prânico e para alguns casos terapêuticos de almas que evoluíram, saindo do plano astral para o mental ou que migraram de orbes inferiores, e que podem passar por desajustes psicofísicos no contato com aquele novo mundo fisicamente sutil. As construções são feitas com material sutil, cristalino, que emite luzes terapêuticas para seus moradores e para quem passa nas ruas. A comunicação é telepática. Não existe competição, mas cooperação; o trabalho é pelo prazer de servir à evolução do conjunto. Há estreita ligação entre os seres dessa dimensão e os de outros planetas do Sistema Solar.

Quando um espírito vivente na primeira dimensão física desencarna, geralmente ele adentra o mundo astral. O habitante da décima dimensão física, quando desencarna, perde o seu corpo físico e, em mais alguns dias, perde também o corpo astral para então alcançar o corpo sutil predominante em seu meio, ou plano mental. Na primeira dimensão física, por ser a mais densa e ainda não se ter um padrão mínimo de qualidade evolutiva predominante, ao desencarnar, a alma pode ir para muitos locais, atraída pelo plano vibratório do pensar e sentir que predomina nela, todos dentro do grande plano organizador e condutor da Terra, a cargo dos dirigentes planetários.

Atualmente tem havido muitos trabalhos espirituais cooperativos entre irmãos encarnados e desencarnados ligados à primeira dimensão física da Terra e irmãos encarnados ou desencarnados ligados à décima dimensão física terrena, em propostas de socorro e ajuda aos necessitados. Muitos desses trabalhos ocorrem em sessões mediúnicas, durante o sono de encarnados, ou mesmo em trabalhos profissionais em que os encarnados são pessoas éticas e sérias e que realizam atividades

Missão Planetária

que de fato ajudam na evolução do planeta.

Doravante, os intercâmbios entre terráqueos da primeira dimensão e desencarnados do plano astral com extraterrenos e com os terráqueos da décima dimensão física deverão ser intensificados (estejam encarnados ou desencarnados). Há uma expectativa de iniciar-se a colonização da quarta dimensão física terrena, por habitantes da própria Terra. Primeiramente essa dimensão será colonizada por abnegados irmãos de Marte, que serão os pioneiros e construtores das bases iniciais. Espera-se que dentro de aproximadamente 200 anos comece um processo migratório mais constante de almas desencarnadas oriundas da primeira dimensão física terrena para as novas colônias da quarta dimensão, que começarão a ser instaladas dentro de aproximadamente 50 anos do vosso calendário, e deverão perdurar por aproximadamente 4 mil anos. A Terra precisará estar mais leve, livre do peso astral e físico em que se encontra hoje. Por isso, esse trabalho na quarta dimensão física, que começou há aproximadamente 60 anos, está em fase final de planejamento.

Alguns irmãos terrenos têm divulgado que está havendo modificação na genética humana para adaptar-se ao terceiro milênio e a uma vida na quarta dimensão. Na verdade, existem esforços da Administração Planetária e de assistentes em biologia sideral no sentido de ajustar a estrutura genética de almas desencarnadas **que já se encontram aptas** a habitar a quarta dimensão física. É ainda uma ínfima minoria, comparada com os quase 30 bilhões de almas que hoje habitam o orbe astral e físico denso da Terra, e os pouco mais de 800 milhões que estão no plano mental. Como sabemos, a evolução não dá saltos, e jamais a Espiritualidade Maior fará modificações genéticas em almas presas ao primarismo instintivo e emocional no orbe terreno, sejam seres humanos da primeira dimensão física ou almas dos planos astrais intermediários, infernais ou umbralinos. Os ajustes genéticos ocorrerão para quem tem condições psíquicas de receber a promoção de reajustamentos no núcleo subatômico de cada átomo dos corpos mentais e astrais. Aqueles que já se encontram vibratoriamente sintonizados com o plano astral superior possuem naturais condições espirituais e subatômicas para passar por ajustes no campo da genética astral. Não existe evolução sem esforço interior.

Conforme foi abordado anteriormente, à medida que o ser

se esforça e modifica sua conduta interior, naturalmente ocorrem mudanças na estrutura subatômica astral e esta se refletirá no campo físico. É evidente que tais modificações somente se processarão se a transformação íntima não for efêmera, mas profunda e verdadeira, pois há momentos em que a pessoa se sintoniza com planos superiores, alcança estágios interiores mais sutis, mas, ao voltar à vida diária, acaba por retornar a faixas vibratórias inferiores. Nessa luta íntima da renovação à luz do dia, deverão esforçar-se constantemente para manter-se a maior parte do tempo em faixas vibratórias mais elevadas; do contrário, pode ter ocorrido avanço intelectual, mas os sentimentos ainda estarão presos a faixas inferiores, o que pode não lhes garantir modificação profunda e consistente na estrutura subatômica. É verdade que os espíritos superiores e os anjos ajudam as almas vacilantes, mas, de qualquer modo, encarnadas ou não, deverão estar predominantemente ligadas aos planos astrais mais elevados, em vez de aos inferiores, em se tratando de sintonia interior.

Aqueles que são escravos de paixões, vícios e coisas materiais, ao desencarnar, podem facilmente tornar-se obsessores de encarnados para absorver seu ectoplasma cheio de energias viciosas e, assim, alimentarem-se psiquicamente. Essa interação simbiótica entre encarnado e desencarnado somente cessa quando um dos dois lados se transforma interiormente e muda de padrão de pensamento e sentimento. Na Nova Era, com a retirada do orbe de almas revoltadas e renitentes à autotransformação, e que se transformaram em obsessores, certamente arrefecerá a pressão sobre os esforços dos encarnados desejosos de transformar-se, haja vista que não haverá mais entidades que os sugestionem ou os estimulem a erros e práticas densas que os alimentam energeticamente.

Ultimamente alguns irmãos também têm falado que a Terra, enquanto globo composto por minerais, vegetais, animais e humanos encarnados, passará inteiramente para a quarta dimensão, o que não tem sentido, pois sempre haverá a primeira dimensão física na Terra ou em qualquer outro orbe. O que mudará é a vida física humana numa ou noutra dimensão, ou seja, as biodimensões, com os seres humanos ali encarnados, juntamente com o conjunto de paisagens e outros seres, ajustados e encarnados em condições apropriadas e após hercúleo esforço amorável de arcanjos e anjos durante milhares e milhares de anos na construção dessas ambiências. Portanto, e reafirmando o que mencionamos antes, está sendo preparado um plano para que, em algumas décadas, se inicie a colonização da quarta dimensão física, e somente desencarnados aptos a migrar para um ambiente energeticamente mais sutil poderão começar a habitar fisicamente essa nova dimensão. Não haverá gratuidade para quem não imprime esforços de transformação de seus sentimentos arraigados no egoísmo, orgulho, vaidade e paixões inferiores.

Vale salientar que, muito antes desse período, ou seja, nos próximos 25 anos, haverá uma forte migração (que já se iniciou) para orbes inferiores daquelas almas que, graças à própria revolta e apego à materialidade, não tenham o mínimo de condições de se regenerar nos próximos 4 mil anos de vida planetária, seja em forma de encarnado, seja de desencarnado. Os seres humanos da Terra, sejam desencarnados, sejam aqueles que construirão com os próprios braços materiais a vida física da nova era terrena, ainda estarão predominantemente ligados ao plano astral (muitos ao Astral intermediário e em menor quantidade ao Astral superior). Não existe salto, muito menos involuntário, na evolução. Seres superiores jamais carregarão nas "costas" irmãos que não se esforçam para se melhorar interiormente em espírito crístico, ou que vivem imersos em hipocrisias ou num universo de "mentira interior".

Irmãos ligados ao plano mental intelectual (ou mental concreto) serão em número menor ainda; todavia, o mundo em regeneração terá como meta permitir que a grande maioria, no futuro, dentro dos próximos 4 mil anos, possa ter condições de alcançar evolutivamente o plano mental inferior, graças aos esforços e trabalhos incessantes no campo da transformação íntima. Chamamos a atenção, mais uma vez, para o fato de que estar no plano mental concreto ou intelectual não significa ausência de amor; longe disso. O ser que chegar ao plano mental intelectual, pelos projetos de evolução que foram "desenhados" para a Terra (e que serão implementados pelos próprios terráqueos), deverá estar mergulhado no propósito sincero de transformação de seus sentimentos inferiores em sentimentos superiores, a cada dia ricos em construção e ampliação íntima de fraternidade, compaixão, doçura, resignação, alegria, fé e disposição em servir incondicionalmente.

O Universo tem uma economia e uma contabilidade cósmicas, e os Senhores dos Tempos, que são anjos cuidadores da temporalidade e que estão em plena sintonia com os anjos da evolução, ainda que inundados de amor universal e compaixão, não podem ceder à indisciplina dos seres menos evoluídos, pois disciplina e respeito também são atos de amor. Nesse sentido, as vidas predominantes na primeira dimensão física e nos mundos astrais terrenos não podem mais atuar como peso retardatário e prejudicar a evolução de muitos que desejam um mundo de amor e paz; não podem "atrapalhar" a evolução da décima dimensão física terráquea, nem de irmãos dos demais planetas do Sistema Solar. A força propulsora do amor cósmico que nos induz à evolução contínua não pode ser mais retardada e impedida de promover a reunião da grande família cósmica do Sistema Solar, de modo que ela esteja com seus integrantes mais próximos em amor e consciência uns dos outros. A paciência não pode ultrapassar a fronteira do equilíbrio, o que leva à conivência, e precisa ajustar-se à força fototrópica que nos atrai à luz.

Que cada ser terreno possa sintonizar-se com a força propulsora do progresso espiritual, que é puro amor fraternal!

Paz e amor,

Akhenaton

Capítulo 3
A missão da Terra e o papel dos avatares
(Mensagens de Ramatís)

Mas, por que existir vida na Terra na primeira dimensão física?

Voltamos a repetir que a vida física na primeira dimensão física tem um papel crucial na ancoragem da vida em outras dimensões físicas. Há pontos de conecção entre cada uma dessas dimensões, que são portais interdimensionais de sustentação físico-energético às estruturas do Cosmo, como se fosse uma rede energético-estrutural invisíel.[1] Além da questão interdimensional, há que considerar-se a Terra um campo de provações para seres espiritualmente primários, bem como lugar de vivências regenerativas de almas para quando o planeta instalar, de fato, o tempo de regeneração (as almas que já alcançaram o estágio evolutivo básico, podem considerar-se em processo de regeneração, mesmo no atual estágio planetário de provações).

A concepção de planos universais exige amplos e aprofundados estudos e análises cósmicas por parte de cientistas e engenheiros siderais. Quando um terrícola olha para a abóbada celeste e vê milhares de estrelas e constelações, pode estar ciente de que elas não foram "jogadas" ali aleatoriamente. Existe

1 A astrofísica atual vem reestudando e comprovando várias teorias desenvolvidas por Einstein. Uma delas é a comprovação de que o Universo é curvo. Aprofundando essa análise, várias outras teorias tem surgido; uma delas trata-se da matéria escura que compõe o Universo, exatamente naquilo que se imaginava ser um espaço vazio, conforme afirmam os estudos do cientista italiano Fabio Iocco (citado no artigo abordado na revista Galileu, fevereiro/2015). Essas duas teorias agregadas (a do Universo curvo com a matéria escura) fundamentam a existência de uma espécie de "rede invisível", curva, que dá sustentação aos astros no Cosmo e ao próprio Universo (além dos aspectos relacionados com a gravidade e magnetismo dos astros), como uma estrutura em rede invisível aos olhos comuns.

uma lógica maior que escapa à compreensão humana. Nesse contexto, é que o Sistema Solar e seus planetas foram concebidos. Portanto, a Terra também tem um papel fundamental na orquestração evolutiva do Universo, dentro do seu âmbito de influência. Assim, há uma série de expectativas delineadas para os seres que vêm habitar este orbe.

Existem astros no Cosmo com missões voltadas para variadas finalidades. A missão da Terra é vir a ser a morada de futuros anjos comprometidos com as correntes do amor incondicional. O que se espera é que seus habitantes alcancem um elevado padrão de amor fraterno. Assim, vislumbra-se para o futuro do orbe um tempo contínuo de paz e amor, em que cada ato, cada pensamento de seus habitantes, tenha um efeito catalisador no processo evolutivo da coletividade. Não é por acaso que a Terra encontra-se entre Vênus (energia do amor incondicional) e Marte (energia da ação fraterna), duas colunas energéticas a sustentá-la espiritual e gravitacionalmente, e ainda é banhada diariamente pelas forças luzidias do Sol, fechando o tríplice alicerce da morada terrena. Não por acaso, Sírius é a segunda estrela que mais brilha aos olhos dos terrícolas. A cada segundo, ela emite jatos de amor incondicional para o campo áurico terreno. Jesus, Maria de Nazaré e Francisco de Assis são anjos provenientes dessa estrela. Portanto, os planos cósmicos levam em conta detalhes geofísicos, humanos e energéticos na evolução do conjunto.

Tal como ocorreu a Marte, a primeira dimensão física terrena se destina à morada de cidadãos da comunidade do Sistema Solar e de irmãos provenientes de outros orbes, dos mais próximos aos mais distantes, principalmente dos que estão circunscritos à constelação que rege esse Sistema. Encarnaram em Marte, há mais de 50 mil anos, irmãos com nível espiritual mais elevado que o dos atuais terrícolas, porém ainda necessitados de corpos mais densos que os utilizados na quarta dimensão física. No caso da Terra, deveriam conviver aqui, desde espécies brutas, como os minerais, aos anjos; dos átomos, em sua mais densa forma, vegetais, das mais variadas belezas e funções nos biossistemas, aos animais; desde bactérias a peixes e cães; de seres humanos dos mais primitivos aos mais evoluídos; de almas sofredoras no Astral a anjos de muita luz, nos planos superiores da Espiritualidade; e, permeando a tudo e a todos, o Cristo Pla-

Missão Planetária   143

netário, ligado ao infinito amor imanente do Pai Celestial.

Ao longo da jornada evolutiva do planeta e de seus seres, a Terra foi programada pelos administradores siderais para ser um local de ancoragem de muitos espíritos do infinito Cosmo, ainda em jornadas evolutivas iniciais ou intermediárias, ou seja, um local abençoado por Deus, sem o qual não ocorre a evolução daqueles que ainda não alcançaram o estágio de consciência e de sentimento alinhado com as forças fraterno-universais.

O planeta progrediu, e continua nesse influxo evolutivo em direção à luz. Todos os seres que nele habitam estão imersos num Grande Plano; por isso, como acontece a qualquer astro ou átomo do Cosmo, há fases a ser cumpridas no planejamento e na contabilidade siderais. Por saber disso, para cá vêm muitos irmãos mais avançados do Cosmo, de diversas origens, para abraçar o serviço fraterno, pois onde existe muito trabalho a ser feito, é para lá que se dirigem, em missão de amor. Por essa razão, tantos espíritos de luz se deslocam para a Terra, desde seus primórdios, principalmente em momentos-chave de sua história geofísica e espiritual. A maioria desses seres de luz está desencarnada; outros estão encarnados na décima dimensão física terrena.

Conforme a Terra for se "purificando", irá tornar-se cada vez mais brilhante, como outros astros do Espaço. Atualmente, quem observa a Terra de outros orbes a vê azulada, porém opaca, sem brilho; e quem sai do Sistema Solar só a detecta por aparelhos ou telescópios muito apurados, por ser quase imperceptível. Espera-se que no futuro os seres terrenos construam aqui, e mesmo na primeira dimensão física, um lugar de vivência fraterna, predestinado à morada de irmãos que serão pacificadores cósmicos e possam ajudar orbes menos evoluídos a encontrar a paz entre seus habitantes. Tendo passado por tantas experiências bélicas e conflituosas, os terrícolas sentirão um cansaço coletivo e então o anseio pela vivência do perdão e do amor se expandirá. Esses componentes da fraternidade universal terão um papel crucial, futuramente, em outras paragens cósmicas, pois estarão aptos a servir amoravelmente em causas que já conhecem bem, como conflitos e guerras.

No futuro, a Terra também será um abençoado local de refazimento físico-espiritual para muitos viajores do Cosmo que passarão por aqui para beneficiar-se das energias curativas da natureza, com sua força exuberante, seus cristais e gemas potencializadores dessa força, que ampliarão as vibrações terapêuticas do ambiente, beneficiando cada célula dos corpos físicos, das mentes, corações e espíritos que necessitarem de reequilíbrio. Nesse tempo futuro, este planeta será um local como as atuais estâncias hidrominerais terrenas, que hoje servem para os turistas recuperarem suas forças vitais e reequilibrarem as energias físico-mentais.

Quando um novo sistema solar é criado, os planejadores siderais idealizam que nele haverá vários orbes para permitir a evolução de diversas formas de vida, em diferentes estágios de progresso espiritual; que seres possam ali encontrar possibilidades de convívio harmônico para uma evolução natural. Não há regras fechadas e unas, mas infinitos arranjos e combinações, numa complexa rede matemática e psicológica, a que já nos referimos antes. Com isso, há sistemas solares com planetas que possuem vida ou vidas na primeira dimensão física; há outros sem vida na primeira dimensão, mas na quarta ou na sexta, na oitava e/ou na décima dimensões, e assim sucessivamente. Para a administração sideral lidar com almas responsáveis que habitam planos e dimensões elevadas é muito tranquilo, pois elas sabem conduzir-se na evolução. O desafio maior são as almas indisciplinadas e renitentes ao crescimento interior e ao amor universal, viventes na primeira dimensão física.

Lidar com almas nos primeiros estágios encarnatórios exige cuidado e atenção especial como os que os pais terrenos dispensam aos seus bebês e, mais ainda, com o jovem, quando chega à adolescência. A atenção deve ser redobrada, sob pena de essas crianças ou adolescentes fazerem bobagens e necessitarem de uma educação mais firme, ainda que amorável. Este é o desafio, amplo e complexo, para administrar orbes com seres em estágios primários de evolução ou elevados índices de reprovação nas escolas planetárias de provas e expiações. Para que possais ter uma ideia, seria como educar uma criança que, tendo baixa consciência, pode atear fogo na própria casa com uma brincadeira desmedida ou por irresponsabilidade, e assim prejudicar a vida dos familiares e vizinhos; ou, ainda, como um adolescente que, irresponsavelmente, usa drogas e oferece a um amigo, levando-o ao vício enfraquecedor da vontade.

Com esse quadro, os irmãos podem perceber que lidar com seres em estágio primário de evolução, com seres revoltados

Missão Planetária

145

e renitentes no erro, apesar de espíritos antigos, faz parte do aprendizado de amor cósmico, mas exige amplo envolvimento de anjos e almas abnegadas, para conduzir projetos de vida em dimensões mais densas e que demandam muitas estratégias educativas, supervisão e dedicação, que devem ser muito bem articuladas e orquestradas por uma quantidade gigantesca de seres, de modo a evitar-se danos à casa planetária e ao sistema solar onde esses biossistemas estiverem inseridos. A vida física na primeira dimensão é, portanto, a mais complexa, pois, os "bebês, as crianças e os adolescentes" espirituais exigem intensa atenção dos planos espirituais superiores. Os "pais" espirituais deverão estar repletos de amor-doação, de compreensão, imersos num plano consciencial amplo e profundo, capazes de mergulhar na psicologia titubeante de almas que ainda estão formando o próprio caráter e personalidade cósmica.

À medida que o Universo se expande, novas mônadas são criadas, e assim a evolução se expande, bem como se expande o amor e a consciência universais, provenientes da Fonte Divina. As mônadas certamente necessitarão manifestar-se desde as dimensões físicas mais densas, para dar seguimento ao seu fluxo natural evolutivo no mineral, no vegetal, em seguida no animal, e mais à frente no hominal. E essas formas de vida mais densas exigem ancoragem na primeira dimensão física, conforme já abordamos aqui repetidas vezes. Passadas essas fases evolutivas, ao chegar aos planos angelicais e arcangelicais, esses seres necessitarão dos planos mais densos para dar andamento aos seus processos criativos de mundos e de evolução cósmica.

Existe uma complexa e infinita estrutura interdimensional e interplanos, físicos e etéreos, entre níveis grosseiros e estágios superiores da evolução, que formam sistemas interdependentes, interinfluentes e interagentes. Por isso, quem está à frente na evolução se sente comprometido em trazer para cima quem está em baixo, e, assim, o que foi semente um dia, se tornará fruto, e deste surgirão novas sementes e a vida se perpetuará.

No caso do Sistema Solar, a vida na primeira dimensão física precisaria estar apoiada num meio com características ambientais e climáticas que favorecessem um maior espectro de convivência entre vidas, desde as mais primitivas, como as bactérias, até as humanas, com predominância de vidas no campo astral, para os que estivessem desencarnados. Havia um planejamento de longo prazo envolvendo a necessidade de se ter alguns planetas mais densos para abrigar bilhões e bilhões de espíritos orgulhosos que resistiam ao fluxo normal da força evolutiva em diversos orbes dentro da Via Láctea; e a Terra seria um desses *habitats*.

Mas chega um período da evolução em que a força atrativa para a luz, que se processa sobre os ambientes e corpos dos seres viventes, sejam físicos densos ou sutis, não pode mais ser retardada ou interrompida, pois, se isso ocorrer, podem ser geradas explosões energéticas muito intensas no âmago subatômico dos astros onde tais almas habitam, gerando um efeito em cadeia nos planos físicos onde eles estiverem. Por isso, é preciso descarregar a energia densa, por meio de fenômenos naturais e cataclismos, quando então as almas endurecidas são retiradas do orbe e levadas a verdadeiros presídios cósmicos, espécie de solitária astral, ou para localidades onde haja melhor sintonia entre ambientes primários e seus habitantes. Desse modo, torna-se necessária a existência de ambientes energéticos densos sincronizados com biodimensões físicas apropriadas, a fim de que as almas dessas localidades possam drenar suas mentes e emoções indisciplinadas; para isso, terão um tempo a cumprir nesse estágio. Graças à infinita bondade divina, periodicamente surgem oportunidades para que esses espíritos reencarnem e possam ter novas chances de convivência social, dando continuidade ao fluxo natural de evolução, em diferenciados ambientes.

Assim sendo, a Terra foi criada para dar ancoragem espiritual a variadas formas de manifestação de vida, em todos os reinos evolutivos, e, como tal, há muitas almas que precisavam migrar e ter novas chances de reencarnação para drenar na carne suas psiques ainda rudes e por vezes doentias. Essa migração de almas ajudaria os que chegavam, bem como àqueles que já viviam no orbe, em estado primitivo, pois a "enxertia" espiritual permitiria que os nativos alavancassem seus padrões energéticos e físicos, criando condições, pela convivência social e familiar com os mais evoluídos, de serem ajudados no crescimento intelectual. Deus sempre nos dá uma nova chance, mas elas se tornam cada vez mais pesadas à medida que nos tornamos mais resistentes ao chamamento da luz. Destarte, a dinâmica e flexibilidade universais nos permitem renascer sempre e retomar a caminhada evolutiva, em qualquer paragem cósmica, graças ao Amor Divino.

Missão Planetária

Como podeis verificar nestes relatos, houve um trabalho de "enxertia" espiritual em vários momentos-chave da História terrena, com a chegada de espíritos que dariam impulsos qualitativos à vida dos habitantes e do planeta em sua totalidade, em que pese o fato de, em grande parte das situações, os encarnados e desencarnados orgulhosos do orbe terem criado estados de desequilíbrio tal, que se exigia uma intervenção superior para correção do rumo do planeta. Existe uma hierarquia no Universo que deixa os seus habitantes exercitar o livre-arbítrio, mas essa liberdade tem o limite atrelado a rumos estratégico-espirituais do orbe, de modo que as mentes aportadas na erraticidade não podem conduzir o astro a destinos não planejados ou distantes da possibilidade de ajuda ao crescimento espiritual do conjunto de seus habitantes, em todos os seus planos e dimensões físicas.

O ajuste geológico e espiritual da Terra

Dentro da contabilidade e da economia cósmicas existem cálculos matemáticos de tempos e metas que devem ser cumpridos, mesmo com toda a flexibilidade dos administradores siderais. Há redes complexas na essência do mundo físico, ou seja, no mundo subatômico, que se refletem sucessivamente nos mundos maiores, e a relação espírito-mundo físico é contínua e eterna, provocando dinâmicas em que, em muitos momentos, é possível controlar-se efeitos em cadeia. Porém, chega-se a certos instantes cósmicos em que um movimento cósmico maior é inevitável. Modificações energéticas e físicas alcançam estágio tal que se tornam inadiáveis. E quando os administradores de um orbe percebem que é o instante de intervenção, eles se utilizam de técnicas variadas, como são os projetos de "enxertia" espiritual, com arranjos que envolvem fartas discussões e planos com gestores dos outros orbes onde ocorrerá a emigração. Outra forma de intervenção é a chegada, na dimensão física, de habitantes extra-orbe (os extraterrenos, no caso da Terra) que trazem aparato tecnológico e capacidade espiritual de ajuda.

No mundo evoluído não existe violência. Assim, ainda que seres mais avançados tenham capacidade para destruir ou controlar, de forma abrupta, qualquer ação insana de terrícolas que afetem negativamente o Sistema Solar, direta ou indiretamente, o que se dá é a assistência fraternal cósmica. É importante alertar para a existência da falsa assistência extraterrena, pois há seres muito evoluídos tecnologicamente que ainda estão limitados ao intelectualismo materialista e que são frios em sentimento. Estes têm condições de chegar, no máximo, até à quarta dimensão física e podem, com aparelhos sofisticados, adentrar as dimensões intermediárias, como a terceira, visualizar e intervir no campo energético da vida terrena da primeira dimensão, sem ser observados fisicamente. Muitos desses irmãos ainda desajustados, mental-emocionalmente, estão desencarnados e se deslocam para o orbe terreno em corpo astral, utilizando-se de naves de seus pares encarnados que se movimentam na quarta dimensão.

Dessa maneira, esses irmãos infelizes vindos de fora podem adentrar o orbe terreno e fazer suas experiências, abduções (estas, por exemplo, cessaram há alguns anos) e até utilizar-se de entidades desencarnadas inteligentes e frias como eles, sintonizadas na realização de planos e atividades negativas, mas sob a observação dos mentores do planeta (seres desse tipo são, por exemplo, os reptilianos). Há limites de ação para essas entidades, mas, até certo ponto, não se pode interferir no livre-arbítrio do terrícola que queira sintonizar-se com a frieza de sentimento, orgulho, egoísmo e materialismo desses seres.

Quem se esforça por trilhar os caminhos do amor exemplificado por Jesus, quem busca a transformação íntima, certamente estará em faixa vibratória diferente dessas entidades, não sendo influenciado por elas. Mas é preciso praticar-se continuamente o "orai e vigiai", ensinado pelo Rabi da Galileia, pois poucos na Terra conseguem estar cem por cento do tempo ligados a padrões vibratórios superiores. Nos momentos de oscilações, é preciso estar atento às tentações das trevas, seja lá de onde provenham. Inclusive, é importante alertar àqueles que, movidos pela vaidade e orgulho (em muitos casos, até dentro de trabalhos espirituais); se acham inatingíveis por forças das trevas, julgando-se imunes apenas pelo fato de terem conhecimentos teóricos sobre temas espirituais. Somente pelo fato de estar alimentando a vaidade e o orgulho espiritual, já estão automaticamente sintonizados com eles. Nesses casos, a vigilância contínua e a busca da prática sincera da humildade os libertará dessa sintonia.

Enquanto há muitos espíritos de luz lutando para mobilizar o máximo de almas terrenas passíveis que possam optar

Missão Planetária   149

pelo lado direito do Cristo, existem entidades das trevas que se alimentam das vibrações do egoísmo, vaidade, orgulho e apego a vícios e paixões inferiores emanadas pelas almas em geral. Essas entidades procuram influenciar aqueles que estão tentando buscar um caminho espiritual, por meio de inteligentes e sutis estratégias em que criam verdadeiras armadilhas mentais, incutindo e alimentando na mente dos encarnados o pensamento de que já são almas imersas na luz; que a ascensão se efetiva apenas pelo fato de pensarem estar num patamar espiritual mais elevado, comparado à maioria das pessoas; que não podem pensar que são imperfeitas; e que não precisam fazer esforço íntimo de transformação, porque já estão num grau elevado de evolução; que a palavra esforço denota algo negativo, cansativo, exaustivo; e que a alma tem de buscar os caminhos que lhe proporcione maior relaxamento mental, sem estresse. Observai que essas entidades sorrateiras e inteligentes incutem pensamentos realmente positivos nos encarnados, ao emitir telepaticamente a importância de se buscar um caminho tranquilo e desestressante, pois isso é verdade! Ocorre que, no meio de belas palavras, colocam inteligente e sutilmente suas pitadas de desvios. É por onde se utilizam da mediunidade de muitos falsos guias que se transformam em escritores e "orientadores" espirituais.

Essa é uma estratégia sorrateira das trevas para alimentar a preguiça interior, o relaxamento da mente e da vontade, a fim de que possam melhor operar, às vezes muito sutilmente, por meio dessas almas medianeiras da escuridão, e não da luz verdadeira. A estratégia de enfraquecer a vontade humana e permitir o domínio das hordas trevosas é a mesma que vem sendo adotada no sentido de ampliar o uso de drogas no planeta, seja a maconha, a cocaína, o *crack*, o *ecstasy*, ou mesmo a bebida alcoólica. É importante para as trevas criar ilusão nas almas encarnadas e desencarnadas.

Todas as medidas maquiavélicas das trevas para transformar os seres humanos em instrumentos de vampirismo tem sido adotadas nos tempos atuais, cujo clímax é a doença psíquico-espiritual na Terra, que está prestes a passar pelo grande saneamento. É importante estar atento para o fato de que o ser humano precisa e deve alimentar os bons pensamentos e sentir-se imerso na luz do Cristo, mas que esse exercício diário não seja uma ilusão mental de querer julgar-se acima do seu real estado evolutivo, sob pena de a própria vaidade e orgulho enclausurá-lo em cadeias milenares de sintonia com os magos e dragões das trevas, que pensam estar exatamente num patamar espiritual acima da realidade. Pela ausência de humildade, se distanciam da verdadeira luz e ampliam o estado de psicopatologia crônica em que se encontram. Chegam a fazer mentalizações ou projeções mentais utilizando-se do ectoplasma de encarnados sintonizados com eles (constantemente ou momentaneamente), fazendo com que médiuns vejam no Astral belas imagens ou "pseudo" luzes do bem, somente para retroalimentar a ilusão dessas pessoas encarnadas, e até de ingênuas entidades desencarnadas. A qualidade do sentimento é que define, de fato, o grau em que a alma se encontra; é por onde se expressa a vibração, e esta, sim, é que deve ser sentida (muitas vezes o olhar pode enganar, mas o sentimento não).

A obsessão sobre os encarnados da Terra pode vir tanto de desencarnados do mundo astral terreno, como de seres desencarnados de outros orbes, e até de encarnados de outros orbes, localizados na espreita da terceira dimensão física, sem maturidade moral. Todos esses podem formar uma rede maior de interação e retroalimentação de sentimentos ainda impuros e sob o comando de quem for mais inteligente e forte mentalmente (o que não significa evolução). A atuação no orbe terreno de irmãos com baixa moral, provenientes de outros orbes, está cada vez mais reduzida, face às novas diretrizes para os tempos de transição planetária.

Muitos avanços científicos obtidos nas últimas décadas, voltados para o bem e para o mal, têm sido fruto dessas inteligências encarnadas. Há bons exemplos, oriundos da criatividade de seres evoluídos, como avanços na medicina, nas técnicas de educação, na eletrônica e informática, mas há casos, também, de produção intelectual de seres com mentes inferiores fortes e, ao mesmo tempo, sintonizadas com as baixas frequências morais, como na construção de bombas atômicas, de mísseis e outras sofisticadas máquinas mortíferas que continuam sendo criadas. Há, inclusive, o uso de *chips*[2] astrais, tanto em entida-

---

2 É importante salientar que a ciência e a tecnologia no mundo físico contemporâneo são frutos de avanços no mundo invisível. Infelizes daqueles que se utilizam dos avanços tecnológicos para fazer o mal. Há, portanto, entidades do bem que se utilizam de *chips*, com a devida permissão do encarnado (quando em desdobramento no sono) e aval de seu guia espiritual, com fins diversos, inclusive os relativos

des desencarnadas como em encarnados que possuem índole fria ou que ainda titubeiam em cultivar sentimentos crísticos. Esses dispositivos são colocados por seres extraterrenos em incursões no orbe ou que ficaram presos no plano astral da Terra, após desencarnarem.

Os *chips* funcionam como instrumento de controle remoto obsessivo. É importante lembrar que muitos irmãos encarnados têm se utilizado da apometria e de práticas de desobsessão mediúnica para realizar a retirada desses nanoaparelhos. No entanto, de nada adianta retirá-los, se o agente desse processo não esforçar-se para promover mudanças interiores no campo do pensar, sentir e agir. Somente o trabalho contínuo para a autotransformação promoverá uma mudança no padrão vibratório e a criação de barreiras energéticas que impedirão o acesso de entidades desencarnadas ou extraterrenas negativas sobre seu campo mental. Na verdade, a obsessão começa, normalmente, com a auto-obsessão, a partir de tendências morais negativas e vícios das próprias almas encarnadas.

Grande parte desses seres extraterrenos é oriunda do planeta Matma, orbe que fica no sistema solar Alnitaka, da constelação de Órion, onde habitam almas atrasadas moralmente, mas com elevado progresso intelectual. Quando se deslocam para a Terra, eles encarnam normalmente na primeira dimensão física: são aqueles cientistas ou pessoas muito inteligentes, mas com baixo teor moral ou baixa sensibilidade para o amor fraterno. Nestes tempos de transformação do planeta, a Espiritualidade Maior tem lhes dado chance para recuperar, no convívio com cristãos de verdade, a sensibilidade de que necessitam para amolecer seus corações e tornarem-se mais fraternos. Há vários outros planetas da constelação de Órion com seres de elevada estirpe espiritual; deles também têm chegado almas inteligentes, porém bondosas, que encarnam na Terra ou atuam

---

a processos de psicografia, haja vista que muitos mentores têm seus afazeres no mundo astral, não tendo tanta disponibilidade para ficar ao lado do médium por muito tempo, utilizando-se muitas vezes dessa técnica para aprimorar esclarecimentos relativos a certas transmissões de mensagens. Tais *chips* funcionam como um *pendrive*, carregado de dados e informações que, aos poucos, vão se descarregando na memória cerebral do encarnado e, por consequência, chegando ao campo da compreensão. Elas podem ser acionadas automaticamente durante o sono físico do médium ou mesmo na vida cotidiana, quando este se encontra relaxado das tensões. Há irmãos desencarnados, auxiliares de mentores, que têm o papel de monitorar esses processos, para evitar que entidades negativas possam interferir negativamente sobre esses mecanismos.

fraternalmente a partir de dimensões e planos mais sutis. Há estreita ligação cármica entre muitos seres oriundos daquela região celeste e a Terra.

Órion faz parte de um grande complexo constelatório dentro da Via Láctea, que envolve planos de interação de almas (humanas, animais e vegetais) visando à evolução do conjunto da grande família espiritual macroconstelatória e desta galáxia. Nesse sentido, e seguindo os planos maiores arcangelicais e angelicais da Via Láctea, há muitos movimentos, trânsitos e ajudas fraternais entre seres de diversos orbes que integram a arquitetura celestial que os terrícolas visualizam diariamente a olho nu ou mesmo por telescópio.

Há seres extraterrenos, de elevada inteligência e baixa evolução moral, que podem acessar a quarta dimensão física utilizando-se de aparelhos especiais de transporte interdimensional, como tentou-se utilizar na velha Atlântida. Esses aparelhos alteram tanto as estruturas subatômicas de materiais, como as estruturas dos corpos físicos, sem causar grandes danos à saúde, com o uso de roupas especiais. Quando estão em seus planetas, esses seres vivem de fato na primeira dimensão, mas se utilizam desses equipamentos de transporte interdimensional para se deslocar mais rapidamente em suas naves nas viagens interplanetárias, e poder entrar em orbes atrasados, como a Terra, para fazer espionagem e pesquisas.

Existem casos de seres que deixam entrar em suas naves entidades desencarnadas de seus orbes, em corpos astrais, para que desembarquem no Astral da Terra a fim de fazer pesquisas e até pactos com entidades negativas. Esses movimentos estão sendo observados e monitorados pelos administradores espirituais da Terra, e suas ações estão dentro dos limites permitidos pelo livre-arbítrio, para eles, para as entidades e para os encarnados da Terra que com se sintonizam com eles. Pessoas muito racionais e relativamente frias em sentimento são facilmente sintonizáveis. Para esses seres extraterrenos, o sequestro de ectoplasma e bioplasma, que são acondicionados em recipientes apropriados, representa material importantíssimo para usos diversos, como ocorre para as entidades do Astral inferior da Terra.

Quem deseja o bem e se esforça por melhorar-se espiritualmente a cada dia, não estará em sintonia com entidades negativas, deste ou de qualquer outro orbe. Os testes de ética,

Missão Planetária   153

caráter e amor fraternal sempre existirão, pois a vida impõe ao candidato à transformação íntima algumas situações para que ele se fortaleça em suas convicções e na sua alquimia interior de transmutação. Entretanto, o viajante jamais será desamparado, pois o Pai nunca abandona seu filho, e, se este optou no fundo do seu coração pelo lado do bem, certamente receberá a ajuda reforçada no momento certo. Mesmo aos mais rebeldes, a bondade infinita sempre estará proporcionando chances de reencarnação e de convivência com entidades orientadoras, a fim de que alcancem o caminho do bem, a rota que os faça retornar à Casa do Pai.

São aguardados momentos de grandes transformações físicas, astrais e mentais para o orbe terreno, que de certo modo já se iniciaram e que deverão ser intensificados doravante. A vida humana física neste orbe deverá se preparar para, num futuro de aproximadamente 200 anos, **iniciar** um processo lento de encarnes na quarta dimensão física. Mas, antes de chegar lá, muitos esforços e avanços deverão ocorrer no íntimo das almas e no plano físico. Essas novas oportunidades não serão dadas sem que haja esforço, ainda que a bondade divina esteja sempre de braços abertos a servir, por meio de entidades bondosas deste e de outros orbes, encarnadas e desencarnadas. O serviço é de cooperação e troca mútua, mas caberá a cada um o próprio trabalho interior de reeducação do pensamento e da postura íntima, rumo à fraternidade universal.

No futuro, não haverá espaço na Terra para desentendimentos por questões religiosas; prevalecerão cada vez mais posturas ecumênicas e desprendidas do aspecto religioso-institucional, pois a tendência é o desaparecimento das instituições religiosas e a ampliação do templo do religamento com o Pai dentro do *habitat* íntimo de cada um. Mesmo no mundo astral, hoje, já se verificam muitas mudanças nesse sentido e com relação à forma de se crer e aos métodos praticados por cada um, em busca do equilíbrio espiritual. Afinal, Deus é único e somos todos filhos da mesma origem cósmica.

Estamos trabalhando para que a prática ecumênica na Terra cresça cada vez mais entre os encarnados. Daí a importância de usar-se a boa psicologia para se evitar conflitos e adotar discursos que não entrem em detalhes que possam gerar desentendimentos, mas que se busque adotar ou encontrar pontos em comum para promover união e não desunião, isto é, palavras e sentimentos que aproximem uns aos outros, o que é uma postura universalista. Que sejam praticados o amor fraterno, o respeito a Deus, a boa ação, o bom pensar, esforçando-se para mudar os sentimentos e impulsos inferiores.

Observai que muitos centros espíritas e de Umbanda começam a receber irmãos evangélicos, católicos e até ateus, que lá vão buscar apoio espiritual ou cura para seus males físicos. Nada disso é por acaso! Faz parte do Plano. É fundamental estarem todos de braços abertos para a ajuda fraterna aos que chegam, inclusive até enfatizando que suas crenças são muito importantes e que continuem crendo em Deus e praticando o bem a si e ao próximo. A cada dia que passa as transformações serão mais intensas sobre o globo terrestre, e as pessoas se depararão com seus conflitos interiores. Muitos ficarão mais desequilibrados mental e emocionalmente; as doenças físicas, passageiras, crônicas, dolorosas e sem cura, aumentarão, sejam elas de origem emocional ou decorrentes da alimentação inadequada, ao longo da vida ou mesmo por reflexo cármico. O desespero fará com que os centros espíritas, e principalmente a Umbanda, sejam cada vez mais procurados.

A Terra tem sofrido, e sentirá ainda mais daqui para a frente, os efeitos das tempestades e explosões solares, que representam grandes emissões de luz de amor, a partir de movimentos subatômicos que interagem com estruturas subatômicas deste planeta e de todos os orbes do Sistema Solar: uns recebem mais fortemente, outros mais suavemente essa influência atômico-energética. O Sol e seus anjos também estão em evolução e essa dinâmica faz parte do processo evolucionário do Astro-rei e de seus habitantes de luz que, impulsionados pela força da expansão que se processa neste Universo, são levados a expandir mais amor, que se manifesta em forma de movimentos atômicos e subatômicos, gerando quantidades gigantescas de fótons, e consequentemente de luz, que chegam à Terra e aos outros orbes do Sistema Solar. E isso já esclarecemos a vós. A necessidade desses seres expandirem mais amor está na essência da fraternidade universal, que promove saneamento em energias densas que impedem o fluir natural dessa luz energizadora e expansora de consciência e amor cósmicos (esse saneamento tem na Terra o endereço mais direcionado e intenso).

Missão Planetária

Essa sintonia atômico-energética ocorre também em relação ao interior da Terra, no nível do magma, que tem em sua composição elementos semelhantes ao Sol, ocorrendo, por efeito de atração, interação atômica e subatômica entre esses elementos fisioquímicos (o magma do núcleo da Terra atrai as ondas magnéticas que vêm do Sol, e, por sua vez, as ondas provenientes do Sol buscam encontrar o magma terreno, como ondas conectadas por "antenas"). Essa interação ativará mais intensamente a pressão do magma para sair em direção ao Cosmo, a exemplo do que ocorre com uma panela de pressão, que deixa o gás sair pelos furos da tampa para evitar a explosão da panela.

No caso da Terra, esses "furos" representam os vulcões espalhados pela superfície terrena. Onde não há vulcões, ocorrem movimentos horizontais, pressionados por essa força e influxo de magma escaldante, gerando movimentos de placas tectônicas e propiciando a ocorrência de terremotos e suas consequências, como os *tsunamis*. Esse quadro tem intensificado a cada dia os movimentos do conjunto das placas tectônicas do interior da Terra, ocasionando a predisposição para terremotos e ajustes no eixo do planeta, dinamismo que tem alterado as correntes marítimas e os fluxos de correntes de vento, intensificando-os e gerando desequilíbrios climáticos, como os observados no caso do El Niño e La Niña (este último, apesar de frio, tem se desequilibrado em face dessas alterações). Somando-se a esse quadro as agressões ambientais e mentais-astrais sobre o "corpo" físico e sutil do orbe, gerar-se-á consequências em cadeia, desde os níveis subatômicos até aos macrofísicos, alcançando inclusive os planos mais sutis do campo astral terreno.

As tempestades e explosões solares, que já foram detectadas por vossa ciência, tenderão a se amplificar doravante e, quanto mais intensas forem, mais efeitos provocarão no eletromagnetismo da Terra, com fortes descargas atômicas, afetando também os demais planetas do Sistema Solar. No escopo dessas descargas eletromagnéticas vem uma quantidade gigantesca de neutrinos que penetram na atmosfera terrestre, no interior da crosta, bem como em tudo que está sobre a Terra, provocando alterações subatômicas sutis, não detectadas ainda por vossa ciência, que modificam lenta e sutilmente o dinamismo atômico e molecular de seres e coisas, com impactos a longo prazo.

Assim, essas alterações afetarão não apenas as correntes

eletromagnéticas que ocorrem nas transmissões de energia elétrica, mas os sistemas de comunicação, as emissões oriundas de satélites, o campo magnético da Lua e de outros astros e, como tal, afetará o movimento das águas dos oceanos, mares, rios subterrâneos e de superfície, o volume e fluxo líquido que alimenta as estruturas vegetais (líquens), o movimento sanguíneo das veias e vasos arteriais humanos e dos demais animais, a dinâmica atômica dos componentes minerais do solo e o funcionamento das células humanas, enfim, é todo um efeito em cadeia. Essa influência será cada vez mais forte na dinâmica interna do magma, que, por sua vez, afetará o eletromagnetismo do planeta proveniente dessa dinâmica atômica, com consequências nos movimentos de prótons e elétrons que compõem os polos magnéticos. Esses movimentos naturalmente afetam a atmosfera e os fluxos físico-químicos que ajudam na estruturação do tempo e nos processos climáticos.

O derretimento das calotas polares já é um fato, e a dinâmica de fenômenos climáticos extremos tenderá a intensificar-se: verões com calor extremo, invernos com frio extremo, concentração de chuvas torrenciais e tempestades, e secas mais extensas. *Tsunamis* e outros movimentos abruptos do mar serão mais constantes. Percebe-se, hoje, alterações climáticas que propiciam chuvas mais frequentes onde antes isso era raro, e excassez de chuva e secas intensas onde antes o índice pluviométrico era maior ou mais regular, proporcionando modificações na paisagem vegetal; esses quadros serão cada vez mais visíveis em futuro próximo.

Graças à intervenção superior, ocorreram ajustes nos planos de transformação geológica, de maneira que eles foram adiados para dar mais uma chance de mudanças internas nos seres humanos. Embora se verifiquem algumas mudanças em certos grupos, no conjunto a humanidade continua imersa nas forças primárias e nos sentimentos de baixo teor espiritual. É importante atentar-se para o que foi elucidado anteriormente: existe um processo já desencadeado, e o máximo que a Espiritualidade Maior pode fazer é retardar os movimentos atômicos e subatômicos envolvidos nesse processo. Contudo, isso não poderá ser estendido por muito tempo, e uma alternativa tem sido distribuir essa pressão energético-planetária ao longo do tempo; seria como ir tirando a pressão de uma panela, aos poucos, ao

Missão Planetária

invés de deixar sair o fluxo de calor e pressão de uma só vez.

Assim, impactos mais amenos, ou pontuais, vêm ocorrendo na Terra, o que significa mudanças físico-geológicas e climáticas mais sensíveis em alguns locais e mais fortes em outras regiões do planeta (regiões geográficas com maior peso cármico coletivo sentirão mais os efeitos das mudanças), porém a grande maioria do que estava previsto de fato ocorrerá, pois não se pode interferir em certas dinâmicas subatômicas que envolvem interação entre o Sol e os planetas do Sistema, em especial no tocante à Terra, onde subsistem sistemas de vida econômico, social, ambiental e cultural ainda distantes de padrões mínimos de equilíbrio espiritual, gerando efeitos danosos aos campos energéticos e eletromagnéticos de outros planetas e dos planos invisíveis deste orbe. Esses efeitos danosos atingem também os níveis subatômicos da vida física, astral e mental do orbe. Não se pôde interferir no livre-arbítrio dos seres humanos por certo período de tempo, mas o prazo, dentro da economia do Cosmo, chegou a sua etapa final, ou seja, os tempos são chegados. E como se trata de caso extremo, haverá intervenção superior sobre a vida na Terra e, ainda assim, essa intervenção terá limites.

Ao analisarmos e compararmos os dias atuais com os velhos tempos da Atlântida, da Antiguidade e da Idade Média, concluímos que sem dúvida a humanidade evoluiu. Entretanto, é como se esta humanidade, apesar dos avanços, ainda estivesse atrasada na escola da vida evolucionária. Houve muitas reprovações e atrasos nos quesitos humildade, perdão, compreensão, tolerância, resignação, renúncia, altruísmo, fraternidade universal, enfim, numa série de aprendizados necessários à transformação dos sentimentos. Houve mais avanço intelectual, porém um avanço ainda preso:

a) ao materialismo – consumo desenfreado de bens materiais e busca incessante do "possuir"; usurpação do dinheiro público; apego ao *status* e poder, em detrimento e com exploração de muitos irmãos, num claro desejo egoístico de acúmulo de riqueza, enquanto muitos passam fome e sede, sem teto, sem emprego, sem oportunidades de ter acesso a uma melhor qualidade de vida;

b) à satisfação dos impulsos do instinto – sexo desregrado e em "clima" cada vez mais sofisticados; consumo de carnes animais em pratos criativos; consumo desenfreado de sofisticadas bebidas alcoólicas; uso de drogas antigas e de novas fórmulas diabólicas que enfraquecem a vontade dos encarnados, transformando-os em presas mais fáceis dos obsessores astrais viciados; **c) aos sentimentos rasteiros** – inveja, busca do domínio e do poder travestido de cargos e posições de destaque na sociedade; preguiça e ação pelo menor esforço na busca de poder e riqueza, com roubos desde os mais simples aos mais sofisticados; competição exacerbada para alimentar a vaidade e o orgulho; violência no interior das mentes e corações e expansão desta nos meios sociais, alimentados pela raiva, ignorância e disputa por poder, drogas e dinheiro, dentre outros.

Os movimentos ecológicos e sociais representam, sim, avanços mais recentes e já sinalizam mudanças profundas no comportamento e no pensamento do terrícola. Exatamente por isso, os efeitos cataclísmicos da fisiogeografia terrena foram diluídos no tempo, mas nem por isso suspensos totalmente. É importante atentar-se para o fato de que as mudanças na profundeza das almas têm ocorrido em alguns meios sociais, principalmente em certos nichos dentro das classes, que, sem dúvida, possuem papel vital na formação de opinião planetária, especialmente considerando as redes sociais e os imediatos fluxos informacionais gerados pela internet e por toda a força imanente da globalização. Mas ainda há muita exclusão espiritual. E, quando nos referimos ao aspecto espiritual, não significa o visível aumento de agrupamentos religiosos-institucionais ligados a intenções materialistas, imediatistas ou a "benesses" do Divino, mas à aplicação do verdadeiro sentido de religamento da alma com sua essência divina interna.

Ainda que esteja preocupado com seus interesses pessoais, muitas vezes mesquinhos, é preferível o ser estar dentro de um templo, uma igreja, mesquita, centro espírita ou de Umbanda, do que na casa de orgias ou num presídio. Todavia, a grande maioria dos humanos ainda continua atrasada na escola da transformação íntima, e por isso há necessidade de que acontecimentos externos ocorram de maneira impactante para que todos percebam que a vida não se processa apenas no plano material, e que não adianta buscar-se a satisfação dos padrões mínimos de saciedade da fome e da nutrição, ou da obtenção da moradia digna e da vestimenta, do acesso ao transporte de qualidade e do respeito às regras sociais, sem uma profunda busca e transformação interna. Muitas sociedades têm se mostrado falidas no item felicidade interior, e estão ricas de dinheiro, apegadas aos bens materiais e escravizadas pelo impulso instintivo, mas imersas na depressão, na tristeza, na desilusão, na falta de postura fraternal, e nas agressões a si próprias, seja pelo uso de drogas ou álcool, seja pelo suicídio ou pelo isolamento entre as criaturas. A cada dia se avoluma o número de almas que chegam ao plano astral totalmente perdidas, mergulhadas no mundo infernal ou umbralino por estarem imantadas às emanações que cultivaram ao longo da vida.

O planeta vive um momento de conturbação intensa e de contradições marcantes, em vários níveis. Com relação ao clima, percebe-se nitidamente inversões ou grandes amplitudes térmicas, desbalanceamentos de chuvas e secas, períodos de intenso calor e intenso frio, em épocas incomuns, conforme abordamos a pouco. No que tange à política, verificam-se alguns países derrubando ditaduras e realizando reformas democráticas, enquanto outros conduzem movimentos em direção ao totalitarismo, tanto econômico como político, travestido de democracia "representativa". Vemos pessoas querendo paz e harmonia, enquanto outras buscam a violência, o roubo e a indiferença, nos vários estratos sociais. Verificamos pessoas tendo acesso ao alimento, a ponto de exagerar e desperdiçar o pão de cada dia, enquanto outras passam fome; umas buscando a paz interior, enquanto outras se perdem pelo uso de drogas e álcool. Podemos então ter certeza de que as mentes, os corações e as atitudes das criaturas encontram-se totalmente polarizadas: uma mesma pessoa pode estar vivendo um conflito interior atroz entre o seu lado material e o seu lado espiritual, entre ser bom e ético ou ter de adaptar-se ao mundo imerso na competição, no egoísmo, no materialismo, nos vícios modernos, e na busca do prazer sem medidas.

Todo esse contrassenso, tanto na vida social como no íntimo do homem moderno, chega ao limite da doença, no campo espiritual, que afeta o planeta pela falta de amor e desequilíbrio mental. Como as explosões solares são intensas emanações de átomos de amor aos seres de todo o Sistema, inclusive da Terra, tão necessitados de equilíbrio e de afeto, os efeitos eletromagnéticos provenientes dessas emanações de energias puras e dinamizadoras mobilizarão mais firmemente muitos seres no caminho do bem; outros ficarão mais perturbados e vivenciarão intensa contradição interior, e outros tantos se sentirão tão incomodados que suas maldades se intensificarão, pois cada ser será dinanizado energeticamente naquilo que lhe predomina intimamente. Estes terão então sua última chance para regenerar-se, pelo menos intimamente, pois as inperfeições no planeta de regeneração terão novos limites e propósitos, calcados na decisão de seguir novos caminhos que exigirão esforço para se construir um mundo íntimo e social de paz e amor.

Em meio às mudanças decorrentes das explosões solares, há ainda o evento astro intruso, ao qual muitos chamam de Nibiru, outros de Hercóbulo. Esse astro faz movimentos elípticos no Cosmo e já está em sua quarta passagem milenar pelo Sistema Solar: são viagens periódicas que trazem variações diversas em seu percurso, mas dentro de uma lógica sideral, como parte de planejamentos cósmicos e da evolução do conjunto. Todavia, esse movimento do planeta intruso sofreu uma pequena desaceleração, ínfima aos olhos da Espiritualidade Maior, mas bastante representativa para os terrícolas. Essa intervenção se iniciou na década de 1970 e ainda está se processando, sob o controle da astronomia sideral.

Os efeitos previstos decorrentes de sua passagem ocorrerão sobre todo o Sistema Solar, mas principalmente sobre Marte, Júpiter, Terra e Vênus, e também sobre os asteróides. Com a devida permissão do Conselho do Sistema Solar e de administradores do Conselho Galáctico, anjos e irmãos de vários orbes estão monitorando essa aproximação e dispõem de alguns mecanismos de influenciação, com altíssima tecnologia, que podem efetivar pequenas alterações no movimento desse astro e seus reflexos sobre a Terra e demais planetas do Sistema Solar. Dentre seus efeitos imutáveis, está o ajuste do ângulo ou inclinação do eixo terrestre, consequência que, somada aos movimentos das placas tectônicas, já está provocando acomodações no eixo original de 23 graus, que hoje já é de quase 21 graus, e continua se movimentando, devendo acelerar-se em breve.

Outro evento que já está ocorrendo é uma pequena aceleração do movimento de rotação e translação da Terra, e de vários outros astros do Sistema Solar. As movimentações dentro do núcleo do orbe, causadas pelas explosões solares e pelos efeitos de fluxos siderais de planetas e estrelas no Cosmo, têm inten-

Missão Planetária

sificado, por conseguinte, o movimento do líquido magmático, bem como do conteúdo mais pastoso e denso no interior deste planeta, e isso tem causado alterações no tempo e no magnetismo da Terra.

Os desequilíbrios ambientais físicos provocados pela insensatez dos terrícolas, aliados às influências cósmicas, afetarão cada vez mais a capacidade de produção de alimentos. As economias que já estão se desestruturando continuarão enfraquecendo as bases materiais da maioria dos países do planeta. A nova ordem global, com nações emergentes como China, Rússia, Brasil, Índia, África do Sul, México, Malásia e outras, não tardará a sentir os efeitos das transformações geofísicas e climáticas afetando a produção e a economia.

O menos afetado nos abalos geofísicos será o Brasil, que ainda assim sofrerá muitos efeitos de secas intensas e chuvas torrenciais, calor e frio em épocas inesperadas, alguns reflexos de abalos sísmicos oriundos dos Andes, aparecimento de insetos e fungos resistentes a agrotóxicos nas plantações, e muitas perdas de safras agrícolas. E assim, o país terá de unir esforços na organização política e na gestão pública de modo competente e ético. Não por acaso o país passa por um saneamento ético no campo da política e do poder econômico.

O brasileiro terá de manter-se em sua natureza aberta para receber cada vez mais irmãos estrangeiros, a pocura de trabalho e meios de sobrevivência, com os quais unirá esforços em busca de soluções práticas e inteligentes para os problemas que surgirão. É preciso fortalecer a pequena produção descentralizada, como forma de disseminar a geração de alimentos nos quatro cantos do país e evitar-se a concentração em alguns locais que serão fortemente afetados por problemas climáticos.

Ao contrário do que ocorreu com a Atlântida, onde houve uma ruptura civilizatória abrupta após as grandes transformações, em relação aos acontecimentos atuais, que também afetarão o globo inteiro com consequências em diferentes graus, haverá a continuidade do avanço tecnológico e material em muitos aspectos, ou seja: não haverá total quebra do conhecimento humano e no processo evolucionário material e científico da Terra, e os mentores espirituais do planeta cuidarão para que seja preservado o que for de fato importante para a construção da Nova Era.

O maior choque será no âmago das almas, que cairão em si e perceberão que um novo sistema de vida planetário terá de ser construído, com diferenças profundas sobre os referenciais atuais, apoiadas no serviço incondicional e amorável e não no egoísmo, na humildade e não na arrogância e orgulho, na simplicidade e não no luxo, na cooperação e não na competição, na integração fraterna e não na separatividade, na paz e não na violência, no perdão e não na vingança, no respeito ao ser humano e à natureza e não na indiferença e irresponsabilidade.

As alterações magnéticas que vêm ocorrendo na Terra fazem parte de um plano superior que envolve a preparação dos seres humanos para um futuro intercâmbio entre energias magnéticas e benéficas provenientes do Sol e dos planetas vizinhos, bem como para a descida de irmãos de vários orbes. Some-se a isso a preparação para a construção das bases físicas na quarta dimensão para daqui a algumas décadas, já como parte do planejamento de migração de algumas almas que encarnarão neste novo bioambiente, conforme citamos anteriormente, desde que possuam um mínimo de condições espirituais para tal.

É importante esclarecer que, se os ambientes mais organizados do mundo físico terreno exigem um planejamento austero, que pode sofrer ajustes de percurso, o mesmo acontece com relação ao percurso do planejamento cósmico, porém em escala maior, especialmente quando se lida com decisões e condução de caminhos evolutivos de vidas físicas e de espíritos. A Espiritualidade Maior não está de brincadeira com quem quer que seja, muito menos com os seres que compõem esta maravilhosa obra da Criação. Assim sendo, os terrícolas deveriam agradecer diariamente a Jesus, o govenador da Terra, que com seu imensurável amor cobre a multidão dos pecados humanos, acreditando sempre que dias melhores virão para aqueles que ainda estão em dúvida quanto ao rumo espiritual a tomar. Esse grupo de duvidosos e vacilantes que ainda não optaram conscientemente por um mundo de amor e paz devem posicionar-se intimamente nos próximos anos, pois a contabilidade cósmica precisa efetizar o "balanço espiritual" em relação aos terrícolas, pois o processo de grandes mudanças já está em curso e os tempos chegaram. Não deve haver temor, em nenhuma hipótese, mas sim a fé nos desígnios de Deus, a esperança em dias melhores rumo a uma felicidade plena e não efêmera.

Missão Planetária   163

Paralelamente a essas transformações, estão sendo operados movimentos intensos de saneamento no Astral terreno, contando com grupos de resgates que socorrem almas de bom coração, porém perdidas por indisciplina e sintonia irresponsável com seres das trevas, e que, uma vez recuperadas, podem vir a habitar um novo mundo de regeneração. É importante deixar claro aqui que a prorrogação ou a diluição das transformações físicas através do tempo se deveu, também, à demanda de trabalho no Astral inferior e umbralino nos resgates de almas e à ausência de trabalhadores da última hora. Em razão dessa falta de colaboradores no Astral da Terra, bem como a existência de poucos tarefeiros espíritas ou espiritualistas sérios, no plano físico, que possam engrossar as fileiras dos que se dispõem a ajudar os planos superiores, muitas medidas vêm sendo operadas no Astral, incluindo o uso de sofisticada tecnologia para permitir que irmãos extraterrenos desencarnados, e principalmente encarnados em dimensões físicas mais sutis que a terrena, possam somar-se aos terrícolas na ajuda desses resgates.

Conforme podeis observar, o trabalho é árduo e intensivo; ainda mais porque existem no Astral líderes de falanges do mal que estão sendo gradativamente retirados do orbe. Alguns ainda estão sob monitoramento, e até os minutos finais do saneamento planetário serão abordados por irmãos da Espiritualidade Maior, com o objetivo de se reciclarem interiormente e optarem pela direita do Cristo, como última chance para permanecerem no futuro planeta de regeneração. É verdade que a disseminação do Espiritismo no Brasil, o surgimento de práticas espiritualistas em vários outros países, os movimentos ecologistas e sociais que buscam maior equidade entre as pessoas, enfim, um conjunto de iniciativas que se espalharam ao longo do século XX, nos quatro cantos do mundo, visando a acelerar as transformações internas nas almas terrenas, sem dúvida contribuíram para muitos avanços, porém eles foram muito lentos e aquém do esperado.

Na verdade, o que se aguardava para acontecer entre os anos 1945 e 1970 só veio a ocorrer, de fato, no final da década de 1980, do século XX, com maior intensificação nos últimos dez anos, ou seja, com pelo menos 40 anos de atraso, que foram os movimentos sociais que discutem, globalmente, a questão do estilo de vida da sociedade terrena, o consumismo desenfreado, e uma série de aspectos que poderiam criar um aura de esperança no entorno da Terra. Desse modo, os esforços de lideranças e da sociedade terrena para repensar a forma de vida global traz resultados pequenos, mas impactantes para a contextura astralina da Terra. Mas a grande massa terrena ainda está alheia às inciciativas que acontecem no plano físico, e o mesmo também ocorre no plano astral, onde, enquanto alguns estão comprometidos com a organização e êxito dos eventos, há grande massa de espíritos alheia e até contra o que ocorre nos planos superiores.

Pelas análises de probabilidades estatísticas do plano espiritual superior, sabe-se que muitos serão chamados, mas poucos (não devendo chegar a 20 por cento da humanidade, somados encarnados e desencarnados) adentrarão as portas da transformação íntima por iniciativa e esforço próprios, única maneira de construir-se uma sociedade mais humana, mais respeitosa para com o meio ambiente e mais sintonizada com os princípios do amor universal. Outras almas serão atraídas pela força transformadora e optarão, na derradeira hora, para o lado do Cristo, seja mobilizadas pelo medo ou pelo reconhecimento tardio quanto à necessidade de adentrar o caminho da renovação; as demais, revoltosas, serão levadas para um orbe mais atrasado espiritualmente, conforme temos esclarecido em muitas mensagens.

A tendência política, social e econômica do planeta, somada aos movimentos geofísicos, climáticos e siderais, criará condições para o ressurgimento da vida em novas bases comportamentais e princípios espirituais-ecumênicos. Muito interessante e promissora tem sido a tendência de proliferação de centros espíritas e umbandistas por todo o território brasileiro (que se expandirá doravante), para onde tem vindo, aliás, diversos estrangeiros em busca desses caminhos espirituais, bem como se amplia o fluxo de conhecimentos e experiências no campo espiritualista e espírita em direção a vários países, sob influência da Pátria do Evangelho, o que promoverá grande movimentação nos corações e mentes adormecidos no egoísmo e na falta de fraternidade.

Há muitos avanços a ser alcançados dentro do Brasil, a fim de que o país possa aportar com mais firmeza e equilíbrio sua missão futura de foco irradiador do amor crístico na Terra.

Missão Planetária

Contudo, o verdadeiro caminho será através dos movimentos espiritistas e espiritualistas, que tenderão a multiplicar-se cada vez mais. Nesse sentido, torna-se primordial que os grupos ligados a missões espirituais, além dos estudos dessa temática, numa perspectiva universalista, também se informem e absorvam conceitos sobre organização e gestão, meio ambiente e sustentabilidade social e econômica, pois, em futuro breve, todos os temas ligados à transformação física e espiritual do planeta serão indispensáveis para a reconstrução de novo sistema de vida, desafio para o qual esses conhecimentos serão de grande importância.

O momento é de união de conhecimentos e experiências, e não se pode dissociar espiritualidade de sustentabilidade. Não há mais espaço para ignorância nessa direção, e espera-se que os que optaram pela "direita do Cristo" estejam imbuídos do propósito de estudar e servir incansavelmente. Há muito trabalho agora, nos planos físico e astral; haverá muito mais brevemente, e mais ainda depois. Não há tempo para descansos indevidos. O corpo e a mente precisam de refazimento sempre que se exaurirem, e isso é justo e necessário. Todavia, é preciso observar quando o descanso está encoberto pela preguiça ou pela fuga ao labor responsável.

Muitos irmãos que trazem uma história reencarnatória de frustrações e ceticismo em relação aos movimentos religiosos acabam por olhar com certa desconfiança para o Espiritismo, a Umbanda ou para movimentos espiritualistas. Assim, por não conseguirem romper os elos com insucessos de experiências passadas, seja por preguiça interior, por revolta ou falta de humildade, acabam por ficar com a mente projetada somente na vida material, ainda que preocupados e envolvidos de forma sincera e justa com questões sociais e ambientais. Estes tornam-se presas fáceis para a influência de desencarnados viciados em drogas e álcool, sexo desregrado, ou almas presas à revolta interior pela inconformação ou resistência a ter de abrir o coração para o amor incondicional. Por isso, muitos irmãos se afastam da sintonia com a Espiritualidade Maior. Embora o resgate dessas almas já tenha começado, tanto no plano astral como no mundo físico, os irmãos ligados aos movimentos espírita e umbandista também têm a missão de atrair essas almas para labores no campo do espírito.

Há que se alertar, todavia, para o fato de que as hordas de almas "escuras" do Astral não gostam desses movimentos salvadores e tentam conter tais avanços que, em muitos casos, libertam seres escravizados desde muitas décadas, séculos e até milênios. Por isso a importância de desenvolverem-se correntes espirituais lúcidas, sintonizadas com a Espiritualidade Superior, e firmes no propósito crístico a que servem, com o intuito de não se abaterem nem se deixarem influenciar por inteligentes estratégias maquiavélicas para atrapalhar, conter e até inverter esse processo. Infelizmente alguns irmãos e grupos espíritas desavisados, sem preparo suficiente, vaidosos e sem firme sintonia com os planos superiores, acabam sucumbindo e virando verdadeiros joguetes dessas inteligências distantes do amor crístico. É preciso cultivar o amor fraterno dentro do coração, mas um amor maduro e que se utiliza do discernimento e das sutis percepções intuitivas para não ser levado a armadilhas pelos agentes e líderes do plano astral inferior.

A Espiritualidade Maior está sempre orientando, incentivando e esperando a colaboração dos irmãos encarnados de boa vontade a prosseguir nessa jornada de resgates que se agiganta a cada dia, mas que exige humildade, corações abertos no amor, no serviço fraterno e discernimento.

Missão dos avatares na Terra

Avatar, palavra que vem do sânscrito, significa encarnação de um ser divino, conexão do céu com a terra, ou ainda, descida de um representante de Deus. Desde os primórdios da criação da Terra, muitos espíritos divinos estiveram envolvidos no planejamento e implantação do projeto evolutivo deste orbe. Conforme esclarecemos nesta obra, nos sete níveis ou planos evolutivos há uma faixa em que o ser já pode ser caracterizado como anjo, estágio da evolução em que a polaridade átmica ou essencial (positivo-negativo) permanece firme e indissociada no espírito, qual ocorrera desde sua criação como mônada. Então, a diferença humana masculino-feminino começa a desaparecer na alma; o que ocorre a partir do plano búdico. Por isso, muitos ouvem o dizer: "anjo não tem sexo".

Quando o ser alcança o estágio angelical, tem início o exercício mais integralizado da alma no sentido do amor cósmico.

Missão Planetária   167

A partir do estágio nirvânico, inicia-se a transição para níveis puros da angelitude. Ao alcançar o plano paranirvânico, o anjo atinge tal estágio de expansão consciencial e de amor cósmico que o deixa apto a adentrar o plano mahaparanirvânico, quando o arcanjo estará formado. E assim, o ser estará num nível de pureza e entrega total às forças cósmicas impulsionadoras da vida e do amor que permeia a tudo e a todos. Essas fases evolutivas demoram bilhões de anos e exigem da criatura experiências próprias e intransferíveis dentro do Universo. Exemplificando: o espírito terá de participar do planejamento da criação de um sistema solar e ajudar na co-criação de um astro planetário. Na fase angelical (antes do plano nirvânico), terá de encarnar nos planos físicos mais densos (como o vosso) e em outros planetas com vida física dimensional mais sutil (podendo estar no plano nirvânico), e participar de sua gestão por alguns milênios, a fim de exercitar a mente e o coração na interação consciente e fraternal com cada átomo daquele astro.

Assim foi e tem sido a experiência angelical de Jesus em relação à Terra, em suas fases preparatórias para, em um momento cósmico, tornar-se arcanjo também. Para que Ele administrasse a Terra na Era de Peixes, período do amor fraterno, teve de juntar-se a vários anjos, acompanhar e participar da elaboração do projeto Terra, interagir com todos os átomos terrenos durante sua implantação, desde a fase em que o planeta se descolou do Sol, desde o período de resfriamento de gases e solidificação dos minerais, com adensamento do núcleo de cada átomo componente da crosta do planeta, passando pelo aparecimento das primeiras bactérias até à explosão do mundo microscópico, atravessando o reino vegetal, dos primeiros musgos e samambaias às mais frondosas árvores, até chegar ao reino animal e depois ao hominal, em todas as suas etapas. Essa vivência não foi apenas de tomada de consciência, mas de amor, de doação plena e entrega aos ciclos de transformação atômica e biológica de cada ser dentro do orbe planetário, não apenas no mundo físico, mas também astral.

Tudo isso pode parecer inatingível para o homem, mas um dia a evolução lhe proporcionará felicidades indescritíveis como essas, ao se doar à força propulsora do amor cósmico, e essa felicidade então tenderá a aumentar à medida que ele transformar cada partícula do egoísmo em amor fraterno. Por isso, quando um anjo tem a oportunidade de descer a planos densos e encarnar em um corpo humano, experimenta no íntimo da alma a sensação amorável de servir a cada célula e átomo daquele corpo, o que é uma dádiva (é muito importante, para a evolução espiritual dos terrícolas, o exercício de sintonia com suas próprias células e átomos corporais. A prática de cultivar o sentimento de gratidão ao Pai, diariamente, por possuir um corpo físico, ajudará muito na eliminação de doenças e desequilíbrios físicos). Vivencia, então, a cada nova experiência encarnatória, outras realidades psicológicas e materiais, com novidades no aprendizado da psicologia cósmica, diferente do tempo em que os anseios do mundo físico ou astral ainda bafejavam sua alma, há bilhões de anos. Portanto, a encarnação sempre proporciona ao ser novas oportunidades de aprendizado e troca de experiências, mesmo aos anjos, quando descem aos mundos densos em missão de doação incondicional e com o propósito de mobilizar e magnetizar positivamente almas ainda primárias.

Todo anjo que encarna em um determinado orbe está sintonizado com o Cristo Planetário daquele orbe. Considerado um avatar, em razão de sua essência divina, manifestará a energia criadora, mantenedora ou transformadora, a depender de sua missão reencarnatória, até o momento em que, com a chegada ao plano mahaparanirvanico, poderá reintegrar-se plenamente à Consciência-Amor Universal. Sempre que avatares descem à vida terrena mais densa, há todo um planejamento milenar por trás, com encarne prévio de espíritos que lhe darão suporte. Alguns encarnam um pouco antes, para recebê-lo quando do seu nascimento físico; outros permanecem no orbe até o seu retorno à vida espiritual, envolvendo guardiões espirituais, precursores da mensagem e sustentadores de sua missão. Todos eles atuam como orientadores na sua infância e nos primeiros passos de aprendizado terreno, ou como protetores desse espírito delicado e sutil. Esse ambiente protetor, que dura milênios, desde a preparação do encarne até seu desencarne, representa a ambiência necessária para que avatares cumpram suas metas missionárias, inclusive sem intervenções indevidas das trevas "inteligentes".

Ao longo da trajetória de vida da Terra, desde antes da Lemúria, passando pelas duas fases da Atlântida até a fase atual, muitos espíritos de luz têm encarnado ou mergulhado no denso mundo astral e físico terreno e auxiliado avatares em suas

Missão Planetária

missões de harmonização planetária. Quando Akhenaton, no velho Egito, trouxe a crença do Deus único e o chamou de Aton, estava naquele instante sintonizado com o Cristo Solar, então considerado o Pai-Sol, afinal a Terra é física e magneticamente oriunda do Sol. O espírito do irmão Akhenaton, desde que se agregou ao Projeto Terra, esteve intimamente sintonizado com o Logos Solar, e teve papel fundamental como guardião espiritual no descenso vibratório ao plano astral, e depois ao mundo denso da matéria, do primeiro avatar na Terra. Aton foi esse avatar: um anjo representante da comunidade solariana que tinha enorme cuidado com a Terra, numa época em que brotava a vida civilizatória no planeta, com os povos migrantes de outros orbes e os nativos terrenos, todos necessitados de uma força bramânica impulsionadora do progresso material e espiritual, necessário naquela época.

Num segundo momento da Lemúria, desceu ao plano astral denso um novo avatar, com missão sacrificial junto aos seres humanos primitivos, em razão da demanda áurica planetária, que exigia um ser que representasse o raio do amor divino. Foi quando surgiu Hastar,[3] originário de Sírius, que já trilhava os caminhos do plano búdico, em sua escalada evolutiva, e vinha exercitando sua expansão de consciência e amor junto a cada átomo terreno, desde a criação do planeta. Nessa época, a Lemúria passava por um momento crítico de muitas guerras, desrespeito humano extremo e egoísmo exacerbado. O Cristo Planetário requisitava a descida de um anjo que permeasse o plano astral terreno com sua energia amorável, desde as zonas mais densas, porém que influenciasse também, indireta e beneficamente, com sua vibração de amor doce e divino, as vidas no mundo físico, muito denso naquela época.

Hastar se adensaria vibratoriamente até que se constituísse um corpo astral para que seu espírito nele se acoplasse. Mais tarde, de fato encarnaria já no plano físico como Antúlio e depois como Jesus, representante da manifestação energética que os hindus chamam de *Vishnu*, ou energia da manutenção amorável de mundos. A liderança natural desse sábio avatar, à época da

---

3 Não confundir Hastar com Ashtar Sheran, irmão de outro orbe que nos tem auxiliado nos socorros ao planeta Terra. Aliás, esse irmão extraterreno que possui outro nome em seu planeta adotou essa denominação adaptando-a à linguagem de seu planeta, em homenagem e gratidão Àquele a quem já conhecia pela amizade cósmica milenar, que um dia seria Antúlio, na Atlântida, e depois Mestre Jesus.

Lemúria, mobilizou e ajudou a organizar diversos grupos sociais que tinham como base, ainda em nível bastante primário, o respeito humano e o espírito comunitário para o trabalho e o progresso da vida. Esse espírito magnânimo desceria ainda outras vezes ao plano físico, nos tempos da Atlântida e na Antiguidade da história terrena, sempre reprisando as lições de amor, pois faz parte do processo pedagógico sideral a repetição, método de aprendizagem que é indispensável para tocar as profundezas do ser humano, o que tem levado outros avatares e espíritos de luz a reencarnar, ao longo da História da humanidade, como forma de reforçar a mensagem do Mestre dos Mestres.

Neste ponto de nossa explanação, poderíeis nos questionar: "para que encarnar, se o avatar pode influenciar a partir do mundo sutil em que vive?". Os irmãos não fazem ideia do quanto uma encarnação representa e é valiosa para os planos cósmicos. Se muitos soubessem disso, não tirariam a própria vida, nem adotariam padrões de comportamento que os levassem à morte lenta, seja pela alimentação grosseira e geradora de efeitos colaterais, seja pela postura do mal pensar, falar, sentir e agir. A energia vital que compõe um ser humano encarnado tem uma força descomunal, quando bem empregada, com disciplina e educação interior. Muitos magos da "esquerda" sabem disso e equivocadamente se utilizam dessa força para praticar o mal. Por estarem mergulhados na vaidade, no orgulho e egoísmo, acabam por atrasar espiritualmente sua escalada evolutiva. Por outro lado, os magos do bem se utilizam da força bioprânica humana para realizar curas, para ajudar a sensibilizar e mobilizar pessoas necessitadas física e espiritualmente. O magnetismo de um ser de alta estirpe espiritual, quando encarnado, tem um poder de influenciação fenomenal, capaz de contagiar e tocar corações e mentes mais duras, operar milagres no mundo interior de quem já está pronto para exercer o esforço íntimo da autotransformação, gerando um impacto vibracional tremendamente positivo para encarnados e desencarnados no orbe.

Graças ao seu magnetismo, apenas com sua presença e contato pessoal (natureza espiritual + bioprana da mais alta pureza que o compunha), Jesus arrebatava almas diversas, encarnadas e desencarnadas, quando esteve encarnado. Suas palavras tinham essa força quintessenciada. Some-se a isso, o fato de que quando um avatar encarna, ele deixa por séculos e milênios no

Missão Planetária   171

orbe planetário uma aura magnética transformadora, desde os planos mais sutis até o mais denso. O ato de amor vivenciado por Jesus teve e ainda tem um efeito extraordinário; somente por meio de sua encarnação seria possível trazer todos esses impactos benéficos. Sua aura imersa na primeira dimensão física envolveu todo o planeta, em todos os seus planos energéticos, com um efeito inimaginável, o que proporcionou que sua mensagem e experiência de vida fossem disseminadas em todos os continentes e passassem por todos os séculos até os dias atuais.

A descida sacrificial de Jesus começou com seu adensamento vibratório até o seu enclausuramento em um corpo físico, num processo que durou mais de 1.000 anos, conforme já elucidamos em outra obra.[4] Quando encarnado há quase 2 mil anos atrás, a concentração de energia pura era tão gigantesca que passava pelo invólucro carnal (como se fosse um filtro do magnetismo intenso e harmonioso, a ponto de provocar hemorragias em seus vasos arteriais e venosos, tal a pressão energética daquele ser de luz aprisionado em um corpo físico denso), chegava ao meio ambiente e se sintonizava com a aura do Cristo Planetário, criando um movimento energético espiralar como nunca ocorrido no planeta.

Esse processo de adensamento vibratório foi possível graças à Sua sublime vontade, humildade e compaixão em servir à humanidade. Sua íntima ligação com o Cristo Planetário permitiu essa sintonia fina, mesmo estando Ele encarnado num corpo denso. A pressão ectoplásmica do seu corpo criava uma força magnética muito intensa, impulsionadora e mobilizadora de mentes e corações humanos endurecidos. E essa aura de esplendor e influência magnética permaneceria por mais de 2 mil anos, coincidindo com os momentos de trânsito do planeta para um novo patamar evolutivo. Imaginai como estaria hoje a Terra, com a predominante primariedade de seus habitantes, envoltos em desejos rasteiros e violências pelo poder e egoísmo, se essa energia amenizadora e mobilizadora do bem não tivese sido trazida com o encarne de Jesus!

O exemplo e as palavras de Jesus tiveram um impacto impressionante nos que viviam naquela época. Ele viveu todos esses momentos repletos de alegria interior, porque servir in-

---

4 Vide a obra *O Sublime Peregrino*, de Ramatís, psicografada pelo médium Hercílio Maes, capítulo "Jesus e sua descida à Terra", página 32, **EDITORA DO CONHECIMENTO**.

condicionalmente era parte de seu espírito avançado, e porque os atos de amor lhe serviam de alimento. Quando foi submetido aos momentos de julgamento, açoites e crucificação, evidentemente sentiu as dores do corpo, porque estava encarnado em um veículo físico, mas o maior sacrifício de Jesus foi ter descido dos planos sutis e felizes para um mundo denso e aprisionante da energia pura, conforme já revelamos a vós em mensagens anteriores.

Somando-se a tudo que Ele disse e exemplificou, em sua breve passagem pela Terra, o clímax de sua vida *já encarnado* foi o sofrimento na cruz, que teve o importante papel de "chocar", propositadamente, a humanidade ainda presa ao mundo físico, bem como alertá-la para a existência de um mundo invisível, além daquele. Ao aceitar, sem revolta e sem sentimento de vingança, tantas agressões a que foi submetido, dava a maior prova de fé e prática do perdão, como atitude de respeito à vida e à sua bem-aventurança. A vida de Jesus mobilizou a todos, em Jerusalém e por toda aquela região. Sua mensagem de amor chegou a Roma e aos quatro cantos do planeta. A Terra, envolta em vibrações densas de vingança e materialismo, precisava do "choque" energético de sua presença para que amolecesse os corações endurecidos daquela humanidade e das que a sucederiam, ao longo de toda a Era de Peixes.

Sempre que um planeta passa por momentos-chave em sua história evolutiva, avatares intimamente ligados ao Cristo do orbe sentem-se mobilizados e, por amor incondicional, ali encarnam para ajudar na evolução de todos, desde os que se encontram na infância espiritual aos que já estão mais à frente na escalada evolutiva, ainda cheios de dúvidas, mas no fundo ávidos por um auxílio que lhes permita trilhar caminhos rumo à felicidade verdadeira.

Dentro dessa lógica, surge uma questão: "se a Terra está passando por um momento de transição delicada, então um avatar não deveria encarnar para ajudá-la, a partir do mundo das formas?"

Existem regras e exceções, existem planos e ajustes de percurso que tornam o plano flexível. Essas máximas utilizadas nas organizações humanas, nos sistemas de gestão da vida contemporânea, em dimensões densas como a vossa, são reflexos de práticas análogas e bem mais aprimoradas em mundos ou zonas

Missão Planetária

mais sutis e evoluídas do Cosmo. Nos primeiros momentos da infância, é preciso segurar-se a mão da criança. Todavia, chega o instante em que, ao se perceber que ela já pode ensaiar os primeiros passos, torna-se essencial deixá-la exercitar o caminhar, com seu próprio esforço, sob os olhares e cuidados dos pais, sempre prontos a intervir em caso de tropeço ou queda. Essa estratégia pedagógica de criar condições para que a criança tome iniciativa e dê os primeiros passos sozinha é fundamental para desenvolver o senso de autoconfiança. O mesmo processo vai se repetir nos seus primeiros anos de vida, na adolescência, e em outros momentos, com graus diferentes de responsabilidade.

O momento atual da Terra requer que seus habitantes vivenciem a expurgação, a catarse coletiva, sem a presença física de um avatar. Mas existe o cuidado constante de anjos e espíritos superiores, nos planos invisíveis, além de falanges de trabalhadores no plano astral, acompanhando e velando por cada encarnado. Ao mesmo tempo, têm descido à Terra, através do reencarne, milhares de espíritos evoluídos tanto mentalmente como no campo do sentimento e da espiritualidade, para se aprimorar e ajudar os terrícolas na construção de uma nova era. Há milhares de irmãos extraterrenos (em dimensão invisível para vós), auxiliando-vos diariamente. E no somatório disso tudo, torna-se primordial que cada cidadão se deixe banhar pela luz do Cristo interior, imprimindo força íntima de autorrenovação, de maneira que a descida do Cristo possa, aos poucos, fazer-se presente no coração e na mente de cada um que habita a Terra.

Um outro ponto importante a observar na história dos vários mundos, é que há fases planejadas para que se vivenciem todos os aspectos da natureza humana e divina. Assim, quando a Terra foi criada, pela energia imanente no orbe, predominava a força que os hindus chamariam de bramânica. Quando o planeta se estabilizou, saindo da forma gaseificada e se solidificando, época em que surgiram as várias formas de vida, predominou a manifestação energética da manutenção da vida, a energia de *Vishnu*, e quando o orbe passou por novas transformações profundas, como grandes eras glaciais, predominou a energia da transformação ou destruição do velho para surgir o novo, a força de *Shiva*. E assim, essas três manifestações se encontram presentes a todo instante no Universo, nos subuniversos, nas galáxias, nas constelações, nos sistemas solares, nos planetas e em todos os seres e coisas. Elas se alternam na vida de cada um desses componentes do Cosmo, e por conseguinte do planeta, proporcionalmente ao momento evolutivo que estejam passando. Ou seja, há momentos da história da Terra em que predomina a força bramânica da Criação; há outros em que predomina a força de *Vishnu*, e outros de *Shiva*. Agora, a Terra está saindo da predominância da força de *Vishnu* e adentrando a força de *Shiva*, que coincide com este instante de transição pelo qual o planeta atravessa.

Portanto, essas três forças divinas (criação, manutenção e destruição ou transformação) estão sempre em qualquer forma de manifestação: biológica, animal e mineral, do ser mais denso ao mais sutil. Contudo, haverá predominância de uma ou de outra, conforme o momento evolutivo do ser e do orbe onde ele vive. Um anjo que, ao encarnar, personifique e se sintonize com o Cristo Planetário, ou melhor, um avatar, deverá canalizar a sua natureza predominante, mas sempre possuirá todas as três características divinas dentro de si, pois, como anjo, já evoluiu o bastante para possuir inteligência elevada, expandida, construtiva e criadora, mas também é rico em amor-doação, que sustenta todas as formas de vida, e tem plena consciência para saber o momento em que fortes transformações precisam ser operadas, face a sua estreita ligação com o Pai e com a dinâmica evolutiva do Cosmo.

Já desceram à Terra avatares identificados com os três raios energéticos predominantes a cada fase planetária. Essa troca magnética com encarnações de avatares continuará acontecendo na história futura do planeta, como tem ocorrido e ocorrerá na vida de outros orbes. Quando começaram as primeiras transmigrações de almas para encarnar na Terra e promover a "enxertia" espiritual nos habitantes nativos, para cá vieram seres de luz, já em preparação para receber o primeiro avatar que desceria aos planos astrais densos, durante a civilização lemuriana. A partir daí, iniciou-se um conjunto de macro-fases que durariam de 12 mil em 12 mil anos, quando viriam avatares com a missão de redirecionamento da caminhada espiritual da Terra, processo que implicou profundas transformações na estrutura físico-geográfica, como forma de adaptar o meio ambiente às novas configurações astrais e mentais do planeta, face à previsão do saneamento geral do orbe que se fazia necessário,

Missão Planetária

do qual os anjos cuidadores da Terra já tinham conhecimento, graças às suas experiências e sensibilidade.

Ao longo desse tempo, haveria períodos intermediários de ajustes de percurso espiritual, que teriam dois momentos-chave: de 6 mil em 6 mil anos e de 2 mil em 2 mil anos. Em todos esses períodos desceriam avatares com missões específicas, sempre alternando com o encarne de anjos sintonizados com as específicas manifestações da Divindade, necessárias para aquele momento: criação, manutenção ou transformação. Dependendo de cada caso planetário e entendendo que deve haver flexibilidade em qualquer planejamento, mediante as necessidades que surjam ao longo do percurso, podem ocorrer situações na evolução do orbe que demandem a descida de outros avatares em certos períodos críticos para a humanidade. Assim sucedeu com a descida do anjo ou avatar Francisco de Assis, no meio da "pesada" Idade Média terrena.

Lidar com o livre-arbítrio individual e coletivo cria um rastro de imprevisibilidades. Com o passar dos anos e séculos, tornou-se quase impraticável seguir esse roteiro de datas de forma tão exata, exigindo do Plano Espiritual Superior sua habitual flexibilidade para fazer ajustes a uma série de fatos cósmicos e do orbe, para acomodar suas ações emergenciais e estratégicas, dentro de um planejamento cósmico que às vezes escapa à vossa compreensão. É importante ressaltar que 500 anos para os planos superiores não significam nem um dia cósmico. Assim, séculos, décadas ou anos podem significar horas ou minutos pelo tempo angelical. Nesse sentido, alguns avatares desceram em momentos-chave da vida terrena, não obedecendo à temporalidade inicialmente prevista, especialmente no período atual da história planetária. Nos últimos 6 mil anos, a vinda do mais evoluído dos avatares exigia ações emergenciais, o que pressupunha o encarne de vários espíritos de luz, como os sábios gregos, inclusive alguns avatares, como Lao Tsé, Krishna, Confúcio e Buda, já como preparação para a descida de Jesus. Magos das trevas sabiam dessa descida angelical e tentariam interromper os planos, o que exigia uma estratégia muito bem planejada e executada.

Krishna, uma das manifestações do Cristo Planetário, com sua sabedoria, provinha do raio energético *Vishnu* ou manifestação divina da energia mantenedora, como Jesus. Ele encarnou mais de 3 mil antes de Jesus, já como preparação para a vinda do Rabi da Galileia. Buda, ligado ao raio de *Shiva*, o transformador, aquele que quebra paradigmas, rompeu conceitos tradicionais que emperravam a evolução, e encarnou cinco séculos antes de Jesus, também com missão preparadora astral e vibratória para a descida do mais sublime dos seres que habitaram a primeira dimensão física terrena.

Quando a Terra tiver seu campo astral e físico mais sereno, pacificado e apto a assumir na sua totalidade o papel de orbe de regeneração, então encarnará um novo avatar, que alguns espiritualistas denominam de Maytrea, ligado ao raio da criação, que firmará o novo campo vibratório do planeta para a Era Mental. Será um avatar do raio bramânico, criador de um novo tempo. Alguns comentam que ele estaria encarnado no Brasil. De fato, ele encarnará no vosso país, mas isso ainda não aconteceu. O que existem são muitos espíritos de luz que vêm encarnando há 300 anos e em número maior mais recentemente, nas duas últimas décadas, como parte do grande plano preparador para o encarne do avatar, evento que vem sendo planejado há mais de 800 anos. Assim, em futuro não muito distante, ou seja, por volta do ano 2200 do vosso calendário terreno, descerá o doce e sábio Francisco de Assis, o futuro governador planetário.

O novo avatar já encarnou algumas vezes na primeira dimensão terrena. Como João Evangelista, foi o mais intelectual dos discípulos de Jesus. Já tinha sido o profeta Samuel, com sua vidência e intuição avançadíssimas, e na Idade Média esteve na roupagem do meigo e lúcido Francisco de Assis. Espírito de elevada estirpe angelical, sempre esteve comprometido com a Terra, desde os seus primórdios, ao lado de Jesus, como membro da mesma família espiritual, proveniente de Sírius. Observai os movimentos ecologistas e as preocupações com toda forma de vida que vêm ocorrendo nas ações de ativistas, em várias partes da Terra! Já é a vibração Dele fazendo-se sentir, e mobilizando mentes para que se tornem mais conscientes do seu papel de responsáveis pela construção de um novo mundo, calcado na pacificação, no amor fraterno entre todas as formas de vida, na busca dos sentimentos elevados e não mais nas paixões mundanas e emoções corriqueiras. Há muitos outros sinais na vida terrena apontando para a futura chegada de Francisco de Assis, rico em vibrações de simplicidade, lucidez, doçura com firmeza

Missão Planetária

e fortemente imbuído do propósito de servir ao Pai Celestial.

É tempo de exercitar-se a mente para voos mais elevados em direção ao esclarecimento (papel chave realizado inicialmente por Kardec e pelos filósofos que encarnaram há aproximadamente 250 anos). É tempo de preparar a mente para orientar os impulsos atávicos, por meio da vontade austera, e direcionar as energias básicas para um sentido mais construtivo e criativo da vida. Muitos dos mestres da música erudita que vieram ao mundo nos últimos séculos, encarnando na primeira dimensão terrena, já estão encarnando novamente para trazer novas harmonias musicais que vos estimularão e elevarão os vossos espíritos aos cumes da sabedoria, do equilíbrio das emoções, do sentimento fraterno e do sentido universal da vida, graças à magia das notas musicais sublimes.

É importante frisar que a Era do Mentalismo, que regerá a Terra, não significará frieza do coração. Infelizmente muitos irmãos encarnados ou no plano astral têm entendido de forma equivocada essa nova fase planetária. A Era de Aquário pressupõe um período para se alavancar a mente inferior em direção à mente superior, ou seja, sair das paixões rasteiras para padrões vivenciais em que as forças telúricas imanentes a todo ser encarnado possam ser direcionadas para atividades construtivas no mundo material e espiritual, com prática do sentimento elevado. Não será, portanto, a época de intelectualismo materialista, mas da mente que cultiva boas leituras, bons hábitos, alicerçados pela fé fervorosa, mas esclarecida e consciente. Será um tempo de carinho entre as pessoas, porém sem os desequilíbrios dramáticos da emoção.

Recomendamos àqueles que desejam integrar a vida nos novos tempos da Terra que se inspirem na figura de Francisco de Assis, que recusou todo tipo de luxúria, violência e guerra. Ele não aceitou o convite para se juntar aos cruzados, naquelas infelizes e fratricidas lutas da Idade Média, que equivocadamente falavam em nome do Cristo. Praticou o amor isento de paixões dominadoras, acima de tudo um amor fraterno e libertário como o que tinha por Clara, alma-irmã com a qual trocava sentimentos de amor sublime, em cuja troca ocorria um enorme dinamismo energético que os retroalimentava para se fortalecerem no trabalho de doação e educação direcionado aos irmãos, na época, e que não se restringia a palavras; propagava-se em ações concretas de amor sincero para com os seres humanos, animais e natureza de forma geral. Ele era puro respeito humano, estimulava o estudo e a oração entre seus seguidores que, antes de tudo, lhe eram amigos verdadeiros, de coração. Essa será a tônica do milênio que já começou.

O habitante terreno precisa estar ciente de que o mais importante, neste momento e daqui para a frente, será o esforço de cada um na transformação íntima e na prática da fraternidade, traduzindo assim o verdadeiro sentido da descida vibratória do Cristo Planetário sobre o ambiente físico da Terra, ou seja, a descida de sua vibração de amor e consciência elevada através de cada ser encarnado e desencarnado deste orbe. A descida de um avatar, em qualquer planeta do Cosmo, evidentemente está relacionada a momentos especiais para aquele ambiente, quase sempre levando ao efeito estimulador e mobilizador dos seres humanos que ali habitam. Entretanto, nada substituirá a descida da Luz Crística dentro de cada um, para que ela tome contato com a partícula divina que habita a essência de todos. Ou seja, o sentido mais assertivo para a vinda do Cristo ou para a nova descida de Jesus à Terra se encontra no fato de que cada ser humano, encarnado ou desencarnado no orbe, possa fazer descer em si a vibração Dele pelo próprio esforço íntimo de autotransformação na forma de pensar, sentir e agir, permeado pelas vibrações crísticas do amor universal.

Desde os tempos antigos, a vida encarnada na primeira dimensão física pprevaleceu na Terra, espalhada em várias regiões do planeta. Houve períodos em que as grandes civilizações terrenas tiveram fases de "repouso" encarnatório, como entre as duas Atlântidas, e entre a última fase atlante e o atual período de 6 mil anos. Conforme vimos anteriormente, houve transmigração de muitas almas para outros planetas. Mais tarde, algumas voltaram para suas moradas originais. Nesse período, somente ficou na Terra um número reduzido de seres no Astral e no plano físico, até que se criasse ambiência físico-espiritual adequada para receber nova massa de espíritos a encarnar e construir novas civilizações e sociedades mais populosas, proporcionando maior progresso material e também espiritual ao planeta.

O ser que evolui não pode viver isoladamente. Ainda que faça parte da evolução de cada criatura passar por momentos de solidão, chega um instante da escalada evolutiva em que é

Missão Planetária

preciso treinar-se a capacidade mental e emocional para viver em agrupamentos e exercitar a convivência e os ensinamentos de compreensão, tolerância e fraternidade, pois não se exercita o amor sozinho. O futuro anjo e arcanjo serão capazes de fundir-se a muitos seres e coisas para um dia religar-se ao Pai, num processo de refundir-se com a Mente-Amor Universal, o que pressupõe sentido sócio-universal ou coletivo à vida. Observai a oração que Jesus nos ensinou! Refleti sobre o uso constante da primeira pessoa do plural, denotando o sentido da coletividade: Pai **nosso**, que estais em tudo e em toda parte do Cosmo, santificado seja o vosso nome; venha a **nós** o vosso reino; seja feita a vossa vontade, assim na Terra como em todo o Universo. O pão **nosso**, do corpo e do espírito, dai-**nos** hoje. Perdoai os **nossos** equívocos, **nossos** erros, **nossas** ofensas, assim como **nós** perdoamos a quem **nos** magoa, **nos** ofende, e não **nos** deixeis cair em tentação, mas livrai-**nos** de todo o mal.

Em vários períodos, intermediários a descidas de avatares, encarnaram e continuarão encarnando espíritos de luz que buscam atender a necessidades diversas de variadas comunidades espalhadas pela Terra, em especial em momentos-chave dessas comunidades. Igualmente, conforme mencionado antes, espíritos de elevada condição evolutiva e avatares vieram, também, para preparar a descida de Jesus, o mais sublime de todos os anjos que encarnou na Terra. Esses espíritos de luz começaram a encarnar em maior número ultimamente, e após o grande saneamento planetário, descerão em maior quantidade, para compor posições estratégicas da gestão planetária, no plano físico, desde contribuições no campo da engenharia, física, biologia, agronomia, educação, como na administração de organizações governamentais e das nações, que deixarão de possuir fronteiras tais como existem hoje.

A realização de conferências que reúnem governantes de nações abastadas, a exemplo do evento que aconteceu no vosso país, denominado por vós de Rio+20, faz parte da preparação da Pátria do Evangelho para receber o amorável Irmão Francisco de Assis no futuro. Muitas pessoas têm criticado essas conferências, por não terem alcançado resultados mais significativos, especialmente pelo baixo comprometimento dos presidentes das nações mais ricas. Todavia, elas possuem um vasto significado para a ampliação da consciência humana e ambiental, ainda que longe do resultado esperado, o que é compreensível por parte do Plano Espiritual Superior, face à dureza de muitos corações e mentes que resistem a optar pela direita do Cristo. Esses momentos que reúnem lideranças dos povos terrenos têm forte significado energético-astral para o planeta, pois ajudam a criar energias renovadoras de um astral ainda denso pela violência e falta de amor entre os seres; são instantes em que se fortalece a aura de transformação e unidade planetária.

A nova ordem planetária está voltada para orientações distantes das que tem sido adotadas há dois séculos, desde o auge da Revolução Industrial, que já desempenhou o seu papel de organizador dos processos produtivos para atender à crescente população planetária, modelo que se saturou e necessita de mudanças. Os atuais paradigmas de desenvolvimento para os países ricos, ainda que venham sendo repensados, estão longe de transformações efetivas no escaninho das almas que habitam esses países, já que em grande parte não desejam abdicar do conforto e do luxo, do consumo além do satisfatório e da posição de poder, para viver na simplicidade e na igualdade, seja africanos, latino-americanos, asiáticos, polinésios, norte-americanos ou europeus, sem distinção de etnia ou cultura. A humanidade não construirá novos sentimentos, em verdadeiras bases fraternas, sem sacrifício individual e coletivo.

Por isso, as transformações que estão se processando na Terra, e serão doravante cada vez mais intensas, redesenharão uma nova ordem planetária e terão no amor, na fraternidade, na cooperação e não na competição, na paz e no respeito entre os seres humanos, o seu alicerce maior. A Revolução Francesa, quando lançou as sementes: Liberdade, Igualdade e Fraternidade, já preparava o planeta para vivenciar no mundo físico mais denso essas máximas, que a cada dia se instalam um pouco nos corações terrenos, e que amadurecerão mais efetivamente após o saneamento das almas renitentes aos ensinamentos trazidos há 2 mil anos por Jesus.

Que a Luz do Cristo brilhe em vossos corações e vos elucide a mente!

Paz e Amor,

Ramatís

Capítulo 4

Etapas evolutivas dos planetas: interação entre os astros do Sistema Solar
(Mensagens de Hamod, irmão de Marte)

Como esta obra aborda essencialmente temas ligados ao planeta Terra, neste capítulo trataremos especificamente dos demais orbes que compõem o Sistema Solar.

Quando a supernova Sol inciou o seu processo de expansão energética – similar a uma explosão cósmica –, que perdurou aproximadamente dois bilhões de anos no calendário terreno, criou vários astros que ficaram presos ao magnetismo orbital deste Sistema. Cada astro teve, tem e terá papel específico e importante nessa estruturação cósmica. Os planetóides, ou planetas-anões, como Plutão, foram os primeiros a se descolar do "Pai-Sol" e, por isso, se estabilizaram no Sistema há mais tempo, assim como outros dois planetas de porte maior que ainda não foram detectados pela ciência terrena: um deles já se desprendeu e toma um curso específico, dentro de determinado plano cósmico; um segundo, praticamente já se desprendeu do Sistema Solar, mas ainda se liga a ele por um fio gravitacional tênue.

A história de resfriamento desses planetas e planetóides foi similar à ocorrida na Terra, em Vênus, Mercúrio, e outros planetas. No entanto, diferentemente da Terra e dos demais orbes, com exceção de Marte, não houve nem haverá vida na primeira dimensão física, uma vez que não existe uma repetição exata dos planos em todos os sistemas solares, constelatórios e planetários, pois cada experiência sideral será sempre uma nova oportunidade de expandir conhecimentos e formas de se aprender a amar. Desse modo, cada planeta do Sistema Solar tem tido uma realidade vivencial diferente dos demais. Isso nos leva a concluir que, assim como no passado muitos achavam que a Terra era o centro do Universo, não se pode pensar, hoje, que a Terra seja o centro do Sistema Solar e que os demais astros existam por mera casualidade, magnética e gravitacionalmente, sem nada de mais profundo em termos evolutivos, ou que estão ali exclusivamente para o equilíbrio da Terra, muito menos que só haja vida na densa dimensão terrena. A regra geral para qualquer sistema é: cada elemento integrante dele influencia e é influenciado, interfere e sofre interferência da presença do outro. Há sentido físico e espiritual em todos eles, e no conjunto sistêmico que os compõe.

Vossa ciência já identificou os primeiros sinais de um planeta de dimensões avantajadas no final do campo gravitacional do Sol, depois de Plutão, até então desconhecido. Esse planeta está em vias de desprender-se do Sistema Solar e ganhar movimento cósmico, numa viagem que deverá se consolidar com sua agregação a outro sistema solar, para daqui a alguns milhões de anos. Ele cumpriu seu papel de base para seres guardiões do Espaço e agora desempenhará outra função no planejamento cósmico. Lá viveram seres muito evoluídos, verdadeiros pré-anjos oriundos de um planeta ligado a Alpha Centauro e comprometidos com planos voltados para a evolução dos astros que compõem este Sistema Solar; criaturas afeitas a missões de vigilância cósmica e profundas conhecedoras da natureza mineral e de mundos subatômicos.

O papel de Plutão foi criar um cinto protetor energético para evitar o desequilíbrio do Sistema Solar, juntamente com esses dois planetas, tal como ocorre aos elétrons, que precisam estar estáveis na última órbita do átomo, pois a instabilidade poderá fazê-los saltar da órbita e gerar desestabilização no átomo, que por conseguinte também sofrerá algum tipo de mudança em seu estado físico e químico. É evidente que, em algum dia cósmico, isso deverá ocorrer, pois tudo no Cosmo está em transformação evolutiva e, portanto, sujeito às dinâmicas que geram vida e evolução. Não por acaso, conforme citamos no parágrafo anterior, um planeta já se deslocou da extremidade da influência gravitacional solar e outro está em processo de deslocamento gradativo para que não haja desestabilização do Sistema.

Plutão se encontra em uma órbita quase final do Sistema, numa importante posição de proteção magnética para os de-

Missão Planetária 183

mais planetas, o que proporciona uma natureza de "guarda" ou vigilância cósmica aos seus habitantes. Esses guardiões têm naves extremamente velozes, se comparadas com outras. São criaturas serenas, inteligentes, equilibradas, firmes, com um grande poder mental para controlar seres invasores no Sistema Solar. São irmãos extremamente mentais, mas também repletos de um amor tranquilo e orientador. Apesar de estarem na órbita quase final do Sistema, realizam vistorias e controlam o acesso de qualquer nave que entre no Sistema até a 16ª dimensão física. Daí para frente, eles não têm capacidade tecnológica e espiritual para controlar o acesso de naves e seres, até porque quem chega a essa dimensão física são seres muito evoluídos espiritualmente. Na verdade, como já foi mencionado antes, somente seres que podem chegar à quarta dimensão merecem atenção, pois podem ou não ser negativos.

Recaptulando: seres muito inteligentes e com pouca evolução moral só conseguem chegar até a quarta dimensão física; somente seres com elevado padrão espiritual ultrapassam as barreiras subatômicas compatíveis com a frequência vibratória acima desta dimensão.

Os plutonianos dedicam uma atenção especial aos componentes da área inconsciente da mente. Por isso, são *experts* em meditação profunda, fazendo parte de seus exercícios diários de evolução o mergulho nos mundos desconhecidos da mente, para desbravar esse universo interior e proceder à limpeza ou saneamento de "lixos" ou resíduos (que não são mais carmas) ainda existentes e que decorrem de muitas encarnações antigas, ou simplesmente para tomar consciência de informações e potencialidades inconscientes.

Alguns plutonianos chegam a atingir a consciência da época em que habitavam os reinos animal e vegetal e, assim, resgatam conhecimentos essenciais para quem um dia será anjo cuidador da natureza. Esse fato faz com que o planeta emita um padrão magnético relacionado com os processos inconscientes da alma, irradiação energética que acaba por influenciar os outros planetas e habitantes do Sistema Solar, estimulando-os ao mergulho interior e ao conhecimento dos aspectos inconscientes da mente.

Plutão tem vida na oitava e na 16ª dimensões físicas. Nessas duas biodimensões há muitas pequenas comunidades espalhadas no orbe, mas na 16ª há menos habitantes do que na oitava dimensão. As duas civilizações, mesmo estando em dimensões diferentes, costumam se comunicar, e os mais sutis visitam os mais densos. Não compensaria entrar em detalhes sobre a forma de vida desses irmãos avançadíssimos.

Normalmente, almas encarnadas ou desencarnadas do Sistema Solar que já avançaram bastante na escala evolutiva, que não mais possuem carma e necessitam mergulhar nos níveis inconscientes para acessar potencialidades desconhecidas ou limpar alguns resíduos mentais ainda existentes, costumam ser levadas para Plutão, em forma astral, ou física, se forem seres que tenham condições de encarnar na oitava dimensão física. Lá passam por longos processos de catarse para limpeza interior e conquista de mais elevado grau consciencial. Evidentemente nada no Universo é dado sem que haja trabalho no mundo interior de cada um.

Netuno é um planeta de suporte a Plutão, ou seja, ajuda-o na estabilização gravitacional do Sistema Solar. Também possui seres guardiões, mas o principal papel dos irmãos desse orbe é manter a aura de serenidade, paciência, tolerância, e servir de escola espiritual para muitos seres que ali passam em escalas temporárias, aprendendo princípios e técnicas espirituais voltados para a transformação de cada célula residual ainda existente no ser em escala avançada de evolução, relacionada à impaciência, estimulando-os à capacidade de entregar-se a serviços incondicionais ao próximo e ao Universo.

Os seres que habitam Netuno são exercitados para elevadíssimos graus de compaixão para com todos os seres do Cosmo que ainda se encontram na erraticidade, compreendendo-os com tolerância, paciência e ajudando-os sem nada esperar em troca, nem mesmo esperar que essas almas se regenerem. Lá existe vida encarnada na sexta e 18ª dimensões físicas, sendo que a grande maioria dessas escolas ou centros de treinamento se encontra na sexta. Os irmãos da 18ª dimensão atuam como verdadeiros guardiões do Sistema, em apoio aos plutonianos, e possuem uma ambiência social favorável ao despertamento quase total do sentimento de compaixão para com os seres do Cosmo, em um avançado curso vivencial para a futura angelitude da alma.

Observai que os habitantes encarnados e desencarnados

Missão Planetária

dos planetas do Sistema Solar se interrelacionam para cooperação fraterna, intercâmbios e visitas mútuas. Há um Conselho Interplanetário que conta com a participação de todos os planetas; somente os habitantes da primeira dimensão física e do plano astral terreno não integram esse Conselho.

Para efeito de esclarecimento, quanto mais evoluído o ser, mais ele terá luz e seu *habitat* será igualmente repleto de luz. Se irmãos que já se encontram acima da oitava dimensão física se mostrarem aos terráqueos, estes perceberão muita luz e sutis contornos físicos, caso haja uma boa concentração do médium. Quanto aos seres que vivem a partir da 18ª dimensão física, nenhum terráqueo que ainda tiver predominância vibratória no plano astral terá condições físico-mentais de ver algo além de luz, em face das limitações espirituais naturais. Assim, se um vidente terráqueo vir um ser de Netuno encarnado na 18ª dimensão, certamente verá muita luz e muito provavelmente não conseguirá captar sua forma física.

Urano é o planeta da luz espiritual. Lá existem seres muito bondosos e ligados a energias ou raios do amor incondicional. Vivem na paz sublime da 16ª e da 28ª dimensões físicas. São seres que se movimentam no Sistema Solar para distribuir amor-serviço; são servidores semiangelicais, especialmente os da 28ª biodimensão. Recebem comando direto de anjos solares e estão sempre abertos a assumir missões diversas relacionadas com resgate de seres necessitados no Sistema Solar, principalmente na primeira dimensão da Terra, incluindo almas do plano astral deste planeta, e ainda em trabalhos fora do Sistema Solar. São abnegados irmãos trabalhando no resgate, na conscientização e recuperação energética de seres resfriados no amor e que habitam a quarta dimensão em alguns orbes desta galáxia.

A posição geofísica do planeta, "deitado" em relação à sua orbita, traz um profundo significado. Essa verticalização do seu eixo no plano da órbita (diferente dos demais planetas do Sistema) denota que esse astro está em sintonia com o Todo, portanto com as forças coletivas do Universo. Seus habitantes têm certa similaridade consciencial e evolutiva com os seres de Plutão; a diferença é que os mergulhos interiores em Plutão se fazem com auxílio de aparelhos sofisticadíssimos e em Urano isso ocorre apenas com técnicas mentais.

Nessa posição horizontalizada, Urano possibilita que seus

habitantes (os irmãos da 28ª biodimensão), sem se descuidar do seu papel coletivo, façam um profundo contato com a própria intimidade, através de mergulhos conscientes nos níveis inconscientes do ser, visando à completa eliminação de alguns conteúdos do passado e impulsionando estados de consciência plena em direção ao estado de superconsciência, ou consciência integral de si, o que lhes propicia, ao mesmo tempo, uma ampla consciência do Cosmo. Nesse caso, cada ser da 28ª biodimensão torna-se uma alma cônscia de sua plenitude, em sintonia com o Sol, a serviço da melhoria dos demais irmãos na busca de plenitude interior, dentro do Sistema e também fora dele, em missões de ajuda. O irmão Buda, durante sua encarnação de iluminação, costumava fazer viagens mentais até Urano, de onde provinha um de seus mentores.

A vibração emanada do planeta e de seus habitantes está intimamente atrelada à manifestação de *Shiva*, da quebra de paradigmas, pois estimula a saída do ser de estágios convencionais aprisionados a realidades de seu entorno para aventurar-se em viagens conscientes aos mais recônditos escaninhos da alma. Essa prática interior tem seu correspondente no exterior, ou seja, os irmãos uranianos costumam, simultaneamente, fazer viagens de aprendizado e ajuda a planetas de outros sistemas solares, até em constelações e galáxias muito distantes, rumo a descobertas novas e ao enriquecimento interior.

Quem, na Terra, se propõe a um profundo trabalho de transformação íntima, certamente desencadeará a emanação de vibrações que atrairão irmãos de Urano, com fins de auxílio a essas longas e, às vezes, dolorosas viagens interiores. Elas demandam a ajuda de irmãos mais velhos e experientes nesse processo, que trarão impulsos energéticos e de estímulo, ajudando na ampliação da tomada de consciência de si, principalmente, mas também do Universo, porque assim como "o que está em cima é o que está em baixo", conforme dizia Hermes Trimegisto, "o que está dentro de si, está fora, no Cosmo", dizem os uranianos. Assim sendo, aquele que se dispuser a fazer profundos mergulhos interiores rumo à transformação verdadeira e profunda, pode invocar as forças de Urano e pedir auxílio àqueles irmãos, no sentido de ajudarem-no nessas viagens interiores, muitas vezes delicadas e que exigem muita autoconfiança, fé no auxílio do Alto, persistência, coragem e determinação, sem

Missão Planetária   187

perder a serenidade, a esperança e a alegria.

Saturno é um planeta com múltiplas missões dentro do Sistema Solar. Os anéis protetores têm uma função energética guardiã daquele orbe, pois, pela forma como atuam, há muitos seres inteligentíssimos (vindos de fora do Sistema Solar) que tentam invadi-lo para provocar danos físicos e energéticos, especialmente irmãos ainda afastados do Amor Cósmico e que adentram a quarta dimensão física pelos portais interdimensionais, com equipamentos avançadíssimos e uso de naves, para realizar suas viagens pelo Espaço.

Lá também existem seres guardiões do Sistema, porém em atitudes menos delicadas que a dos plutonianos e netunianos, o que não significa ausência de amor, pelo contrário. Quando forças divinas lavam com as águas dos oceanos determinadas regiões da Terra, saneando energias deletérias e almas que necessitavam passar por aquilo, não significa que Deus ama menos aquele local e aquelas almas, mas apenas que o amor cobre a multidão dos pecados humanos. As dores são proporcionalmente menores ou maiores à medida que tornamos o coração, respectivamente, mais ou menos manso, mais ou menos fraterno e amorável e a mente mais ou menos compreensiva e pacificada.

Os saturnianos são irmãos muito amorosos que desempenham um papel de inteligência e força dentro do Sistema, ajudando com essa peculiaridade outros planetas fora do Sistema Solar, e até de outras galáxias. Eles são uma espécie de investigadores e vigilantes do Sistema: detectam quando seres encarnados ou desencarnados negativos, de orbes diversos, desenvolvem e implantam planos diabólicos para dominar pessoas, espíritos e até civilizações inteiras. Para isso, às vezes se utilizam da força amorável para intervenções energéticas mais fortes e para evitar que esses vândalos da harmonia do Espaço atuem indisciplinadamente em situações não permitidas. Dizemos *não permitidas* porque há situações em que pessoas, almas ou civilizações aceitam voluntariamente a sintonia com seres negativos, e então prevalece o livre-arbítrio, a menos que haja uma solicitação superior dos Conselhos de Sistemas Solares ou Galácticos para a intervenção. Há vida em Saturno na oitava e na 36ª dimensões físicas.

A função de vigilância saturniana recai mais nos irmãos da oitava dimensão; aos irmãos da 36ª cabe uma intensa função de amor-resgate de almas em muitos orbes espalhados pelo infinito Espaço sideral. São praticamente anjos, encarnados em corpos hiper-sutis, que carregam um intenso raio de força transformadora de vidas. Grande número de saturnianos são treinandos para astrólogos e psicólogos siderais, e alguns já exercitam o papel de futuros anjos do carma, isto é, entidades angelicais de elevado discernimento que auxiliam na gestão cósmica de carmas em planetas (como a Terra) que ainda sofrem com esse peso na contabilidade universal.

Por conhecerem profundamente a psicologia cósmica e por terem capacidade de mergulhar na intimidade de cada ser, são extremamente objetivos e práticos no trato com os aprendizes da fraternidade universal; mesmo aqueles ainda distantes de um padrão vibratório elevado, quando abordados por um saturniano, são tratados com firmeza, mas com coração repleto de amor e com profunda acuidade mental. São seres determinados a servir ao Pai Celestial e, portanto, aos comandos solares. Se tivéssemos de resumir em uma frase os saturnianos, diríamos que eles são os pregadores do "orai e vigiai" e do "sim, sim, não, não", dito por Jesus. Ou seja, não há meio termo, ou se opta pelo caminho do bem ou se opta pelo caminho do bem. Dessa maneira, de Saturno provém essa energia *mater* de justiça celestial, proteção e amor em direção ao Cosmo, ao Sistema Solar, e também à Terra.

O planeta Júpiter, graças aos esforços de evolução de seus habitantes, tem avançado substancialmente no contexto do Sistema Solar, repleto de gases e em elevado processo de sutilização, a ponto de estar quase com uma contextura estelar. Os irmãos jupiterianos são os seres mais evoluídos dentre os habitantes deste Sistema, dispondo de uma contextura física sutilíssima, de muita luz, da qual emana uma forte vibração mental-intuitiva. Há civilizações que se encontram na 12ª e na 38ª dimensões físicas; porém os mais evoluídos habitam a 42ª e já estão sintonizados interiormente com o plano evolutivo búdico, sendo, portanto, verdadeiros anjos que encarnam em corpos extremamente sutis. Vistos pelos olhos físicos terrenos, teriam somente um corpo de pura luz, intensa e brilhante, e, acaso quisessem se mostrar aos terráqueos com seus contornos sutis, o fariam após esforços de materialização no campo mental do vosso orbe. Possuem intensa influência do raio energético da

Missão Planetária

criação. Apesar da ampla consciência cósmica de que dispõem, são imantados por um profundo amor gerador de vidas e coisas. De lá saem muitos biólogos e engenheiros que dão assistência angelical a engenheiros siderais.

Júpiter se encontra exatamente no meio dos demais planetas do Sistema com a finalidade de lhes proporcionar equilíbrio geocósmico, físico e espiritual, funcionando como uma espécie de "segundo Sol", pelo tamanho e capacidade de gerar forte magnetismo a todos os demais orbes, num ato potencializador da energia prânica e divina proveniente do Sol, mas já se tornando gerador de sua própria luz cósmica, que se soma à força solar e multiplica em milhões de vezes esse dínamo de amor universal. Por essa razão, Júpiter tem um papel importante de estimulador do progresso espiritual do Sistema Solar, em apoio ao Astro-rei. Lá habitam seres muito dinâmicos, ágeis, voláteis e imbuídos do propósito firme, resoluto, e alegre de crescer espiritualmente. Possuem plena consciência do papel dos orbes com biodimensões mais densas e por isso os assistem nas soluções materiais que estejam sintonizadas com metas espirituais. São irmãos desprovidos de qualquer interesse em conquistas materiais, pois já alcançaram tão elevado estágio de evolução tecnológica que esta já não os motiva como aquelas relacionadas às conquistas espirituais de amor sublime, de dedicação e serviço abnegado aos planos cósmicos de evolução dos seres menos evoluídos.

Muitos jupiterianos têm vindo à Terra para ajudar a evolução dos irmãos, principalmente da décima, mas também da primeira dimensão física terrena. Como é um planeta em profunda sintonia com o Sol, dele emanando energias prânicas sobre os vários planetas do Sistema, os habitantes da Terra são estimulados à ampliação da consciência. Alguns irmãos que pacificamente se envolvem com os movimentos ecologistas podem ser jupiterianos encarnados na Terra. Esses abnegados irmãos de Júpiter têm acompanhado muito de perto as transformações geofísicas pelas quais passará a Terra, inclusive com intervenções tecnológicas em padrões inimagináveis por vós, de modo a retardar muitos dos acontecimentos cataclísmicos que já deveriam ter ocorrido (essas intervenções ocorrem após decisão do Conselho Administrador Interplanetário do Sistema Solar).

Quanto mais evoluída a vida, mais ela está preparada para

suportar grandes mudanças rumos a estágios mais acima de evolução. O Sistema Solar inteiro está passando por grandes transformações, e Júpiter, Marte e Terra serão os planetas mais afetados por tais mudanças cósmicas. Ocorre que, em corpos mais sutis, os efeitos causados por tais mudanças são igualmente mais sutis, somando-se ao fato de que para seres que habitam dimensões físicas superiores e planos de evolução mais delicados, há uma maior preparação mental-emocional e tecnológica para passar por processos intensos de transformação. Atualmente, dentro do Sistema Solar, apenas a Terra, na primeira dimensão física e no plano astral, encontra-se em estágio mais denso fisicamente e atrasado tecnológica e espiritualmente.

Neste ponto, abrimos um parêntese para um alerta: as explosões solares e o astro intruso vindo em direção ao Sistema Solar gerarão muitas mudanças em todos os planetas do Sistema. No entanto, a Terra, em sua primeira dimensão física, é que sentirá mais os efeitos materiais e psicológicos. Somente para os irmãos terem um pequeno exemplo da necessidade que o terráqueo tem de evoluir para níveis mais sutis de vida, até como mecanismo de sua própria defesa e de preparação antecipada, chegará um tempo em que Júpiter virará uma estrela e, como tal, se transformará numa supernova. A passagem do astro intruso já faz parte desse plano e provocará uma força magnética tal que empurrará Júpiter e Marte um pouco para fora de suas órbitas e, no futuro, esse mesmo astro retornará, expulsará de vez Júpiter do Sistema Solar, saindo de sua órbita atual e levando consigo Marte e Saturno, e formará, com sua explosão, novos pequenos planetas. Os planetas que ficarem no Sistema Solar sofrerão muito com os impactos dessa mudança cósmica e terão de estar bastante estabilizados em suas biodimensões. Nesse tempo, daqui a 1,5 bilhão de anos, aproximadamente, pelo vosso calendário, o sistema de vida mais atrasado da Terra terá de estar, no mínimo, na sexta dimensão física (nem mais na quarta dimensão), de modo a ter capacidade de adaptar-se às novas mudanças cósmicas do Sistema.

O planeta Marte é como um "geo-irmão" um ano cósmico mais velho que a Terra. Nós, de Marte, somos o último planeta que entrou para o Conselho Administrador Interplanetário do Sistema Solar, há aproximadamente 12 mil anos atrás,[1] quando

---

1 Foi na mesma época do afundamento de Atlântida, quando o planeta errante ou

nossa vida também existia na primeira dimensão física, qual ocorre atualmente no vosso orbe. Passamos por grandes transformações físicas e, aos poucos, fomos migrando para a quarta dimensão, onde nos encontramos atualmente, e de onde migraremos em breve para a sexta dimensão física. Há outros irmãos vivendo na 18ª dimensão, com os quais nos relacionamos periodicamente, em reuniões mediúnicas, através de sintonia vibratória, similar ao que ocorre em vossas casas espíritas. Com relação aos irmãos menos evoluídos (que não conseguem contato por vias mediúnicas diretas), nos utilizamos de aparelhos similares a televisores gigantes, em 4D.

Após as grandes mudanças na Terra, será possível um intercâmbio maior com os irmãos marcianos. Então, muitos terráqueos poderão encarnar na quarta dimensão marciana. Por sermos vizinhos e estarmos mais próximos fisicamente, e face aos compromissos assumidos com o Conselho Administrador Interplanetário do Sistema Solar, temos ajudado a Terra mais de perto nesses momentos de turbulência e de ajustes cármicos. Nós, marcianos, estaremos muito próximos também na época da construção da futura morada terrena na quarta dimensão física, projeto que começará a ser implementado dentro de algumas décadas, com a ajuda de marcianos pioneiros, salientando que a migração de almas para a quarta dimensão terrena será lenta no início, mas se intensificará daqui a uns 200 anos, prosseguindo por 4 mil anos, com base no calendário terreno.

Marte traz uma vibração predominantemente assistencial, em sintonia com a manifestação da energia mantenedora da vida. Os marcianos têm tido um papel importante na medicina quântica e cósmica, na ajuda aos irmãos necessitados de vários orbes, em especial da primeira dimensão e também do plano astral de vosso orbe. Temos atuado muito intensamente no resgate de almas, junto com outros irmãos cósmicos que atuam na Terra, em missões coordenadas por Ashtar Sheran (irmão procedente do sistema solar de Alpha Centauro, mas com vínculo a outros sistemas solares, por sua natureza consciencial universalista).

A vida na primeira dimensão física marciana teve início a

---

intruso passou num fluxo orbital próximo a Júpiter e Marte (evidentemente não foi entre os dois, fisicamente falando, e sim, num grau orbital acima, porém, na mesma direção orbital), gerando muitos cataclismos nesses planetas e, por sua força magnética, na Terra também, com a consequente inclinação do seu eixo.

partir da colonização de irmãos procedentes de várias localidades do Espaço sideral, não tendo havido vida autóctone ou nativa, com "enxertia" espiritual em primatas, conforme ocorreu na época do *Pitecantropos erectus*, na Terra. Houve uma curta era de 25 mil anos de purgações de almas ainda cheias de vícios, que teriam a chance de optar por um novo sistema de vida. Após esse período, muitos foram levados para encarnar no primitivismo da Terra, outros permaneceramno orbe para iniciar a fase de regeneração planetária. Foi uma era de regeneração de almas ainda presas a padrões densos de pensamento e sentimento, mas que estavam dispostas a exercitar o amor cósmico dentro de si e na convivência social. Muitos encarnes e desencarnes aconteceram até que ocorresse a migração de algumas dessas almas para a Terra, enquanto outras permaneciam no orbe marciano para começar, então, um processo milenar de migração da primeira para a quarta dimensão física (o que exigiu intenso trabalho no plano astral de Marte), tendo as últimas comunidades migrado por volta de 12 mil anos atrás. O planeta Marte resfriou-se praticamente por completo em seu magma interno, e não haveria mais possibilidade de vida humana na primeira dimensão física.

Muitos poderiam perguntar: "qual a relação entre a energia de luta e guerras indicada na astrologia terrena, quando se refere à influência do planeta Marte sobre os humanos terráqueos?"

A energia do perdão, da paz, da compreensão e da disposição em servir é o padrão energético típico da aura marciana, mesmo para aquele que, por falha de consciência, causou algum dano vibratório ou material. No passado longínquo, ainda quando havia vida na primeira dimensão física, houve muitas guerras que evoluíram para conflitos, sem danos materiais, para divergências de opiniões, com embates leves. Com o tempo essas energias se transmutaram para as atuais vibrações de amor cósmico, exercitadas com esforço de quem deseja evoluir sempre, e não mais preso a débitos cármicos.

A energia do amor cósmico se manifesta de infinitas formas nos ambientes e seres, conforme o grau evolutivo em que cada um se encontra. Assim, pela contextura físico-psicológica de Marte e de seus seres, e pela missão desse planeta dentro do Sistema Solar, a ressonância das energias solares sobre o ambiente marciano é a mesma energia-*mater* que estimula guer-

Missão Planetária   193

ras e conflitos no terráqueo que ainda não transformou seus sentimentos o suficiente para que essas vibrações captadas em sua forma pura, e consciencialmente ampliada, sejam estimuladoras do amor e não da guerra. Essa mesma energia manifesta criatividade e iniciativa, disposição para o trabalho, tolerância e perdão ao próximo (o apego à revolta, mágoa e vingança, que não raras vezes se transformam em depressão, quadro típico do habitante terreno, gera incapacidade de ação construtiva e de prosseguir na caminhada evolutiva, atitude interior que não mais existe nos seres marcianos).

A energia da guerra e do conflito, da vingança e da intolerância é a mesma do perdão e da ação cooperativa, da tolerância e do trabalho proativo; a da tristeza é a mesma da alegria, a do orgulho é a mesma da humildade; a da agitação e estresse é a mesma da ação dinâmica imantada por serenidade interior, e assim sucessivamente. Enfim, o magnetismo gerado por Marte e por seus habitantes é de amor e ação, reforçados pela luz pura vinda do Sol que se reflete naquele planeta. A Terra e seus habitantes captam essas energias marcianas como elas são, porém muitas pessoas presas ainda aos sentimentos violentos acabam se mobilizando nessa perspectiva, pois o magnetismo marciano ao invés de lhes despertar ação amorável, desperta-lhes violência, porque ainda não conseguem captar os originais e bons fluidos da ação amorável; então recebem essas energias e as traduzem para um lado ainda primitivo que lhes é próprio.

Quando vemos muitos terráqueos desejarem utilizar-se dos cristais para trabalhos de cura, ficamos extremamente felizes; afinal essa é uma prática comum em Marte. Temos incentivado os humanos da Terra nessa direção, mas eles devem ter o cuidado de limpar periodicamente esses potencializadores de energias boas ou más e, principalmente, devem estar atentos para o que emanam de dentro de si na hora de usar os cristais. Se utilizados com uma boa concentração, sentimento de amor a serviço da cura e do bem da humanidade, sem dúvida seus efeitos energéticos serão multiplicados em muitas e muitas vezes. Contudo, um cristal nas mãos de um médium ou um terapeuta indisciplinado no trato com suas paixões inferiores poderá ter um mau uso ou até permitir que, indiretamente, uma entidade negativa o manipule em direção contrária ao que deseja. E com relação ao ambiente, se ele estiver repleto de sentimentos e pensamentos indisciplinados no vício e nas baixas vibrações, certamente fará com que os cristais absorvam essas energias (magos negros até se utilizam de cristais para potencializar a energia de suas maldades).

O cristal poderá autolimpar-se no início do seu uso, em razão dos fluxos espiralados de energia no seu interior, que puxarão as energias do ambiente; no entanto, poderá chegar certo momento em que ele se saturará e então será necessária a limpeza com água corrente ou com o uso de sal grosso, e sua posterior reenergização com banho de luz solar (neste último caso, é bom deixar o cristal dentro de um copo de água limpa para receber a energia do Sol, por 8 horas). O pensamento firmemente positivo, carregado de sentimentos puros, também poderá carregar positivamente o cristal, bastando que a pessoa segure-o nas mãos à luz do Sol.

Esse exemplo do cristal ilustra muito bem como se processam as energias pelo Cosmo infinito. O interior dessas pedras tem uma estrutura similar a um labirinto organizado com espelhos refletindo e multiplicando as energias, como um dínamo ou potenciômetro usado na velha eletrônica terrena. As energias essenciais são puras e poderão, dependendo do ser que dele se utilize, direcionar e gerar multiplicação de boas ou más energias. Outros minerais do ambiente poderão interagir com essas energias e também gerar outras energias diferentes.

Assim, mediante à contextura do planeta Marte, de lá são refletidas energias tais que, multiplicadas pelos padrões vibratórios gerados por seus habitantes, se direcionam ao Cosmo, e a Terra as recebe com muita intensidade, pela sua proximidade, estimulando o perdão, a compreensão, a pacificação, o respeito, a ação firme e determinada, a iniciativa e o amor entre as pessoas. Mas, como a maioria das almas terrenas ainda vibram a guerra, o conflito interior e exterior, a violência, a ruptura pela baixa ou nula disposição de perdoar, acabam por receber as energias provindas de Marte e as canalizam para atitudes mentais-emocionais de baixo teor vibratório.

Marte tem um grande papel na área da saúde, pois como é um planeta que recebe imigração de almas oriundas de orbes mais atrasados, tanto da própria quarta dimensão quanto, e principalmente, da primeira, teve de desenvolver conhecimentos e tecnologias para ajudar esses irmãos migrados no mergulho

Missão Planetária

ao mundo interior e na limpeza de recalques, traumas, apegos e vícios que lhes geram doenças psicossomáticas, demandando, em muitos casos, várias encarnações no orbe para que se purifiquem por completo desses resíduos mentais-emocionais.

Esse aprofundamento nos estudos das almas e na busca de soluções eficazes faz deles especialistas em uso de equipamentos à base de cristais e outros minerais, associados a certos tipos de fitoflorais e práticas mentais que proporcionam verdadeiras catarses nos pacientes, chegando ao nível intracelular, atômico e subatômico dos corpos físico, astral e mental. Desse modo, temos auxiliado muito nos resgates de almas do baixo e médio Astral terreno, bem como em centros espíritas, umbandistas, espiritualistas e quaisquer práticas ecumênicas e universalistas da Terra que desejam promover tratamentos nos corpos físico, astral e mental, dos que, com aval de seus respectivos guias terrenos, nos permitem proceder tal apoio espiritual e tecnológico. É de bom alvitre não interferirmos no livre-arbítrio de pessoas e instituições e, portanto, não ajudar quem, por orgulho ou vaidade, não deseja ser ajudado, a menos que haja alguma orientação espiritual superior, de que não cabe aqui tecer detalhes. É natural, até por uma questão de proximidade física e evolutiva, que, dentro do Sistema Solar, Marte tenha estado muito presente nas ações assistenciais à Terra.

Muitas vezes, uma pessoa pode ter alcançado certo nível de evolução que já a capacita a encarnar na quarta dimensão física, mas traz uma série de mazelas íntimas que pesam energeticamente em seus corpos mais sutis, impedindo voos mais altos, exigindo um conjunto de trabalhos de medicina quântica e cósmica que cheguem até o campo genético, atômico e subatômico. Temos, inclusive, trabalhado em sintonia com algumas colônias do Astral superior da Terra que, por sua vez, atuam com irmãos que se localizam no médio e baixo Astral, numa corrente vertical de esforço coletivo e fraterno-universal de ajuda a irmãos necessitados dessas zonas mais densas, incluindo acesso a hospitais e clínicas do mundo físico. Nessa corrente, temos tido muita ajuda de irmãos que, na Umbanda, são chamados de caboclos. Eles conhecem muito bem e atuam com seres elementais e as forças da natureza na captação de fluidos das águas, forças de elementos rochosos ou pedreiras, e essências químico-astrais de plantas curadoras. Muitos desses caboclos, inclusive, podem

196   Ramatís

ser entidades oriundas de outros planetas, especializadas no trato com os elementos da natureza, e se apresentam com tal "roupagem"por uma questão de cultura espiritual brasileira.

Vênus e Mercúrio são planetas colonizados, sem vida autóctone ou nativa. Lá não há vida na primeira dimensão física, como ocorre na Terra. A temperatura e a presença de gases nesses orbes inviabilizou uma biologia como a terrena na primeira dimensão física. Portanto, lá vivem seres angelicais.

Vênus tem uma estreita ligação energética e missionária com a estrela Sírius, servindo de ponte para que seres angelicais vindos dessa Estrela-Mãe se fixassem por um tempo nesse planeta do amor e da harmonia, antes de reencarnar na Terra, a fim de interagir e se adaptar à força e consciência provenientes do Sol. Em Vênus, a estrutura biológica foi instalada na 38ª dimensão física, num ambiente de amor sublime tão intenso que seus seres emanam uma luz azul com tonalidades rosa-suave e brilhantes. As cidades são pura harmonia, construídas com materiais delicados e com uma beleza estética inimaginável. Com o passar dos tempos, desde o seu desprendimento do Sol, para lá se direcionaram irmãos de outros orbes da Via Láctea e de outras galáxias, seres, principalmente, com características que renovam a vida no amor cósmico, com uma docilidade inenarrável. Os venusianos têm, portanto, uma predominância sutil do raio mantenedor de mães-cósmicas e estão em constante atividade a serviço do amor universal. Quem capta a vibração dos irmãos de Vênus, sente-se mobilizado a servir incondicionalmente, como o amor de Maria, mãe de Jesus. Se o Sol é a energia paterna cósmica que envolve a Terra, Vênus é a energia da Mãe Cósmica que banha o Sistema Solar, especialmente a Terra , em razão da proximidade, o que não ocorre por acaso.

É interessante esclarecer que cada orbe tem uma leve predominância vibratória de determinado raio, a depender de missões específicas a desempenhar. Contudo, isso não quer dizer que neles não vivam espíritos de elevada estirpe evolutiva ligados a raios energéticos diferentes, ou com missão distinta e complementar à predominante; afinal todos fazem parte de uma mesma natureza. Portanto, todos vibram no mesmo diapasão essencial e se complementam com objetivos diferenciados nessa grande orquestração cooperativa universal, rica em diversidade de raios ou naturezas, de atitudes, de criatividade e formas de

Missão Planetária

expressão do amor universal. Apesar de existir unidade cósmica entre os seres ou anjos diversos, todos vibrando em sintonia com o Pai Maior, há individualidade criadora e emanadora de consciência e amor cósmico em cada anjo, e essa infinita diversidade cria infinita beleza e riqueza no Universo.

A partir de certo nível evolutivo, as separações se tornam cada vez menos acentuadas e imperceptíveis aos "olhos" humanos. Então, todas as luzes provenientes de seres e astros evoluídos vibram em uníssono, em direção a todos e a tudo, num ato de amor incondicional, repleto de regozijo, em que pese suas individualidades. Ao olhar para o céu, num dia estrelado, o ser humano verá uma abóbada repleta de pontos de luz que não estão aleatoriamente ali dispersas, como se Deus as houvesse colocado apenas para embelezar o escuro das noites e agradar os olhos terrenos. Cada astro alcançado tem diversas finalidades cósmicas, e uma delas é distribuir energias de amor e de estímulo à expansão consciencial de todos os seres que conseguem enxergá-los. Cada gota de luz que chega aos vossos olhos tem uma força condizente com sua energia predominante, e certamente quem mira e se sintoniza com essas luzes estelares receberá benesses terapêuticas para o corpo e para o espírito, condizente com o papel cósmico ou energia predominante naquele.

Sírius, por exemplo, emana luz de amor cósmico, de docilidade, serenidade, paciência, tolerância e caridade para com todos os seres. Essa energia é inerente aos componentes físico-químicos e espirituais predominantes na estrela e em seus habitantes. O terráqueo poderá fixar os olhos nessa estrela, sintonizar-se com ela de maneira mentalmente concentrada e de coração aberto e uma verdadeira magia do amor ocorrerá, pois a vibração dessa estrela chegará até vós com a velocidade do pensamento, banhando-vos com vibrações de docilidade, serenidade, tolerância, paciência e caridade. Seia muito bom se os irmãos terráqueos pudessem adotar essa prática, muito comum nos mundos superiores.

Assim, se a pessoa estiver impaciente e intolerante com algo ou alguém, se estiver com a mente agitada, se lhe faltar doçura e caridade no coração, deve fazer uma prece olhando para Sírius, e sentirá naquele momento a polaridade de suas energias sendo transmutada, como um banho de paz e amor. Essa terapia diária, interagindo com as infinitas estrelas da abóbada celeste e planetas do Sistema Solar, permitirá aos irmãos verdadeiras alquimias internas nas profundezas do espírito (para ocorrer essa alquimia é preciso que haja sinceridade no fundo do coração de quem a pratica). Não somente as vibrações desses orbes recairão sobre vós; seres angelicais e de elevada estirpe espiritual as captarão e se deslocarão em auxílio ao terráqueo, pois estão ávidos por servir alegre e incondicionalmente em qualquer ponto do Cosmo, bastando que sejam solicitados com sinceridade.

Essa prática é denominada por nós e por outros irmãos cósmicos de *terapia estelar*. A sintonia verdadeira com cada astro permitirá sentir-se o que ele emana, em termos magnético-vibratório. A terapia estelar poderá ser feita também com relação ao vosso Sol, durante o dia, e à noite, além das estrelas, com os planetas mais próximos da Terra, permitindo não somente receber as vibrações positivas advindas do astro, como também criar conexões com os seres que lá habitam.

O terráqueo poderia ter mais intimidade com as vibrações desse Planeta-Mãe e, neste momento de transição planetária, estimular em si as vibrações do amor universal e da harmonia. Há muitos amoráveis anjos venusianos no orbe terreno, ajudando-vos na evolução e na disseminação do amor fraterno-universal. Francisco de Assis é um dos irmãos amoráveis procedente de Sírius que tem tido uma relação bastante próxima com Vênus, há muitos séculos. Logo depois de sua desencarnação, na Idade Média, ele passou um tempo naquele orbe, antes de retornar com sua missão planetária à Terra (ainda que em nenhum momento tenha se desligado de coração e mente deste planeta). Madre Teresa de Calcutá é outro ser especial e doce que andou pela Terra e tem estreitos vínculos com Vênus.

Mercúrio é o elo entre o Sol e os demais planetas do Sistema. Lá habitam seres angelicais que vieram de outros orbes, inclusive muitos seres solares que se destinam aos outros planetas do Sistema permanecem temporariamente ali, como parada de adaptação energética, ocorrendo o mesmo a muitos irmãos angelicais que se destinam ao Sol, provenientes de outros orbes, e encarnam no pequeno planeta antes de migrar para novo estágio no Astro-Rei. Existem vidas físicas em Mercúrio na 28ª e na 34ª biodimensões, e, como ocorre a Vênus, lá também não existiu vida nativa, face a suas condições ambientais ainda jovens – como se fosse a Terra há 1,5 bilhão de anos atrás –, mas

Missão Planetária

já se identificam algumas raras bactérias adaptadas ao calor e aos gases presentes em sua primeira dimensão física. De qualquer modo, não existe nos planos superiores dos anjos solares, do Cristo planetário e dos evoluídos seres de Mercúrio projetos para se instalar vida humana na primeira dimensão física, diferentemente da história cósmica terrena.

Por sua natureza de intermediário ou medianeiro do Sol, Mercúrio tem forte influência sobre o Sistema Solar e, como tal, sobre a Terra e seus habitantes. Essa influência está atrelada à capacidade de servir incondicionalmente no trato com o fluxo das energias prânicas advindas do Astro-rei, de levar a mensagem para a ampliação do conhecimento e da consciência cósmica. Em Mercúrio, predomina a manifestação da natureza de Brahma, que inventa e cria, com novos conhecimentos e veloz dinâmica no pensar, trazendo movimentos fluídicos ágeis e desapegados. Os seres de lá são, portanto, anjos extremamente joviais, alegres, soltos, com uma dinâmica comportamental inenarrável, que se movimentam no Sistema Solar inteiro com uma velocidade estupenda, interagindo e levando informações geradas lá e no Sol. Os mercurianos são médiuns dos irmãos do Sol e em muitas situações se deslocam em direção, por exemplo, à Terra, em missão de auxílio, já que a vibração e concentração de energia dos irmãos solares é tão intensa, que necessitam de um redutor ou transformador (como os vossos transformadores de voltagem de 100.000 volts para 220 volts), até chegar ao contato com os irmãos de mais baixa vibração.

Esse papel medianeiro tem, assim, um profundo significado no aspecto da comunicação, já que Mercúrio influencia energeticamente os terráqueos para a prática do diálogo, da educação e das manifestações artísticas com fim conscientizador. Dependendo do estágio evolutivo do terráqueo, ele poderá se utilizar dessa energia pura que estimula o dom de transmitir para levar o mal (como fez Hitler); por isso, vemos muitos irmãos falando asneiras e desperdiçando suas energias induzidos pelas vibrações provenientes de Mercúrio, enquanto poderiam estar otimizando essas puras vibrações para comunicar coisas elevadas, promovendo a ampliação da consciência de quem os ouve, ou ainda cantando melodias que sutilizam e enlevam o espírito, disseminando poemas conscientizadores e sensibilizadores da alma.

Muitos irmãos de Mercúrio têm vindo à Terra e, permanecendo na terceira dimensão, como a quase totalidade dos extraterrenos, observam a vida do terráqueo da primeira dimensão física, sem que sejam percebidos (os extraterrenos que chegam à Terra são de dimensões mais sutis e, portanto, não suportariam a pressão atmosférica e o magnetismo pesado da primeira dimensão. Assim, suas aparições repentinas não podem durar muito tempo e ocorrem para mostrar aos menos sensíveis que eles estão presentes), e intercambiam com aqueles que desejam evoluir, por meio de mensagens intuitivas ou telepáticas. São aqueles anjos que trazem o *insight*, aquela luz de esclarecimento momentâneo, com sua gota ampliadora do conhecimento construtivo; vibram um padrão de consciência hiperampliado; todavia, repleto de amor incondicional, com total desapego.

Irmãos da Terra com dificuldades de comunicação ou traumas relacionados com a expressão, poderiam mentalizar e procurar sentir os irmãos mercurianos e a força proveniente de Mercúrio entrando em seus chacras, especialmente através do chacra laríngeo, desbloqueando-o ou harmonizando-o. Em tratamentos espirituais, principalmente se forem utilizados cristais para amplificar a energia, podem ser invocados irmãos mercurianos para ajudar o terapeuta a harmonizar chacras de pessoas que agridem muito com as palavras, ou que usam palavras pesadas' excessivamente, a ponto de não se autocontrolar. Obviamente que tratamentos como esses são paliativos, se não houver trabalho no mundo interior por parte de seu agente, em direção ao ajustamento de seu pensar e proceder.

A função das luas na órbita dos planetas

Neste ponto do texto, é importante fazer um breve relato sobre as luas ou satélites que se desprenderam de planetas, na época da criação do Sistema Solar, aos quais ainda estão vinculados. São uma espécie de "filhos" dos planetas e, como tal, possuem uma ligação muito profunda com os orbes de onde se desprenderam, sob forte influência de sua órbita magnética, mas ao mesmo tempo influenciando-os energeticamente. A Lua terrena, por exemplo, se desprendeu da Terra na época de sua criação.

As luas possuem objetivos específicos, conforme a missão de cada planeta e de seus seres. Contudo, geralmente, funcionam como anteparos energéticos e corpos celestiais de suporte,

Missão Planetária

muitas vezes servindo como local para habitação de irmãos que estão sendo preparados para encarnar no planeta ao qual estão vinculados, como ocorre a Marte, Júpiter e Saturno. Júpiter, por sinal, já teve em Ganimedes um sistema de vida similar à Terra, em primeira dimensão física, porém com uma civilização muito mais evoluída que a terrena da primeira dimensão.

A Lua terrena tem servido de local para aprisionamento de almas diabólicas ou sem perspectiva de iniciar a autotransformação nos próximos 2 mil anos (inteligentíssimas, mas presas a sentimentos de baixo teor vibratório), que ficam como num processo de enclausuramento no plano astral do orbe. A Lua também tem sido utilizada para colocação de base de apoio e vigilância, na quarta e sexta dimensões físicas, para irmãos que atuam em auxílio à Terra. Já houve situações em que irmãos viventes da quarta dimensão física, muito inteligentes, contudo frios em sentimento, com baixa moral, procedentes de outro sistema solar, tentaram montar uma base na Lua terrestre para futuro domínio dos seres da primeira dimensão física. No entanto, foram neutralizados e expulsos por amoráveis e determinados irmãos saturnianos.

Há na Lua múltiplas biodimensões, e isso não é por acaso. Há vidas na quarta, sexta, oitava e 19ª dimensões físicas: vidas não nativas de lá, obviamente, e sim como resultado de colonização, e em caráter transitório. São pequenas comunidades de irmãos oriundos de quase todos os planetas do Sistema Solar e também de outros orbes fora deste Sistema. São verdadeiras bases de apoio a quem se dirige à Terra, em missão de ajuda. Necessitam dessa base próxima e interinfluente com a Terra, em função de uma série de mecanismos físico-dimensionais e energético-magnético que exigem esse anteparo ou estada momentânea.

Somada a essa diversidade de vidas temporárias sobre o orbe físico lunar (tanto de seres elevados, como de humanos de baixa vibração e exilados no plano astral lunar), existe a emanação dos próprios componentes geofísicos desse astro, com algumas similaridades àquela encontrada na Terra. A vibração que vem da Lua, destarte, é uma mescla de todos e de tudo que ali se encontram, nas várias dimensões e planos, além de captar intensa atração gravitacional e magnética, bem como influência astral da Terra. Com a forte interação magnética e gravitacional entre as estruturas físico-energéticas da Lua e Terra, em especial do líquido que se encontra em toda forma de vida e no meio ambiente (rios, mares, sangue, linfa, seiva de árvores, sumo das frutas e néctar de flores terrenos), o magnetismo lunar tem forte influência sobre o estado emocional dos terráqueos, exercendo efeito positivo ou negativo, conforme a natureza vibratória predominante em cada ser humano.

A interação Lua-Terra é muito forte; há mútua influência. A Lua tem íntima relação com o mundo astral e sua energia atua bastante no campo da sensualidade e das paixões terrenas, e também sobre os processos de criatividade artística, dentre outros estados emocionais que envolvem interação entre as pessoas e os conteúdos líquidos terrenos relacionados a emoções – lágrima, líquido seminal, linfa, água que apoia o sistema digestivo, bílis, insulina, endorfina, adrenalina e outros. Não representa nenhuma novidade para os terráqueos falar da influência das fases da Lua sobre as marés, dentre outros efeitos magnéticos, há muito tempo incorporados ao rol de conhecimentos e constatações por parte da ciência terrena.

Muitos desequilíbrios fisiológicos do corpo humano decorrem de estados emocionais persistentes, atrelados a esses líquidos, que podem ser tratados terapeuticamente segundo as fases da Lua, o mesmo se dando com as plantas (conhecimentos que muitos curandeiros ou sensitivos do passado detinham consciente ou intuitivamente). Há influência do magnetismo lunar sobre o magma no interior da Terra e sobre a energia *kundalini* instalada no corpo etérico dos seres humanos terrenos, que se constitui em uma corrente energética de característica semilíquida-etérica. Por isso, na fase de lua cheia verifica-se elevado índice de início de namoros terrenos, alta incidência de fecundações, partos, e tudo o que se refere à atração, procriação, criação e criatividade (muitos músicos e poetas são naturalmente influenciados pela lua cheia).

Os asteróides são fragmentos de um planeta menor que existiu entre Marte e Júpiter, mas que não criou estrutura física, magnética e campo gravitacional próprio suficientes para se estabilizar e explodiu, face à pressão magmática de seu interior, permanecendo com suas auras, campos gravitacionais e magnetismo próprios em cada pedaço que relativamente se estabilizou. Na época em que explodiu, vários estilhaços desse planetóide se espalharam pelo Sistema Solar, chegando até às

Missão Planetária

orbitas de Saturno e da Terra, inclusive um desses caiu na Terra, em tempos remotos, causando desastres com mega dimensões, como o que gerou a extinção dos dinossauros.

Para concluir este capítulo, vale a pena fazer uma rápida abordagem sobre a correlação existente entre os astros e os chacras. Assim como o Sol alimenta e influencia o ser como um todo e os seus chacras, como canais receptores, cada planeta e estrela pode alimentar chacras específicos, por sua natureza energética correspondente em cada pessoa. E essa natureza tem um profundo papel auxiliador de cada ser humano e dos elementos que compõem os ambientes físicos, emocionais, mentais e dos planos sutis da evolução. Como foi dito no início desta obra, no Cosmo somos individuais e coletivos ao mesmo tempo. Temos nossa individualidade, aspecto inerente à idiossincrasia que compõe cada ser criado, mas, ao mesmo tempo, não podemos viver isolados, já que o ser humano e todos os elementos do Universo interagem uns com os outros, de forma direta ou indireta, em sistema cooperativo de vida biótica, abiótica e energética.

Mergulhar e compreender o nosso mundo interior é tão importante quanto alcançar os limites infinitos do Universo em compreensão e sentimento, pois avançar em direção ao nosso Eu requer um caminhar tão humilde, corajoso, repleto de fé em Deus e autoconfiante, paciente, tolerante, persistente, alegre, sereno e servindo ao seu processo autoevolutivo, quanto adentrar os ambientes que nos rodeiam e interagem conosco. O ser humano não pode fugir de si mesmo, buscando apenas o externo, ainda que seja tão somente em missão de ajuda. Por outro lado, não pode se fechar no mundo interior, o que poderia gerar processos retroalimentadores de egoísmo, isolamento e tristeza. Assim, o Universo é um macro Ser Uno e ao mesmo tempo um Todo composto por todos os átomos, seres, planetas, estrelas e galáxias, formando um conjunto, uma orquestra que gera uma melodia harmoniosa e enlevadora de cada espírito do Cosmo que afina e toca o seu instrumento, dentro da sua responsável individualidade.

Que a Luz do Arcanjo Solar e de todos os anjos do Sistema Solar brilhe em vossas mentes e harmonize os vossos corações!

Vosso irmão,

Hamod.

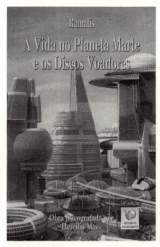

A Vida no Planeta Marte e os Discos Voadores

Ramatís / Hercílio Maes
ISBN 978-85-7618-356-3
14x21cm – 512 p.

Apenas dois sensitivos no Brasil, até hoje, receberam o aval da Espiritualidade Supe-rior para transmitir mensagens sobre a verdadeira natureza da civilização marciana: Francisco Cândido Xavier e Hercílio Maes.

São informações idênticas. Tanto Ramatís quanto a mãe de Chico Xavier (*Cartas de uma Morta*) e Irmão X (*Novas Mensagens*) são portadores de notícias chocantes para o ceticismo dos terráqueos: uma avançada civilização, espiritual e materialmente considerada, não só habita o Planeta Marte, como nos conhece perfeitamente. E nos visita, há décadas, nos famosos "Discos Voadores" — hoje OVNIs.

Ramatís vai além, nessa obra revolucionária: transporta o leitor para o cotidiano da civilização marciana, com suas cidades de fantástica beleza, a arquitetura e os transportes, o encanto transcendental dos cenários desse mundo, com um avançado sistema de governo. Permite ao nosso curioso olhar penetrar o interior da vida em Marte, com seus usos e costumes, educação e lazer, esportes e estrutura social. Conduz-nos à intimidade dos lares marcianos, para descobrirmos como se vestem e se alimentam, como se relacionam, como vivem; enfim, como são a medicina e as crenças, as flores e as escolas, a ciência e as crianças, os "livros", os filmes, a música. Descreve a energia motriz superavançada que movimenta a vida marciana, as naves espaciais e as viagens interplanetárias.

E garante: "Marte é um grau sideral à vossa vanguarda e é, também, a vossa futura realidade espiritual."

Quanto às imagens desérticas fornecidas pelas sondas espaciais, cabe lembrar que, para a avançada ciência marciana, não constituiria dificuldade manipular essas e outras emissões. Um simples holograma poderia criar realidades virtuais insuspeitadas, em legítima defesa da paz de seu mundo, visado pela belicosa civilização terráquea.

Ao longo de cinco décadas e sucessivas edições, *A Vida no Planeta Marte e os Discos Voadores* já conquistou milhares de leitores. Essa obra fascinante vai encantá-lo também, entreabrindo à sua consciência as realidades que nos aguardam na comunidade dos mundos do universo.

Os Novos Rumos do Cristianismo
Adolfo Marques dos Santos
ISBN 978-85-7618-375-4
14x21cm – 314 p.

Estamos em uma fase de mudança de ciclo, momento propício para enquanto estivermos percorrendo Aquário – Era do Mentalismo, conscientizarmo-nos da força crística de nossa alma.

Com os ensinamentos contidos em *Os Novos Rumos do Cristianismo*, durante a nossa reflexiva leitura, receberemos em nosso íntimo substanciais impulsos para melhorar nossos sentimentos, considerando que a razão tem se sobreposto à emoção crística da maioria na sociedade.

Suavemente, seremos projetados a dimensões divinas e, em meio a maviosos sons provindos das esferas celestiais, despertaremos o nosso Cristo interno. É uma crística dádiva para o espírito quando ele se conscientiza de que é eterno e imortal.

Seremos induzidos, com os argumentos científicos contidos nas Leis de Deus, e que nestes apontamentos são citados como constantes universais, a nos desatrelar do passado, a nos projetar para o futuro e vislumbrar o eterno amanhã, exercitando a superconsciência.

As paisagens descortinadas no percurso deste estudo servirão de elementos energéticos multiplicadores de frequências de nossos chacras, os quais serão gerados pelo dínamo de nossa alma para nos sintonizar com os planos luminosos da imensidão do Cosmo.

Para melhor aproveitar este momento sagrado de nossa existência, mergulhemos, conscientemente, em um oceano de luzes policromáticas, onde vislumbraremos o progressivo dilatar da percepção de nosso eu crístico, de nosso Deus interior.

No final das reflexões de cada capítulo, para auxiliar o "acordar" da essência de Deus em nós, exclamemos convictamente:
• Eu sou luz! Eu sou misericórdia! Eu sou vida! Eu sou bondade! Eu sou justiça! Eu sou amor! Eu sou Deus!

Quando chegarmos ao último capítulo, mais conscientes de que somos portadores da essência do Cristo, diremos, convictamente:
• Eu, Cristo-criatura, estou sintonizado, por ressonância, ao Cristo-Criador... Sou parte não apartada d'Ele, do Cristo-Amor.

Mensagens do Astral
Ramatís / Hercílio Maes
ISBN 978-85-7618-350-1
14x21cm – 416 p.

Em que consiste realmente, e o que se oculta por trás dos eventos rotulados de "juízo final", já em curso no planeta? Qual o propósito da atuação do astro intruso e da verticalização do eixo terrestre, previstos para demarcar a Era de Aquário? E a seleção planetária, realmente já está se processando? Quem deverá continuar reencarnando no planeta Terra, na humanidade mais fraterna do terceiro milênio, e quem precisará repetir o curso elementar em escolas planetárias primitivas? Como se processa o fenômeno da profecia, e qual o verdadeiro simbolismo das imagens do Apocalipse?

Somente um mestre de sabedoria como Ramatís poderia esclarecer questões como essas, desvendando o planejamento sideral oculto por trás do rótulo do "juízo final", detalhando o processo, e descrevendo a Terra transformada, física e espiritualmente, após a transição.

Temas iniciáticos como "Os engenheiros siderais e o plano da Criação", "As Influências astrológicas e o signo de peixes", "A distinção entre a descida angélica e queda angélica dos exilados de outros orbes" completam o atrativo desta obra vanguardista.

Há cinqüenta anos esgotando sucessivas edições, *Mensagens do Astral* tornou-se um clássico da matéria, conquistando definitivamente o leitor pelo ineditismo, profundidade e clareza com que aborda esse tema palpitante.

O Evangelho à Luz do Cosmo
Ramatís / Hercílio Maes
ISBN 85-7618-066-9
14x21cm – 352 p.

Se na beleza irretocável dos ensinos e parábolas de Jesus nada pode ser acrescido ou alterado, contudo, hoje pode ser feita a leitura mais esotérica deles, e percebido o seu sentido interno e oculto, que durante séculos permaneceu velado à consciência comum da humanidade. É o objetivo da presente obra de Ramatís, que desvenda a dimensão secreta e cósmica das histórias singelas do Mestre Nazareno.

A evolução mental do terrícola, atualmente, já permite desvelar essa realidade mais profunda do Evangelho, que é a de se constituir uma síntese das leis cósmicas, ou a "miniatura do metabolismo do próprio Criador".

Nesta obra de cunho iniciático, mas na linguagem cristalina e acessível característica de Ramatís, o leitor encontrará, além da interpretação mais profunda e esotérica dos preceitos evangélicos, um estudo fascinante dos temas "Deus" e "Evolução", tratados com a profundidade e clareza típicos do velho mestre da Grécia antiga.

Uma das obras mais atraentes de Ramatís, que irá conquistá-lo para o rol de seus milhares de leitores.

MISSÃO PLANETÁRIA
foi confeccionado em impressão digital, em março de 2024
Conhecimento Editorial Ltda
(19) 3451-5440 — conhecimento@edconhecimento.com.br
Impresso em Luxcream 80g – StoraEnso